本书获得清华大学科研项目“公司资本制度再造与债权人利益保护”
（项目编号：20215080004）的资助

公司法理论、实践与改革

以公司资本制度与债权人利益保护为中心

Theory, Practice and Reformation of Corporate Law:
Focusing on the Capital System and Creditors' Protection

朱慈蕴 · 著

当代中国出版社
Contemporary China Publishing House

图书在版编目(CIP)数据

公司法理论、实践与改革：以公司资本制度与债权人利益保护为中心 / 朱慈蕴著. -- 北京：当代中国出版社，2024.1

ISBN 978-7-5154-1316-7

Ⅰ. ①公… Ⅱ. ①朱… Ⅲ. ①公司法—研究—中国 Ⅳ. ①D922.291.914

中国国家版本馆 CIP 数据核字(2024)第 015626 号

出 版 人 王 茵
责任编辑 刘文科 沈秋彤
责任校对 贾云华 康 莹
印刷监制 刘艳平
封面设计 鲁 娟
出版发行 当代中国出版社
地 址 北京市地安门西大街旌勇里 8 号
网 址 http://www.ddzg.net
邮政编码 100009
编 辑 部 (010)66572156
市 场 部 (010)66572281 66572157
印 刷 北京中科印刷有限公司
开 本 710 毫米×1000 毫米 1/16
印 张 21.75 印张 3 插页 279 千字
版 次 2024 年 1 月第 1 版
印 次 2024 年 1 月第 1 次印刷
定 价 98.00 元

作者简介

朱慈蕴

中国社会科学院法学研究所民商法博士，现任深圳大学法学院特聘教授，清华大学法学院教授、博士生导师，清华大学商法研究中心名誉主任，中国法学会商法学研究会常务副会长，中国法学会经济法学研究会常务理事，深圳法学会证券法学研究会会长。主要研究领域为商法学和经济法学，特别是对公司法的研究颇为深入，先后在《中国社会科学》《中国法学》《法学研究》等法学核心期刊发表论文百余篇，其中影响较大的论文包括：《公司法人格否认法理与公司的社会责任》《公司法人格否认法理与诉讼程序》《公司法人格否认：从法条跃入实践》《公司的社会责任：游走于法律责任与道德准则之间》《资本多数决原则与控制股东的诚信义务》《公司资本理念与债权人利益保护》《类别股与中国公司法的演进》《公司制度趋同理论检视下的中国公司治理评析》《股东违反出资义务应向谁承担违约责任》《中国影子银行：兴起、本质、治理与监管创新》《差异化表决制度的引入与控制权约束机制的创新——以中日差异化表决权实践为视角》《论中国公司法本土化与国际化的融合——改革开放以来的历史沿革、最新发展与未来走向》《公司资本制度的后端改革与偿债能力测试的借鉴》《中国公司资本制度体系化再造之思考》《“资本显著不足”的适用与研判：理论、实证与规则》《无面额股制度引入我国公司法路径研究》《股东出资义务的性质与公司资本制度完善》《ESG的兴起与现代公司法的能动回应》《有限责任公司全面认缴制该何去何从？》等；公开出版了《公司法人格否认法理研究》《公司法原论》《公司法人格否认制度理论与实践》《公司内部监督机制》《全球化与本土化互动中的公司制度演进》等专著。主持国家社科基金、教育部、司法部、最高人民法院、中国证监会、中国保监会、中国结算机关、上海证券交易所等多个课题。其中2018年国家社科基金一般课题《公司资本制度再造与债权人利益保护研究》（18BFX126）获得优秀结项（2021）。

曾作为公司法修改专家组成员，直接参与了2005年公司法的修改。2019年，全国人大法工委启动了修改公司法的工作，继续作为公司法修改专家组成员，同时作为法工委委托的公司法修改三个课题之一的负责人进行相关研究。曾多次参加各部委行政法律法规的讨论。

曾获得全国第二届杰出中青年法学家提名奖（1998年）；专著《公司法人格否认法理研究》获北京市第六届哲学社会科学二等奖（2000年）、第四届吴玉章奖优秀奖（2002年）、第三届中国高校人文社会科学研究优秀成果三等奖（2002年）、第二届钱端升法学研究成果奖三等奖（2008年）；论文《资本多数决原则与控制股东的诚信义务》获中国法学会第一届中国法学优秀成果奖论文类三等奖（2008年）；专著《公司法人格否认制度理论与实践》获中国法学会第二届中国法学优秀成果奖二等奖（2011年）；论文《类别股与中国公司法的演进》（第一作者）获得第七届钱端升法学研究成果二等奖（2018年）。

序

自中国公司法于1993年正式颁行以来，今年恰好是30周年。当我们回顾和见证中国公司法走过的这30年时，我们可以自豪地说，中国公司法从最初的舶来品，逐渐地与中国国有企业与民营企业在实践中磨合，越来越多地具有了中国的本土特色。中国公司法的30年是在不断地完善中砥砺前行，取得了丰硕的成果。

作为一名多年研习公司法学的学者，我对公司法学一直保持一种特别的眷恋与执着。我的绝大多数公开发表之作，都与公司法律制度特别是公司资本制度有关。之所以如此，皆是因为公司法作为团体法的独特魅力。

众所周知，公司作为营利性经济组织，是多重利益体的聚合。公司首先由股东发起设立，股东是公司的成员，决定公司的董监事人选和公司重大事项。公司除了从股东那里融资，更需要大量的债权融资。事实上绝大多数公司都是负债经营且杠杆率很高。因此，债权人也是公司资金来源的重要提供者。但债权人不是公司的成员，不能决定公司的资金用途以及重大事项，作为不在场的当事人，其利益维护更多地依赖公司法的强制性规定。从更广阔的视角看公司，员工、供应商、消费者、资源环境提供者等，又何尝不是公司良性发展的功臣？所以，今日公司之发展，必须符合ESG目标。这样一来，公司虽然为股东所掌控，由股东决定许多重大事项，但公司法不能只鼓励股东追求自身利益最大化,公司法更期待股东们尊重公司的独立人格,从事经营活动应当讲商业道德、守诚实信用,通过更多的强制性规则或者倡导性规则去维护债权人等诸多利益群体的利益,去履行社会责任。

在本书中,我们重点以公司资本制度的演变,来考察公司中股东与债权人利益衡平的细微变动。1993 年公司法实行的是严格法定资本制,当然也是对债权人最为有利的资本制度。在 2005 年公司法第一次大修时,公司资本制度的缓和化无疑是最大亮点之一:股东获得了出资灵活性的制度安排,矫正了对债权人利益过度保护的倾向。当 2013 年配合工商登记制度改革公司法推出全面认缴制时,虽然将股东享受的出资优惠最大化,但没有回应如何防止股东滥用优惠政策时债权人利益保护的问题,实践中也大量发生债权人向空壳公司或者向股东追偿其出资范围内责任时的步履维艰和司法成本巨高的尴尬境地,此刻的股东与债权人之间的利益天平发生了向股东一方倾斜的变动。作为对公司实践的积极回应,本次公司法的修改,通过引入加速到期、限制认缴期限、失权制度以及明确瑕疵股权转让在买卖双方之间的责任配置等举措,来强化公司的资本充实,恢复公司基本的资本信用。还通过引入无面额股规则、推行授权资本制、完善类别股制度等,让公司股东享有更大的自治空间,提高其投资创业的积极性。

当然,本书的内容并没有局限在狭义的公司资本制度与债权人利益保护的讨论,它从公司法的本土化与国际化之结合,提出中国公司法应有之样态;它从全球 ESG 运动兴起,来看中国公司法强调企业家精神的弘扬与社会责任的担当,以及有利于职工利益维护的制度建设;它从股东平等的帝王条款出发,紧抓中国公司治理最具本土特色的重心在于强化控制股东与实控人的控制;它同时不忘债权人保护的利器,揭开公司面纱规则的完善。也就是说,中国公司法只有能够实现股东、债权人、职工等多重利益群体的利益平衡,才能称得上是现代化的公司法,也才能凸显公司法的团体法之美。

本书最终得以出版,首先要感谢我的学生们,我对公司法学的很多体悟来自与他们多次的深入讨论。此外,我还要感谢清华大学对本书出版提供的自主科研项目资助。

目　录

公司法的实践面向 第二章

公司资本制度的改革 第三章

公司法的现代化走向 结语

引论

公司法的本土化与国际化

就全球而言，任何一国或者地区的公司法，都是本土化与国际化相互交融的体现。中国《公司法》的诞生是在中国改革开放15年后，即1993年。这一年出台《公司法》具有怎样的历史背景？而后，中国《公司法》在2005年进行了较大修订，这次修订又有什么重大举措？从2005年到现在，《公司法》经过了几次小的修改，每一次修改，都是在回应公司运行的实践需要。目前，中国《公司法》已经正式启动修法程序，未来的中国《公司法》将会怎样发展？笔者将尝试回答上述问题。

一、改革开放带来了中国《公司法》出台的机遇

（一）从1949年新中国成立以来至改革开放前，中国企业形态经历了私营公司的全面退出与公有制企业占主导地位的过程

1949年新中国成立以后，实施了社会主义改造，大量的私营公司通过公私合营改造为公有制企业，统称为国营企业。而这一时期的企业立法十分简陋，并与社会主义改造运动相契合。主要有1950年12月29日颁布的《私营企业暂行条例》，[①]这是第一个规范公司的法规。该条例规定了五种公司形式，即无限公司、有限公司、两合公司、股份有限公司和股份两合公司。而在1954年9月5日又公布《公私合营工业企业暂行条例》，[②]该条例主要规范公私合营企业内部如何进行管理。这两个条例虽然强调了私营企业和

① 《中央人民政府法令汇编》（1949年—1950年），第539页。
② 《中央人民政府法令汇编》（1954年），第65页。

公私合营企业的组织形态是公司,但更多体现的是计划经济的倾向与政府管制的政策性,用以配合新中国成立以来所选择的社会主义公有制目标,配合逐步开展的公私合营运动。在 1956 年开始实行全行业公私合营时,《私营企业暂行条例》就不再发挥作用。此后的 20 多年,中国的经济结构为单一的公有制企业,包括全民所有制企业和集体所有制企业。

(二)从 1978 年中国开始推行改革开放政策以来至公司法正式出台,中国的公司制企业在改革开放政策引领下萌芽、发展

1978 年,中国开始实施改革开放,经济实体逐渐有了独立自主的地位,公司制度也被积极引入。最具影响力的是 1979 年 7 月颁布的《中外合资经营企业法》,该法第 4 条中明确规定,合营企业的形式为有限责任公司。此后于 1986 年和 1988 年分别出台的《外资企业法》《中外合作经营企业法》,[③]都明确了有限责任公司的组织形态,并围绕公司设立与注册资本、董事会与管理层、财务与会计、解散与清算等具体制度展开立法。由此可见,虽然中国公司法还未出台,但是立法者已经注意到公司制是市场经济中最稳定、最具活力、最为规范的投资工具,因此,为了适应对外开放引入外资的需要,特别是给境外投资者合法权益的法律保障,上述三部先行的法律都起了极其重要的作用。甚至可以说,“三资”企业法不仅保障了外资进入中国投资的合法权益,促进了中国对外开放和融入全球市场经济体系,而且对中国公司制度的推进发挥了重要作用。此后,国务院于 1988 年 6 月 25 日颁布的《私营企业暂行条例》,对自然人出资的有限责任公司作出了规定,使有限公司制度在私营经济领域中得以恢复。

---

③ 《中外合资经营企业法》《中外合作经营企业法》《外资企业法》统称“三资”企业法,在中国对外开放引入外资方面发挥了重要作用。

（三）中国公司法制的里程碑标志是新中国第一部《公司法》的出台

自1978年中国宣布正式开启改革开放之国策后，立法者就在对外开放吸引大量外资到中国投资的过程中探讨中国自己的公司法，这一立法活动自1983年由当时的国家经委法规司牵头开始。但对当时的中国而言，公司实践少之又少，特别是市场经济体系还没有确立，使得公司立法不可能仅仅依赖于本土实践的推动。因而，向成熟的市场经济国家和地区学习公司法的经验是中国公司立法很重要的路径。1993年公司立法的经验来源：一是英美法系的公司法，以美国、英国公司法为蓝本；二是大陆法系的公司法，以德国、日本、韩国的公司法为蓝本。而成为公司法域外经验输入管道的恰是改革开放后大量走出海外学习的留学生，他们翻译或者介绍一些主要国家和地区的公司法，让立法者了解到境外公司立法例中通行的国际规则。到了1986年，公司法的草案已初具形态，与当时的全民所有制企业破产法草案一起，具有很高的颁布呼声。但很遗憾，由于涉及国有公司与股份制公司能否融合、如何在公有制的视角下解释公司股东多元化现象以及公司所有制性质等意识形态的桎梏，使得公司立法暂缓。

此后，国家体改委为了推动国有企业的公司化改制，出台了两个“规范意见”[④]作为股份制改制的法律依据及规范标准；同时还颁布了《股份制企业试点办法》，规范股份制改制的实施步骤和具体办法。[⑤]显然，在公司法起草停滞的阶段，这两个规范意见成为国有企业公司化改制的助推器，极大地推动了中国公司制度的实践。

---

④ 1992年国家体改委发布了《有限责任公司规范意见》和《股份有限公司规范意见》，主要规范国有企业。

⑤ 参见江平：《国企改制与〈公司法〉的诞生（下） 〈公司法〉立法前后的争论 “收到来自德国的明信片，说我背叛了马克思主义”》，载《中国经济周刊》2013年第18期。

1993 年,中国一方面大力推进中国经济尽快从计划经济向市场经济转变;另一方面坚持对外开放,同时提出加入世界贸易组织的请求,表达遵守国际经济贸易秩序、参与全球经济一体化体系的愿望。特别是 1992 年党的十四大召开,确立了建立社会主义市场经济体制的改革目标,中国经济发展全面进入了转型期。在此后的一段时间,一大批与市场经济密切相关的法律陆续出台。[⑥]《公司法》终于突破了自 1986 年起草这部法时就一直争论不休的意识形态桎梏,即关于以多元化股东为特征的公司与公有制的关系,在 1993 年 12 月 29 日正式颁布。显然,中国《公司法》能在此刻出台,与中国为加入 WTO 而加快市场化进程密切相关。而《公司法》的颁行,规定公司为独立法人,表现为有限责任公司与股份有限公司两种组织形式,并且规定了不同行业下最低注册资本限额。新中国的首部《公司法》,一方面为传统的国有企业大规模地进行公司化改制提供了制度依据,以求引入公司治理的有效规则,提升传统国企的效率;另一方面为民营企业的发展奠定了制度基础。

二、公司制度的稳步发展与 2005 年全面修订《公司法》

(一)1993 年《公司法》成为中国公司发展的重要法律保障

1993 年《公司法》无疑成为公司迅速发展的助推器,特别是中小型的有限责任公司,已经成为民间资本创业的首选组织形态。从 1994 年 7 月 1 日颁行的《公司登记管理条例》开始,据国家工商行政管理总局出版的年鉴显示,登记在册的公司数量逐年稳步上升,其中以有限

---

⑥ 1993 年至 2003 年 10 年间,有十几部与市场经济密切相关的法律出台,如 1993 年 12 月《公司法》、1995 年 5 月《票据法》和《商业银行法》、1995 年 6 月《保险法》、1997 年 2 月《合伙企业法》、1998 年 12 月《证券法》、1999 年 8 月《个人独资企业法》、2001 年 10 月《信托法》、2003 年 10 月《证券投资基金法》颁布。因此,这 10 年被称为经济立法的春天。

公司形态为主。1995 年公司数 179901 家，其中有限公司 179021 家、股份公司只有 880 家；1996 年公司有 311703 家，增幅为 73.3%，有限公司和股份公司分别为 309416 家和 2287 家。此后公司数量逐年上升，到 2005 年年底，登记在册的公司有 768688 家，其中有限公司和股份公司分别为 760514 家和 8174 家。值得强调的是，尽管有限公司在整个公司中占比很高，1995 年为 99.5%、2005 年为 98.9%，但股份公司的增速更快，从 1995 年的仅 880 家到 2005 年的 8174 家，10 年间增加了 9 倍。⑦ 当然，伴随着经济体制改革和对外开放的深入，特别是 2001 年中国加入 WTO 后，中国积极履行入世承诺，国有资产、民营企业、外商投资一视同仁，形成了国企、民营、个体、外资共存共荣的局面。

（二）公司实践的快速发展凸显 1993 年《公司法》的缺陷

如本部分标题所言，1993 年出台的《公司法》，作为我国第一部系统规定公司事项的法律，不仅将许多境外成熟有效的立法例规则引入了中国，而且不可避免地与中国当时的经济体制现状有关，具有本土性。例如，国企改制的公司与其他公司区别对待。⑧ 而且因为第一部《公司法》颁布时，我国刚刚实行社会主义市场经济体制，公司实践非常不充分，因此，这部公司法虽注重框架设计，但忽视规则的具体化；虽规定了一些主体的权利义务，但没有相应的责任与救济路径；还有许多国际通行的规则未规定等，因此被认为是一部缺乏可操作性的《公司法》。⑨ 正如时任国务院法制办公室主任曹康泰所言：1993 年

---

⑦ 以上数据根据国家工商行政管理总局历年的工商管理年鉴统计得出。

⑧ 具体条文，参见 1993 年《公司法》第 4 条第 3 款、第 20 条第 2 款、第 75 条第 2 款、第 159 条等。

⑨ 王保树：《公司法修改：直面竞争与发展主题》，载《中国证券报》2003 年 12 月 26 日。

《公司法》,“一是公司设立门槛过高,难以满足社会资金的投资需求。二是公司治理结构不够完善,股东会、董事会、监事会、经理层的权利义务需要进一步明确。三是对股东尤其是中小股东合法权益的保护机制不够完善,对公司债权人、其他利害关系人和社会公众利益也缺乏有效的保护手段。四是关于股份发行、转让和上市的规定已经不能完全适应公司投融资活动的实际需要。五是对上市公司监管中出现的新情况、新问题缺乏有效的应对手段,不利于维护资本市场的秩序。六是缺少对公司以及董事、监事、高级管理人员诚信义务及其法律责任的规定,不能满足建立社会信用制度、维护交易安全的要求,等等”。[⑩] 为此,2004 年 3 月,根据全国人大常委会和国务院的立法计划,由国务院法制办牵头,正式启动对 1993 年《公司法》进行大规模的修改,以使 2005 年《公司法》具有更强的实践性、适应性与可操作性,当然也更具有生命力。

(三)2005 年《公司法》是真正意义上的现代《公司法》,具有重大历史突破

在 2005 年修订《公司法》时,笔者非常荣幸作为 10 人专家小组的成员,全程参加了修法过程。而本次修法,是中国公司法走向现代化的开始,践行和探索着国际化与本土化怎样有机结合。这种结合首先就体现在本次修法的指导思想中:一是要适应我国公司参与全球经济竞争的需要;二是应合理把握好公司法规范结构;三是要增强公司法的可诉性,为司法介入公司纠纷提供空间;四是《公司法》修改与国有企业改革立法应当适当分别进行。就具体内容而言,在注重引入境外成功的公司法立法例时不是简单地照搬照抄,而是结合中国国情进行

---

⑩ 曹康泰:《关于〈中华人民共和国公司法(修订草案)〉的说明》,载《中华人民共和国公司法》,中国民主法制出版社 2005 年版,第 47—48 页。

本土化改造。例如，在引入股东派生诉讼时，将中国公司股权高度集中、存在大量控制股东的情况考虑进来，允许公司小股东针对控制股东侵害公司利益的行为提起股东代表诉讼，而非局限于董监高的责任追究。[11] 又如，揭开公司面纱制度，在境外绝大多数公司法立法例中是以判例法的方式存在，主要由法官在诉讼中衡平适用。但是在我国，一方面是因为公司股权高度集中，控制股东滥用控制权掏空公司、转移财产，随意侵害公司利益谋取私利，对债权人构成重大伤害；另一方面我国司法体现依然以成文法为主导，法官通常依具体法条审理案件，因此，我们将揭开公司面纱制度原则性地写进公司法。[12]

2005 年《公司法》在具体规则、内容方面有以下几个方面的变化。

1. 鼓励投资兴业，方便公司设立

其中大大降低设立公司的资本门槛，包括最低资本额的降低。其中有限公司不分行业，一律降为 3 万元，股份公司则为 500 万元；允许股东部分分期缴纳出资，大大减轻股东设立公司的负担；出资方式上实行抽象定义加列举的方式，使出资形式更加具有灵活性；放开设立一人有限公司的限制，自然人或者非国有法人也可以享受不与他人合作而又受到有限责任庇护的好处；股份公司与有限公司一样，采取准则设立原则而不再由政府审批，因此，股份公司的数量大量增加。

2. 赋予公司更多的自治权利

众所周知，中国的改革开放过程亦是计划经济走向市场经济的过程。对公司来说，放松政府管制强化公司自治，就是深化改革的体现。特别是“私法自治”原则在有限公司章程中，有其适用的广阔空间。[13]

---

⑪ 具体参见《公司法》第 152 条第 3 款之规定：“他人侵犯公司合法权益，给公司造成损失的，本条第一款规定的股东可以依照前两款的规定向人民法院提起诉讼。”此处的“他人”，通说解释为公司滥用控制权的控股股东、控制股东或者实际控制人。

⑫ 《公司法》第 20 条第 1 款和第 3 款。

⑬ 朱慈蕴、毛健铭：《有限责任公司法修改与提高中小企业竞争力》，载《商事法论集》第 8 卷，法律出版社 2005 年版，第 59 页。

2005 年《公司法》大量增加了有限公司的章定条款,如允许股东通过公司章程自行选择分红比例、表决比例;在股东会的召集程序方面,包括通知时间、开会方式、表决方式等可以自行选择;扩大了公司的特别权限,包括明确公司对外担保的权利、放松公司转投资的限制、增加回购自己股份的场合;取消国有公司的个别特权,如国有企业改制为公司时发起人可以少于 5 人以及只允许国有的有限公司发行公司债等,旗帜鲜明地落实了股东平等原则,将国家股东与其他股东之间上述的制度歧视一扫而光。[14]

3. 完善公司治理,健全公司内部监督机制

2005 年《公司法》注意到之前的《公司法》对公司治理模式的设计过于僵化,特别注意了使公司内部组织机构高效运行的设计。例如,强化董事、监事和高管人员的责任以使之恪尽职守,通过透明的信息加强监督机制等。主要包括:强调了股东选择董事的权利之绝对性,取消了"董事任期届满前,股东会不得无故解除其职务"的规定;为防止董事、监事辞职带来公司机关停摆的风险,建立了看守董事、监事制度;公司代表人由"法定"变为"章定",允许公司自行选择适格代表人;为了改变监事会的"花瓶"现象,充实了监事会的职权,包括列席董事会时可以质询和提出建议,可以对公司自行展开调查等;健全对董事、监事、高管的约束机制,首次引入董监高对公司负有忠实义务和勤勉义务,对忠实义务不仅完善了具体场合,还确立了归入权制度。较为遗憾的是《公司法》没有具体解释勤勉义务的内涵,但结合《公司法》对董事履职的要求、看守董事以及出席股东会接受股东质询等规定,也一定程度上弥补了勤勉义务过于疏漏的缺陷;在上市公司中特别引入独立董事制度,强化公司的监督;等等。

---

⑭ 刘俊海:《新〈公司法〉的制度创新》,载《法制日报》2005 年 11 月 1 日,第 9 版。

4. 注重多重保护机制，平衡多种利益关系

2005 年《公司法》在鼓励投资兴业，扩大公司自治，提升公司竞争力的同时，也特别关注各类主体利益的衡平，并以强制性规则的方式对控制人施以义务。例如，2005 年《公司法》的第 20 条强调股东不得滥用权利损害公司利益、其他股东利益和债权人利益，否则将就给公司、其他股东带来的损失负赔偿责任，或者通过揭开公司面纱对债权人予以救济；⑮为了保护中小股东的合法权益，明确规定了股东的知情权、异议股份回购请求权、选举董事的累积投票权、提案权和质询权等；同时，《公司法》还完善了股东诉讼机制，不仅包括自身利益受损时对董监高的直接诉讼和公司决议瑕疵之诉，还引入股东派生诉讼；《公司法》亦将公司应当承担社会责任明确写入《公司法》中，意味着中国《公司法》已经将公司的社会责任理念升华为立法。

三、鼓励企业创新创业、繁荣资本市场成为近几年《公司法》修正的基本动因

中国《公司法》经过 2005 年的大规模修订，极大地释放了公司的活力，公司质量大幅度提升，大型公司数量上升。而公司利用资本市场扩容、融资，或者通过资本市场进行收购，亦是许多公司追求的目标。据统计，2005 年年底中国的上市公司总数为 1381 家，2019 年年底达到 3777 家，⑯是 2005 年上市公司总数的 2.73 倍。自 2005 年《公司法》颁布以后，《公司法》的修订，多为回应资本市场的改革或者工商登记制度的改革。

---

⑮ 揭开公司面纱制度在绝大多数国家和地区的公司制度中是以判例法的形式存在，但结合中国国情，为了有效实施对债权人的保护，创新性地以成文法的形式引入了揭开公司面纱制度。

⑯ 数据来源：《证券市场快报》2019 年 12 月 31 日。

(一)配合公司登记制度的改革而产生的公司资本制度的变革(2013 年)

2013 年 10 月 25 日,时任总理李克强在国务院常务会议上部署推进公司注册资本登记制度改革,目的是改善企业登记环节高昂的设立成本、复杂的程序以及为法律不确定性而导致的公司设立障碍。同年 11 月召开的党的十八届三中全会,决定对商事登记制度进行改革,由注册资本实缴登记制改为注册资本认缴登记制,取消了原有对公司注册资本、出资方式、出资额、出资时间等硬性规定,从以往的“重审批轻监管”转变为“轻审批重监管”。为此,《公司法》进行了相应修改。一是除法律、行政法规另有规定的,将公司注册资本实缴登记制改为认缴登记制。相应地取消了关于公司股东(发起人)应当自公司成立之日起 2 年内缴足出资,投资公司可以在 5 年内缴足出资的规定;取消了一人有限责任公司股东应当一次足额缴纳出资的规定。公司股东(发起人)可以自主约定认缴出资额、出资方式、出资期限等,并记载于公司章程。二是除法律、行政法规另有规定的,取消了有限责任公司最低注册资本 3 万元、一人有限责任公司最低注册资本 10 万元、股份有限公司最低注册资本 500 万元的限制;不再限制公司设立时股东(发起人)的首次出资比例;不再限制股东(发起人)的货币出资比例。三是简化登记事项和登记文件。有限责任公司股东认缴出资额、公司实收资本不再作为公司登记事项,无需验资报告。

总的来说,这次配合工商登记制度改革而进行的公司法修订,给予了投资人创设公司更多的便利,但也留下了一些法律空白。比如,全面认缴制未对最长期限进行规定,亦未规定在公司无法清偿债务时股东认缴出资须加速到期,故而成为出资人逃债、侵害债权人的工具。

（二）中国证监会主导下的股份公司回购制度改革（2018 年）

与境外成熟市场相比，我国上市公司回购股份的积极性不高，公司法关于股份回购制度的规定比较僵化，作用发挥不够充分。2014—2017 年，中国上市公司主动回购股份的总金额仅为同期现金红利金额的 1.5%。同期，美国、英国上市公司回购股份事件分别达到 4127 起和 2086 起，回购总金额与其同期现金红利金额的比例分别为 43.57% 与 49.50%。[17] 因此，为公司规范实施股份回购行为，充分发挥股份回购的积极作用，根据中国证监会、沪深两个交易所提出的方案以及网上公开征求实务界、理论界的各种建议，全国人大常委会决定对 2013《公司法》第 142 条进行修改，除了增加上市公司可以回购自己股份的场景，还特别要求上市公司股份回购行为必须规范信息披露和决策程序，按照规定的方式合法合规地进行。这对服务深化国企改革和金融改革，建立健全长效激励机制，维护公司投资价值，完善公司治理，优化投资者回报机制具有重要作用。[18]

修改内容主要为：一是增加股份回购情形，从原来的四种情形，修正为六种情形加兜底。主要变化为：明确可以回购股份用于员工持股计划；上市公司为配合可转换公司债券、认股权证的发行用于股权转换的；上市公司为维护公司信用及股东权益所必需的；法律、行政法规规定的其他情形。二是在股份回购决策程序方面，尝试董事会享有决策权。规定公司实施员工持股计划或者股权激励，上市公司配合可转债、认股权证发行用于股权转换，以及为维护公司信用及股东权益等

---

⑰ 中国证监会：《关于〈中华人民共和国公司法修正案〉草案（征求意见稿）的起草说明》，http://www. nsrjlb. com/indexm. php? c = msg&id = 8276，2019 年 12 月 31 日访问。

⑱ 中国证监会：《关于认真学习贯彻〈全国人民代表大会常务委员会关于修改《中华人民共和国公司法》的决定〉的通知》，https://neris. csrc. gov. cn/falvfagui/rdqsHeader/mainbody? navbarId = 3&secFutrsLawId = f5bdce2d912147709a3638a76e7fc575&body = 股份回购，2019 年 12 月 31 日访问。

情形实施股份回购的,可以依照公司章程的规定或者股东大会的授权,经董事会2/3以上董事出席,并经全体董事过半数同意,收购不超过已发行股份总额10%的股份。三是建立库存股制度,最长不超过3年。这意味着回购的股份可以转让、注销或者将股份以库存方式持有。当然,股份回购制度依然有一些缺憾,如没有明确回购股份的资金来源等。

(三)为了提升上市公司的质量,适时修改了上市公司治理准则(2018年)

2018年9月,为了回应世行对中国公司制度的考察,完善公司治理,中国证监会将2002年出台的《上市公司治理准则》予以了修订。这次修订的指导思想是,立足中国国情、借鉴国际经验,着力推动上市公司规范运行、改善治理、提高质量,保护投资者尤其是中小投资者合法权益,促进资本市场稳定健康发展。事实上公司治理的完善一直是公司法的核心内容,而上市公司作为公众公司,具有规模大、公众性强以及对资本市场秩序影响大的特点。本次修订《上市公司治理准则》,在内容的修订上注重与国际接轨,如强调企业履行社会责任,践行绿色发展理念;弘扬企业家精神,建立公司内控机制与风险管理机制;强化中小投资者合法权益保护措施;[19]特别增加了机构投资者参与公司治理;强化董事会审计委员会的职责,确立了环境、社会责任和公司治理的信息披露基本框架等。同时关注中国上市公司自身的主要问题,有针对性地提高公司治理的标准。如加强对控股股东、实际控制人及其关联方的约束;确立上市公司控制权变动中,不得通过公司章程、股东大会决议或者董事会决议剥夺或者限制股东的法定权利等。当然,

[19] 2018年《上市公司治理准则》特别强调了现金分红政策、股东大会的网络投票方式、控制权超过30%的上市公司必须累积投票选举董监事以及发挥中小投资者保护机构的作用等。

本次《上市公司治理准则》的修订还有许多不足，特别是关于“遵守或说明”的应用规则仅保留在关于公司分红规则上，导致《上市公司治理准则》之软法优势得不到更好地发挥，不能不说是比较遗憾的。

（四）新建科创板，试水差异化表决机制（2019 年）

2019 年年初，中国资本市场推出了科创板，其中不仅试点了证券上市的注册制，而且引入了差异化表决机制。这不仅有助于鼓励高科技企业上市融资，有助于化解企业融资与创始人维护控制权的矛盾，而且为差异化表决机制下怎样防止控制股东滥用控制权，以及衡平股东之间的利益进行了尝试。

四、中国公司法的特点与未来发展的方向

（一）中国公司法的发展体现了三大特点

第一，中国公司制度确立和发展，具有国际化的特点。这是因为中国公司法制是于中国改革开放后 20 世纪 90 年代开始建立的，与其他发达国家的公司制度相比，具有后发优势。它既没有历史包袱，也没有立法的传统局限。如同一张白纸，可以绘上最美的图画。由此导致中国公司制度的确立和发展充分利用了其后发优势，无论是英美法系还是大陆法系，何种具体规则更具先进性和针对性，只要可以解决中国公司实践中的问题，就可以引入中国公司法和证券法（重点规制上市公司）。应该说，在拿来主义之下，中国公司法制得以快速建立，也由此奠定了中国公司法的国际化特点。

第二，中国公司法的本土化特点亦十分突出。作为一个经济大国，虽然在改革开放后才出现经济腾飞，才开始建章立制，并借助发达国家成熟的公司制度为我所用。但是，作为一项规制经济细胞的制度，该国的经济、文化、政治、民族等传统因素，必然会对其影响重大。

因此,综观中国的公司法制,其本土性特点十分突出,表现在引入一些国际通行的先进经验的同时,依据自己的本土特点进行了大量的制度创新。例如,中国的公司,无论是从国有企业改制而来还是从家族企业发展而来,股权结构高度集中是基本现状,这使得中国公司治理问题与美国模式和德国模式均不相同,除需就股东会与董事会之间的代理成本架构公司监督机制,更需将股东之间的利益平衡和对控制股东滥用公司控制权的行为进行制约放在公司治理的核心地位。由此,中国公司法将对控制股东的法律规制以成文法予以明确,表现在 2018 年《公司法》第 20 条关于股东不得滥用控制权利损害公司利益和其他股东利益,也不得滥用股东权利损害公司债权人利益,否则将承担赔偿责任的规定中;该法第 151 条第 3 款对滥用股东权利损害了公司利益的股东,其他小股东可以通过股东代表诉讼对其进行起诉,追究相应责任的规定中。甚至在某种意义上,这种对控制股东(包括实际控制人)的公司法规则在全球范围内具有一定的先进性。

第三,中国公司法始终紧密联系实际,与时俱进。当今的世界经济格局发生了重大变化,经济发展的中心已经移向东亚地区,发达国家与发展中国家之间的差距日益缩小。增强一国的竞争力,鼓励不同投资目的的人精诚合作,公司法即是通过降低设立门槛、放松经济管制、促进金融创新、鼓励公司自治方面来发挥重要作用。从 1993 年《公司法》到 2005 年《公司法》再到 2013 年、2018 年《公司法》,我们看到了上述精神的体现。当然,摆在我们面前的重任是,公司资本门槛的不断降低与多重股东权利的融合之下,传统公司理念将如何演变,如怎样解读股东平等、怎样有效地保护债权人利益、怎样理解公司非资本要素在公司永久存续中的重要作用,甚至怎样在公司社会责任的命题之下再次探讨公司的本质,等等。

（二）对中国公司法未来走向的思考

1. 关于中国公司法的竞争力问题

进入 21 世纪以来，公司法学者期待的全球一体化的公司制度并未出现；相反，公司法的竞争却愈演愈烈。因为在这个世界的许多地方，从个人或者企业的角度来讲，他们会将公司法作为设立公司时一个重要的考量因素，以求最大限度地利用不同法律规定所能提供的便利，同时避免或者降低法律风险。谈到公司法的竞争，通常第一个进入人们视野的是美国特拉华州的公司法。[20] 在欧洲，根据《建立欧洲共同体条约》第 43 条的规定，某一成员国的公民或者公司在本国之外的其他成员国境内以完全迁移的形式，或者以建立办事处、分支结构、子公司的形式设立一个常设的商业的或者职业的中心是因被视为开业自由而不被禁止的。从 20 世纪 90 年代起，欧洲法院通过对具体案例的判决贯彻开业自由的原则，这导致德国等一些国家奉行的住所理论被逐步放弃，而英国的设立理论适用范围逐步扩大。这就给公司设立者赋予了较大的法律选择自由，欧洲公司法领域的法律竞争也由此而生。为了防止本国公民或者公司因本国公司法的设立门槛过高或者过严，以规避法律为目的将公司设立在门槛低的国家，而后通过迁徙方式设立分公司实现其投资的真实目的，于是，各国纷纷降低公司设立门槛，放松管制。这种现象其实正在全球上演，名曰提升公司法的竞争力，不免有学者担忧会出现“朝向底部的竞争”（race to the bottom）的景象。

中国公司法应如何前行？中国公司法事实上几经变革，设立公司的门槛已经很低，赋予公司的自治空间已经很大，是否中国的公司法

---

[20] 自 20 世纪初以来，美国特拉华州一直以公司的注册圣地而著称。世界财富 500 强中，有一半以上是在这里注册的。

就具有竞争力了呢? 笔者想提醒中国学者的是,我们在关注公司管制更加放松、公司设立、运营条件更加灵活的同时,更应当关注与公司设立、运营自由相关的法律整体环境是否具备,是否为中国公司法已经蕴含的竞争力之爆发创造了合适的环境。我们不仅注意到美国特拉华州公司法的优越性,还应当特别关注特拉华州公司法的强竞争力在于它拥有在衡平法院之下的公司法庭,以及思维与运作方式更像公司的州务卿办公室,特别是那些准备进行法律上较为复杂的、容易引起纠纷的交易的企业投资者,更加信赖特拉华州司法体系。[21] 也就是说,中国公司法的竞争力之提升,不仅取决于其内容的科学性、先进性的进一步完善,其实很大程度上将取决于公司法的行政适用与司法适用。我们需要越来越多的具有商事思维理念且具有务实和探索精神的高素质的监管者和好法官。

2. 关于中国公司法将向何处去的问题

一直以来,总有一个问题困扰着我——公司到底为何物? 为什么它能如此神奇地解决融资与发展(多重目的出资人的集合)、控制与协调(控制权与多重利益关系的平衡)、变动与存续(股权转让、企业并购重组与百年老店)这些十分复杂的问题。公司从传统走向未来,其本质会否发生根本性改变? 因为现代世界在一定程度上可以说是"公司的世界",公司的规模在不断扩大,公司的数量在不断增多,公司的财富在不断累积。因而,公司已经成为社会中对经济、政治等方方面面具有举足轻重作用的一种力量,一种在过去每一个孤立公司中所不曾有的聚合力量。"公平对待雇员和顾客,摆脱短缺和污染物,生产高质量的产品,深谋远虑地利用自然资源,平等的就业条件,有益于健康

---

[21] Romano & Roberta, *Law as a Product*: *Some Pieces of the Incorporation Puzzle*, in: Journal of Law, Economics and Organization (JLEO), 1985, S. 225ff.

的工作场所,如此等等,这些问题必须公正地和直截了当地处理。”㉒正如丹尼尔·贝尔在其《后工业社会的到来》一书中所言:“把营业公司看成仅仅是一种经济工具,就是完全不理解过去半个世纪的社会变革的含义。”㉓企业的经济作用和社会作用之间的这种密切关系表明,大企业陷入困境不是因为它缺乏创造利润的足够资本或自由,而是因为不能把社会的利益同公司的经营结合起来。㉔

自20世纪末以来,公司社会责任的理念越来越深入人心,这种社会责任不是一种强加给公司的外在的义务,而是一种内在的责任。美国的经济发展委员会(CED)早在1971年就发表了具有划时代意义的声明,提出“企业的职责要得到公众的认可,企业的基本目的就是积极地服务于社会需要——达到社会的满意”。㉕ 1981年,美国200家最大企业领导人在参加企业“圆桌会议”时发表的“企业责任报告”中也指出,企业的社会责任并不意味着与其经济责任相抵触。在现代社会,企业的所有责任都是如此紧密地联系在一起,即追求利润与承担社会责任是不矛盾的。㉖ 而且已有大量统计资料表明,现代公司越来越注重公司对社会效益贡献的考核,㉗尽管这种考核评价的标准难以确定。就在2019年8月19日《纽约时报》上,整版刊发了181位美国大企业的CEO集体签署的名为《公司的目的》的宣言,强调企业的目的不能仅仅是代表股东利益,而应该更重视履行企业对消费者和社会

㉒ [美]W. E. 哈拉尔:《新资本主义》,冯韵文等译,社会科学文献出版社1999年版,第235页。

㉓ 同上书,第256页。

㉔ [美]W. E. 哈拉尔:《新资本主义》,冯韵文等译,社会科学文献出版社1999年版,第261页。

㉕ *Committee for Economic Development*, Social Responsibilities of Business Corporations New York: CDE, 1971.

㉖ 参见[美]乔治·斯蒂纳、约翰·斯蒂纳:《企业、政府与社会》,张志强、王春香译,华夏出版社2002年版,第133页。

㉗ 前注㉓,W. E. 哈拉尔书,第248—250页。

的责任。这一宣言警示我们,到了再次反省公司为何而生的时候了。

当今,强调公司社会责任理念,意义十分重大。虽然在传统观念看来,公司是一个市场中的“经济人”,它应当是自私自利的,应当以追求公司(或者股东)利润最大化为己任,而不需要去考虑公司的社会责任。但今天,我们必须看到,公司在追求自利的目标时,已经在其中加入了“利他”的效用函数。公司自治,需要谋求来自公司各方利害关系人的支持。也就是说,人们越来越多地关注公司对股东以外相关利益者的利益平衡问题,或者说关注公司是否将社会责任的目标置于公司自治与发展的决策中。而最为关键的是,公司的管理者应当认识到,企业组织由社会产生并且要得到社会的接受是很重要的。彼得·格鲁克在其《管理实践》一书中指出,“重要的是管理者应当意识到他们必须考虑公司政策和公司行为对于社会的影响。他们必须考虑一定的行为是否有可能促进公众的利益,有利于社会基本信仰的进步,有利于社会的稳定、强盛与和谐”。[28] 也就是说,公司作为一个自治体,其自治行为是否合理、妥当,其自治后果能否被社会接受,其能否作为一个独立的自治体求得生存和长足的发展,在很大程度上与公司能否履行社会责任有关。

中国公司无法脱离世界潮流,它不能始终停留在自我逐利的阶段,不能总是无视公司的社会责任,不能让那些无良商人堂而皇之地存在而不受法律制裁与道德谴责。中国的公司要在社会责任方面有所突破,要在全社会形成基本共识,小到公众股东利益、员工利益、债权人利益、消费者利益的维护,大到资源运用、环境保护、代际平衡的考量,都是公司应当追求的目标。也许,现在是时候应当重新审视公司的本质问题,即公司到底是谁的?

---

[28] 参见前注[27],乔治·斯蒂纳、约翰·斯蒂纳书,第6页。

五、未来中国《公司法》修改必须关注的几个问题

2019 年 3 月，全国人大法工委正式启动《公司法》的修改程序，这意味着中国《公司法》又要迎来一次较大规模的修改。显然，本次《公司法》的修改不同于 1993 年公司实践不足与立法空白的背景，也不同于 2005 年主要是回应社会的呼声，完善公司中一些基本制度。应该说，中国公司法的现代化已经初具规模，而本次修改，应在较高层级上实现公司法的国际化与本土化的融合。对此，笔者有以下思考：

（一）公司组织形态的变革对中国公司法进一步现代化具有基础性作用

中国公司法对于公司形态的选择，一直采用大陆法系国家的传统分类，即有限公司与股份公司。[29] 随着 2005 年《公司法》取消了股份公司设立的行政审批，导致大量的股份公司诞生，其中相当一部分为没有上市的封闭公司。据不完全统计，2018 年年底大约有股份公司 48 万家，但在 A 股资本市场上市的公司仅为 3583 家。也就是说，绝大多数股份公司是不上市的。理论上讲，封闭的股份公司与有限公司没有什么本质区别，但由于中国公司法是以有限公司与股份公司分别立法的，于是实践中经常发生股份公司不能适用有限公司规定的情形，如股东知情权范围有限公司比较宽，异议股份回购请求权的场景有限公司多，甚至封闭的股份公司股东转让股份，其他股东不能行使优先购买权等。显然，这样的公司立法模式不适应我国现行的公司实践。那么，采用公众公司与封闭公司的分类，是更好的选择。

对公众公司来说，最基本的规范要求就是强制的信息披露，同时

---

[29] 中国公司法放弃了无限公司、两合公司的模式，一是因为新中国成立后进行了公私合营，历史上可能存在的无限公司、两合公司、有限公司、股份公司都不复存在；二是无限公司、两合公司事实上在境外数量也很少，而且类似的组织形态还有有限合伙。

公司治理的要求比较高。因此,公众公司除了公司法对其进行规制外,还需要证券法的规制。我国除了在主板上市的公众公司,还有在新三板挂牌交易的近万家非上市的公众公司。这两类公众公司应该有不同的披露义务。对于绝大多数的封闭公司(采股份公司形态),应是中国公司法规范的主要内容。其中应当关注强制性与赋权性、选择性、自治性的结合。在封闭的股份公司中,可以考虑确立一种简易股份公司,允许其在公司内部组织架构、权利义务配置等方面有更大的自由。

此外,应当对国有独资公司甚至国有控股公司进行单独立法,其中可以要求党建工作入章程。

(二)公司资本制度的继续革新将促进中国公司法更上一层楼

中国公司法对公司资本制度的修正一直没有停息,特别是2013年实行全面认缴,许多人似乎认为,中国公司法的资本制度无须修订。事实上,我们应该反思,公司资本制度的核心功能是什么?是否就是一味地向股东倾斜?众所周知,公司法是以股东为基本权利、义务主体进行制度设计的,且股东还可以通过公司章程或者股东会决议的方式对自己进行更加有利的安排。相对于股东而言,债权人在公司中的地位基本是被动的、不在场的消极当事人。因此,对股东与债权人之间的利益平衡,更需要公司法进行一些制度安排。而公司资本制度的选择在很大程度上影响债权人的利益。

就公司资本制度修正而言,有三个要点需要强调。一是公司资本制度的理念问题,主要是从债权人利益保护的角度出发,特别是要修补公司资本管制放松给债权人利益维护带来的困境应对之理论认识问题。二是公司资本的进口问题,主要解决:全面认缴制带来的巨额资本注册但通过各种路径最终不实际缴纳的问题；[30]认缴制下公司不能清偿债务的加速到期制度问题；非现金出资的价值评估问题以及瑕疵股权转让的限制问题等。三是公司资本的出口，即公司资本或者权益除利润分配以外是否还有其他场合可以流向股东，以及允许流动的合法条件是什么，如股份回购的场合扩大、股东的股本回赎、公司融资中的对赌协议执行等。这将涉及两个路径。一是资本维持，即公司资本是最终的底线，只要不触动公司注册资本，就可以灵活对待公司向股东支付利益或者财产。但这一路径因公司法放弃法定资本制而备受诟病。二是偿债能力测试，即只要董事会认为公司未来一定时间内不会发生债务支付不能，就可以动用公司资产支付给股东。但这将涉及对未来债务的确认和对公司资产的合理评估。两个路径都有难点和困境，哪一个路径更适合中国国情值得深入讨论。

（三）促进中国公司治理水平的整体提高是公司法改革的核心内容

根据世界银行公布的全球营商环境报告，中国的排名自 2013 年的低点第 96 位一路爬升至 2016 年、2017 年的第 78 位，而 2018 年该排名跃升至第 46 位，跻身于世界前 50 排名中，[31]2019 年继续跃升至第 31 位。世界银行关于营商环境的评估，公司法律制度的改善是其中相当重要的一部分。我们注意到，这一期间公司法制建设的主要变化涉及：2018 年《公司法》对公司回购自己股份制度进行的修正，2017 年 9 月 1 日起实施的《关于适用〈中华人民共和国公司法〉若干问题的规定

---

[30] 例如，甲公司成立时，股东 A 认缴资本 1 亿元，认缴期为 20 年。但在公司成立 5 年后，股东 A 将股权 100% 转让给 B，但仅依靠退休金生活的 B 并无足够资产支付 1 亿元。15 年后，股东 B 不能支付 1 亿元，此时追究前股东 A 的责任，具有理论上和实践上的困境。因此，需要构建适当的制度填补这样的漏洞。

[31] 参见罗培新：《论世行营商环境评估“获得信贷”指标得分的修法路径》，载《东方法学》2020 年第 1 期。

(四)》[以下简称《公司法司法解释(四)》]、2019 年 4 月 29 日起施行的《关于适用〈中华人民共和国公司法〉若干问题的规定(五)》[以下简称《公司法司法解释(五)》],[32]以及 2018 年 9 月 30 日开始实施的新的《上市公司治理准则》。这些内容涉及公司治理方面的问题,一方面代表了世界银行等国际机构对公司治理的关注度和全球公司法制的目标;另一方面表明中国不仅重视公司治理水平的提高,而且切实地努力去改善之。应该说,这些制度的完善,抓住了中国公司实践中具有本土特色的问题,即在公司股权过度集中、控股股东或者公司的实际控制人将公司视为自己获利的工具而欺负众多小股东的情况下,产生了公司决议形式化或者被操纵、公司长期不分红、公司不尊重股东的知情权、股权转让中优先购买权争议、公司利益被侵害而小股东难以行使股东代表诉讼权等问题。而《公司法司法解释(四)》主要解决的就是上述问题。[33] 但是,司法解释虽有一定的造法功能,但依然不能替代公司法层面的制度建设。

首先,公司法在提升小股东利益保护方面还需要下大力气。一是加大对公司控制股东或者实际控制人的规制。这是因为公司是拟制人,它必须依赖于自然人来代表或者代理其行为。而拥有代表权或者代理权的人若无制度制约,他们一定会利用控制权力通过各种路径将公司财富转移给自己,如高薪消费、过度补偿、转移定价、关联交易等。中国早在 2005 年《公司法》中就引入了股东信义义务的规定(第 20

---

[32] 《公司法司法解释(五)》以改善营商环境为直接目的,包括再次强调股东利润分配请求权的享有;强调关联交易价格不公允时可以追究不公正交易关联方赔偿公司损失;强调股东有权解除任期内公司董事的职务。

[33] 《公司法司法解释(四)》以保护小股东利益为核心,主要围绕五个内容进行详细规定:一是公司决议瑕疵制度的完善,增加了决议不成立的情形;二是充实了股东知情权的可操作性,特别对股东查阅公司账簿的不正当目的进行了列举;三是强调股东在何种场合下享有利润分配请求权;四是对公司诉讼争议案件最多的有限公司股权转让中的问题进行程序性细化,包括股东优先购买权的认定;五是关于股东代表诉讼的程序保障规定,有利于鼓励小股东利用这一武器维护公司利益。

条），但过于简单、原则，可操作性不强，特别是对实际控制人的责任明示比较缺乏，需要在公司法的相应条款中增加实际控制人的列举。对中小股东权益的进一步扩张，包括股东法定权利不得变相剥夺；引入股东欺压定义、场景与救济路径；充实股东提案权的保障性措施；公司特别重大事项的分类表决规则；小股东代表公司提诉侵权董事、高管、股东或实际控制人时需实行激励机制等。

其次，完善公司股东会、董事会以及监督机制。一是完善股东会、董事会的程序规则须以便利和保障小股东权利行使为中心。二是针对不同类型的公司，如公众公司与封闭公司、规模大小不一的公司、成员多寡不同的公司，允许采用不同的治理模式，或者赋予不同的选择权利，包括与公司持续性经营密切相关的决策事项赋予董事会决策等。三是处理好传统的监事会和独立董事的关系。上市公司要解决监督机制的双轨制问题，根据上市公司的公众性与较强的国际性以及资本市场的全球化趋势，应当在上市公司中保留独立董事制度；而在封闭公司中，则允许继续采用监事会制度。四是强化董事、高管的信义义务。一方面尽可能在《公司法》中明确规定董事、高管具体的义务与追责机制，包括细化董事、高管注意义务的内涵与场合；另一方面要考虑董事高管的激励机制，引入安全岛规则。

最后，完善公司治理的目标不仅为股东利益最大化，还应明确为公司利益相关者的利益最大化。在中国《公司法》已经明文规定公司承担社会责任的前提下，需要将社会责任具体化，如公司并购中对公司员工利益的维护，公司发展中对资源、环境保护的具体要求等。

（四）公司并购制度的内容填补将是公司法修改的难点之一

无论是1993年《公司法》还是2005年《公司法》，关于公司合并分立的规则都十分简陋，与现行经济生活中中国企业积极参与境内境外并购的浪潮十分不匹配。实践中，无论是并购方式、并购手段，还是并购规模、融资渠道,都已多样化,且并购涉及的法律关系也十分复杂。当公司法不能提供适当的制度供给,许多公司并购的复杂行为将可能被简单、粗暴地通过合同法进行规范,或者无法可依争议频发,或者导致某一利益群体的利益受损且无恰当的救济渠道等,不能很好地体现公司并购的商事活动特殊性。因此,在公司法中加强公司并购制度供给是填补公司制度空白的重要内容。主要如下:一是要增加公司合并、分立不同角度的分类,如国内并购与跨境并购、三角并购与反三角并购、股份移转与股份交换、资产重组与股权交易、简易并购及挤出式并购、管理层收购与引入战略投资者式收购等;二是应当确定公司收购与反收购的决策权归属;股东会决策下的中小股东利益保护,如异议股东股份回购请求权的实施路径、现金选择权的效率性与公正性;董事会决策下将涉及董事会中立与否的价值取向;三是从政策角度考量公司反收购措施的选择,如“白衣骑士”“毒丸计划”“金降落伞”等。

(五)确立公司集团的法律规制有助于推进中国公司法有效地治理泛滥的关联交易痼疾

公司经历了几百年的发展历程,已成为市场经济中一种基本的投资工具。但今日之公司与公司制度创设之初已今非昔比。君不见,今日公司之股东,绝大多数为法人股东。股权的金字塔结构安排,使公司层层嵌套,深深地遮挡住金字塔尖上的实际控制人。这些最终的实际控制人以小博大,滥用权利的道德风险也数倍放大。因此,有效地规制公司集团是公司法现代化的重要标志之一。本次修改《公司法》,是引入、建立、健全公司集团制度的极好机会。我们要认真研究企业集团法的内容,包括母子公司、总分公司的严格划界,以集团利益统一安排经济活动而导致集团内部子公司或者分公司利益受损的补偿机制,公司集团内部关联交易的程式规则及交易价格公允性审查,公司集团的强制信息披露规则,公司集团中的债权人利益保护等。

总之,公司法是鼓励人们投资兴业的重要大法,中国采用一部什么样的公司法,将关乎中国企业能否健康发展、中国经济能否继续腾飞。借此《公司法》修改之际,科学评估中国公司法已经走过历程的得与失,认真研究境外立法例的经验与教训,深入分析中国公司法实践中的问题,我们才有可能造就一部现代的、具有核心竞争力的、能够鼓励和保护投资者的《公司法》。

第一章

公司法的理论视角

第一节　不完全合同理论*

一、关于企业的经济理论演进：不完全合同理论的意义

理解奥利弗·哈特等学者开创的不完全合同理论，需要从企业理论的整个学术发展脉络来看。企业理论经历新古典理论、代理成本理论、交易成本经济学、合同集束（nexus of contracts）等学说，直到哈特提出产权理论，①且哈特的企业产权理论还进一步发展出企业的资产束（nexus of assets）理论。从合同集束的角度来说，企业或者公司就是由一系列不完全的合同束构成，而公司的良性运行与持久存续，其实是通过应对这一系列不完全合同遗留的空白或者漏洞而达致。在企业合同集束的视角下，我们可以看到经济学家是怎样通过各种产权理论来为不完全合同填补空白与漏洞寻求解决路径和理论依据，由此发展和演进出各类产权理论。或者说各种产权理论都是在寻求如何最有效率地化解不完全合同的空白与漏洞，而新的企业理论就是在对以往企业理论的扬弃基础上发展起来的。

---

* 本节与沈朝晖合作。

① Oliver Har, *An Economist's Perspective on the Theory of the Firm*, 89 Columbia Law Review 1757(1989).

新古典企业理论把企业看作一个“黑箱”:企业是生产的工具而已,输入原料、资本和劳动力等生产要素,经由企业的“黑箱”输出产品。该理论的基础是亚当·斯密的市场经济理论,它假定企业管理人员在自私自利的驱动下,以个人财富和利润最大化为目标,这自然就导向企业利润或所有者的利益最大化。新古典企业理论的最大不足在于没有深入企业组织的内部,特别是没有深入企业内部各成员——所有者、管理层、员工、债权人等——之间的利益冲突来研究企业。

对公司法影响颇为深远的企业理论是代理成本理论。[②] 这种理论认为,所有者(股东)是被代理人,管理层是代理人。基于可观测性问题和信息不对称问题,代理人和被代理人的目标不一致,存在利益冲突。针对利益冲突问题,合同基本上就能够解决代理关系中的代理成本问题。合同的主要手段是在合同中充分地激励代理人,让代理人的利益和被代理人的利益一致,例如在合同中详细地设计股票期权等薪酬计划。[③] 代理成本理论下的激励合同是完备的,没有缺漏。

第一次提出企业边界问题的是科斯以及后来的交易成本经济学。科斯追问企业的边界在哪里,为什么存在企业。他指出,企业存在的原因是市场的交易成本;市场交易的两大成本是价格发现的成本和合同谈判的成本。[④] 企业的存在和边界是为了节省市场交易成本,直到与企业内部的组织交易成本相等。威廉姆森进一步对交易成本作出深入研究,提出“关系专用性投资”的概念。“关系专用性投资”是一种交易成本,要求双方之间的特殊关系建立在长期合同的基础上,而长期合同的构建、谈判和执行都有成本,因此随着关系的发展,双方需

---

② [美]詹森:《企业理论》,童英译,上海财经大学出版社 2008 年版,第 79—85 页。

③ Oliver Hart, *Corporate Governance: Some Theory and Implications*, 105 The Economic Journal 680 - 681(1995).

④ [美]科斯:《企业、市场与法律》,盛洪等译,上海人民出版社 2009 年版,第 35—51 页。

要重新谈判。为了避免市场谈判的成本,威廉姆森认为,企业的边界不断扩大,发生一体化(integration),并将市场交易纳入企业内部。[5]然而,哈特认为,威廉姆森没有研究为什么将市场交易纳入企业内部能够减少机会主义行为。[6]

在科斯定理的基础上,企业的合同集束理论[7]认为,不仅市场交易是合同关系,企业组织的内部关系也是各种合同的组合,而企业就是合同集束中的中央交易对手方。在这种观念下,合同集束或者合同纽带理论开始构建企业理论。简而言之,所谓公司是各相关主体通过一个组织体作为纽带而发生的一系列合同的集束而已。"上市公司"的规则也只是标准合同条款而已,这种标准合同的特征是有限责任、无限期限、股份自由转让和所有者享有投票权。推而广之,每一类型的商事组织都是一种标准合同,包括合伙、公司、信托、有限公司、股份公司等不同类型的商事组织的标准合同。在合同纽带说的视野下,公司不过是人格化的客体,企业内部如同一个由各种合同所构成的市场循环。公司的合同纽带理论在公司法上的推论为公司治理规则应该以赋权性(enabling)法律规则为主。

哈特等人开创的企业理论是产权理论(property rights approach)。他们基本沿袭合同的视角来分析企业的行为。1995 年哈特出版的《企业、合同与财务结构》是不完全合同理论的总结。不完全合同理论分为两部分:企业的边界和企业的财务结构(financial structure)。这两个部分看上去是独立的部分,但基于不完全合同的范式而有机统一

---

⑤ [美]威廉姆森:《资本主义经济制度》,段毅才译,商务印书馆 2002 年版,第 27—64、413—446 页。

⑥ 同前注①,Oliver Hart 文,第 1763 页。

⑦ Frank Easterbrook and Daniel Fischel, *The Economic Structure of Corporate Law*, Harvard University Press, 1996, p. 15 – 22.

在一个企业理论之中。[8] 交易成本经济学认为,不完全合同导致事后谈判的套牢(hold up)问题;哈特在此基础上认为产权的分配能够部分解决这些问题。真实世界的合同必然是不完备的,没有哪份合同能够准确地为将来发生的每一个可能性而预设条款。合同的不完全意味着在双方关系中的权力分配直接影响到双方各自在相互关系中的收益。权力说到底是谁对资源或资产拥有控制权。就企业一体化的例子而言,企业边界问题转化为企业决定是直接拥有某资产控制权,还是通过市场谈判交易的方式取得资产使用权,实质是资源或资产的财产权的最优分配。此外,不完全合同理论的范式也捏合了企业的融资结构理论。融资结构或者资本结构分为债权融资和股权融资,在哈特等人看来,债权、股权或者中间形态的企业资本提供者都享有对企业现金流的不同等级的请求权,实质是对企业资产的不同程度的控制权。比如,当企业违约时,债权人有权强制执行企业的资产,这是对企业资产控制权的一种表现;股东对企业资产的控制权则表现在有权替换企业的管理层。不完全合同理论的另一领军人物 Moore 把企业视作资产的集合(collection of assets),[9]企业所有权就是对于这些资产的控制权。不过,公众公司的问题更加复杂,因为在所有权和经营权分离的情况下,所有权不意味着对企业资产的控制权,公众公司大量存在对管理层的授权以及企业的控制权在一定条件下会转向债权人。[10] 可见,不完全合同理论不满足于剩余索取权的概念,而是把资产的权利分为特定控制权和剩余控制权;在合同中明确规定的控制权称为特定控制权,不完全合同所无法列明的控制权称为剩余控制权。哈

---

⑧ Milton Harris, *Book Reviews "Firms, Contracts, and Financial Structure"*, 9 The Review of Financial Studies 1272(1996).

⑨ John Moore, *The Firm as a Collection of Assets*, 36 European Economic Review 493(1992).

⑩ 同前注①,Oliver Hart 文,第 1773 页。

特认为,“剩余索取权不是一个非常健全或重要的理论概念”,[11]对企业资产的剩余控制权才是决定企业边界或者一体化的关键原因。

二、不完全合同理论视角下公司治理规则的基本框架

企业理论回答了企业及其边界是什么的问题,属于实证层面或者经济视角,而公司法(公司治理规则)要回答企业如何治理,属于规范层面或者法律视角。二者虽是两个层面的问题,但存在内在的逻辑联系,公司治理规则是建立在一定的企业理论基础之上的。按照合同集束的观点,企业是合同,企业的治理等同于合同的治理,只不过企业是更加复杂的合同而已,但本质上还是合同治理;除此之外,不再需要额外的公司法和公司治理;公司法应以赋权性规范为全部,让企业和合同集束中的当事人自由选择以实现利益和效率最大化。

然而,合同的成本是巨大的。第一,如同交易成本经济学派所指出的那样,要在合同中预见将来所有的可能性,成本很高。这个观点也被不完全合同理论承继。第二,即使预见到了,双方谈判以达成一致解决办法的成本也很高。第三,也是合同最难以完备地进行有效控制的,还有第三方理解和裁断的成本,即双方缔结达成的合同,如果将来发生纠纷,希冀能让第三方(法官或仲裁)清晰明白地了解当事人双方在缔结合同时的真实意思,并作出准确无误、符合当事人真实意思的判决,不发生第三方的裁断错误;要拟定这样一份清楚明白的合同,可以想象,成本是很高的。基于如上交易成本,合同必然是不完备的,存在缝隙、漏洞或缺失。在某种意义上,不完全合同也是科斯定理中的一种特殊的交易成本。若将来的未预见事情发生时或新的信息产生时,双方将重新谈判,或者谈判不成功,相关方退出,如所有者(股东)“用脚投票”或者管理层离职。针对合同的不完全性,哈特从经济

---

⑪　郑育家:《不完全合同理论与应用》,上海交通大学出版社 2016 年版,第 6 页。

学的角度指出有三种治理结构(governance structure):一是个人单独所有的企业,企业所有资产的所有权为一个人所有,个人所有者作出有关企业资产的所有决策;二是共同所有,所有者人数众多;三是合伙形式的所有,即按份额所有。在后两种企业结构下通常依照多数决作出决定。⑫ 解决合同不完全性的后两种治理结构都涉及所有者集体决策的成本,而这是公司法(公司治理规则)要致力于降低的成本和发挥作用的制度空间。本部分试图提出不完全合同理论视角下的公司治理规则的基本框架。

首先,事后谈判过程中的准租分配会影响事前的行为。由于在缔结关系之前,相关方预见到事后谈判的不利地位,而不愿意事前达成合同,或不愿意进行专用投资(specific investment),造成投资不足或者退出的效率损失。不完全合同理论常举的例子是 20 世纪美国 Fisher Body 和 GM 合并的案例:由于一方将厂址迁移到对方的邻近位置,相当于率先投入沉没成本,会弱化自身在事后谈判中的地位,从二者相互关系中获取准租和盈余(surplus)的能力减弱。事前的剩余控制权分配不当,不仅不会鼓励投资方事先做专业化的投入,而且会有错误的激励,使管理层寻求事后谈判的权力。一个适例是管理层寻求建立"企业帝国"的野心,不完全合同理论对企业管理层频繁发起并购,建立"企业帝国"的解释是管理层为了增强自己的地位,使自己更重要,增加管理层在事后谈判中所获得的收益。⑬

那么在规范层面,公司法(公司治理规则)的作用就是做好事前的控制权分配,以激励当事人事前敢于做投资,特别是做出更有利于专业化分工和更有效率的资产专用性投资(威廉姆森的概念)。不完全合同理论的分析认为,企业的剩余控制权应归属所有者,主要基于两

---

⑫ 同前注③,Oliver Hart 文,第 680 页。

⑬ [美]路伊吉·辛加勒斯:《公司治理》,载[美]皮特·纽曼主编:《新帕尔格雷夫法经济学大辞典》,张志辽等译,法律出版社 2003 年版,第 565—566 页。

个理由。第一,相互独立的资产,由不同的所有者拥有,这界定了企业的边界;互补性的财产,应该由同一所有者拥有,这样的一体化才是有效率的。以此推理,所有者权利中的剩余索取权(现金流权)和剩余控制权(投票权)是高度互补(complementary)的资产,应由同一人所有。[14] 在这个意义上,哈特的分析支持公司法中的默认规则,即一股一权。第二,企业剩余控制权的分配应取决于在事后的谈判中,谁的投资(股东的物质资本的投入和管理层的人力资本的投入)更容易被对方事后的机会主义行为侵犯,更需要剩余控制权而不是其他合同机制的保护,或者其他合同机制的保护还不足够,而同时还要激励他做有效率的专用性投资。由于组成企业的资产集合中的人力资本是不可事前通过合同确定的(noncontractible)或者不可事前授权的,人力资本与"人"不可分离,将企业的剩余控制权分配给他们将诱发道德风险;而资金提供是很容易事前谈判的,只要在合同中给予资金提供者在初始时期足够的保护,就会大大便利企业融资和资本市场的发展,那么将剩余控制权分配给资金提供者(股东)就是一个保护和激励资金融通的做法。不过,资金提供者为了投资回报率可能不愿意企业的资产用于专用性的投资,因为这会减少资金提供者的流动性和阻碍退出。所以,一方面应当将剩余控制权分配给股东;另一方面在规范设计时又常授权其他主体作出投资决策,这个主体不承担风险(体现为公司法上的商业判断规则),具有投资决策上的独立性,便形成了公司中的董事会角色。不完全合同理论从效率角度和企业理论角度解释了为什么剩余控制权属于股东,而投资决策权应归属董事会。[15]

其次,如果说事前的无效率问题的解决可依赖于公司法对剩余控制权的一般性分配,那么初始合同签订之后的事后解决机制则依赖于

---

⑭ Oliver Hart, *Firms, Contracts, and Financial Structure: Clarendon Lectures in Economics*, Oxford University Press, 1995, p. 186 – 209.

⑮ 同前注⑬,路伊吉 · 辛加勒斯文,第 566—567 页。

私人再缔约。公司法(公司治理规则)的功能是降低再谈判的成本。事后谈判成本是科斯的市场交易成本的延伸,如果事后的谈判成本过高,将阻遏双方就初始合同的漏洞达成新的协议。市场交易的成本来自单纯的市场支配力、事后的市场支配力(锁定)、长期合作的交易风险、信息不对称、策略性的讨价还价等。[16] 企业内部的事后谈判成本则取决于股东人数的分散或集中程度、股东利益异质性或观点差异(集体决策的成本)、股东对管理层的控制程度、管理层的机会主义行为、市场约束等因素。汉斯曼指出,集体决策是一个成本高昂的过程,少数服从多数的机制会使群体中的中等成员的偏好脱颖而出。公司法的作用是改善当事各方信息不对称的程度、协调成本(coordination costs)和流动性限制。[17]

最后,静态地看,公司法中的强制规则和默认规则都具有填补合同空白或者漏洞的功能,但两类规则对当事人私人缔约和谈判行为的影响不一样,以不同的方式填补公司合同的不完全性。公司法中的强制规则直接堵住私人缔约的漏洞,不允许当事人谈判绕开强制规则以做出不同的安排。对于公司法中存在强制规则的学说有投资者保护假说、不确定性假说、公共产品假说、创新假说和投机性修改章程假说等观点。[18] 不完全合同理论支持不确定性假说和投机性假说。比如,管理层的受信义务是强制性义务,是对所有者(股东)的最低程度的保护,不容许私人缔约的选出(opt out)。基于公司的所有权和控制权分离的状况,需要约束拥有权力的管理层,又因为很难对管理层在公司运营中的所有行为在事先的合同中都作出约定和预设,受信义务的功

---

⑯ [美]汉斯曼:《企业所有权论》,于静译,中国政法大学出版社 2001 年版,第 33—41 页。

⑰ 同前注⑬,路伊吉·辛加勒斯文,第 566 页。

⑱ [美]戈登:《公司法的强制性结构》,载[美]弗兰克·H. 伊斯特布鲁克等著:《公司法的逻辑》,黄辉编译,法律出版社 2016 年版,第 60—97 页。

能是作为一般条款,由法律强制插入所有者和管理者之间的合同,通过让管理者面临法律诉讼和法律责任的威慑,督促其恪尽职责。[19] 在不完全合同的理论视角下,受信义务之所以是公司法的强制性规则,是因为公司运营中必然会发生不可预见的变化(unforseen contingencies)。20 世纪 80 年代美国敌意收购的兴起就属于不可预见的变化,敌意收购的来临打乱了公司内部的各种隐含的合同关系,包括不解雇员工的隐含承诺。收购者通过裁员精简、出售不盈利的公司部门来整顿企业,裁减成本,重新获利。在合同未预见到这种变化的情况下,允许管理层在公司利益的前提下采取收购防御措施,符合公司利益整体最大化的目标。当然,一旦敌意收购成为比较常规和普遍预见的事情,就不再是不可预见的变化,而且法律也作出了强制性的规定后,公司合同的各方当事人便应该在缔结合同时,为了保护自己的利益,明确将隐含的合同或承诺在初始阶段以可执行的方式一一确立下来,使得它不仅约束现任的管理层,而且约束公司及继任的管理层,并能以较低的证明成本获得法院的支持,[20]进一步降低初始合同的不完备性。强制规则对不完全合同的漏洞补充是否有效率,直接取决于强制规则本身是否符合经济效率的准则。

公司法通说认为,默认规则的功能是填补合同漏洞。然而,不同于强制规则直接预防漏洞,默认规则在对不完全合同的漏洞进行补充的过程中,是否能发挥效率要依赖于私人缔约和谈判的效率。公司法中的默认规则分为两类:定制的默认规则和非定制的默认规则。定制的默认规则,是指在事发后,由法院来根据个案的具体情况为具体的案情自由裁断一个默认规则,例如何谓"合理"。非定制的默认规则,更依赖于当事人之间的有效谈判和在谈判过程中的相互揭示和披露

⑲ Oliver Hart, *An Economist's View of Fiduciary Duty*, 43 University of Toronto Law Joumal 303(1993).

⑳ 同上注,Oliver Hart 文,第 312—313 页。

信息。依据默认规则的形成方式,填补不完全合同的默认规则还可分为两类:一类是大多数人本来想要的默认规则;另一类是惩罚性的默认规则。公司中的合同不完全很多是当事人的策略性行为导致的,即一方有意隐瞒信息,或者利用默认规则对自己的有利之处,加上自身的信息优势,故意向对方隐瞒有关情况,谋求在事发后由法院自动适用对己有利的默认规则。在公司的合同集束中,管理层居于纽带的核心位置,处于信息优势地位,因此公司法可更多地提供惩罚性的默认规则,以惩罚的方式"激励"管理层向股东、员工、债权人等披露信息,消弭信息不对称,更好地弥补初始合同的不完全性。㉑

不完全合同理论在公司法中的应用和推广方兴未艾。从学术文献来看已有两个代表性的应用。一是 Andrew Keay 利用不完全合同理论来分析企业与债权人之间的合同。㉒ 二是 Bratton 运用不完全合同理论来分析比较公司治理和移植问题。㉓ Keay 认为,债权人与企业之间的合同确实要比股东与企业之间的合同更完备,表现在企业须定期向债权人支付、债权人尤其是优先级债权人比剩余索取权人承担更低的企业经营风险、合同很大程度上能够使债权人免于管理层的武断;然而,债权人和企业之间的合同仍是不完全的,债权人依然不能事前预见所有的可能性,不能免于符合合同但伤害债权人利益的机会主义行为,因此引入某种程度上的有限的受信义务保护债权人是有必要的。以受信义务为主的法律责任可以在机会主义行为发生后,对债权人提供事后的赔偿。㉔ Bratton 主要运用的则是不完全合同理论的另

㉑ Lan Ayres and Robert Gertner, *Filling Gaps in Incomplete Contracts: An Economic Theory of Default Rules*, 99 Yale Law Journal 91 -92(1989).

㉒ Andrew Keay and Hao Zhang, *Incomplete Contracts, Contingent Fiduciaries and A Director's Duty to Creditors*, 32 Melbourne Univerisity Law Review 141(2008).

㉓ William Bratton and Joseph MeCahery, *Incomplete Contracts Theories of the Firm and Comparative Corporate Governance*, 2 Theoretical Inquiries in Law 745(2001).

㉔ 同前注㉒, Andrew Keay 等文,第 167 页。

一分支——财务或融资结构,以指出在不同的融资结构基础上形成的公司治理结构有不同的抵销(trade off)。世界上的两大股权结构(控股股东结构和分散股权结构)都面临着三大抵销:所有权集中度和流动性之间的抵销、监督管理层和管理层积极性之间的抵销、私人寻租和服务于股东全体利益之间的抵销,并长久地形成了各自相适应的法律系统(Systems),给资本市场相关公司制度的移植制造了不可能性。㉕

三、不完全合同视角下公司治理规则的完善方向:以修改章程的股东大会决议为例

在不完全合同的理论视角下,公司治理规则的功能是基于初始合同的不完备性,为当事人事后的谈判提供一套富有效率的规则,降低再谈判的成本,以解决当事人事前投资不足或者事后因无效率谈判而退出、僵持的局面。行之有效的股东会决议及配套规则将大大弥补合同的不完全性。下文以公司章程的修订为例,阐述公司治理规则如何达到降低再谈判成本的目的。

(一)公司的初始章程是一种不完全合同

公司章程是最典型与最主要的公司合同(corporate contract),它是投资者和管理层之间的合约,是公司、股东、董事、监事、高级管理人员之间的合约,对多方主体均有约束力,㉖也是判断债权人对公司决议的审查是否尽到注意义务的重要证据。相比较公司法这一一般性公司合同范本而言,公司章程具有更多的独特性,是对公司法赋权性条款的个性化描述,显然具有对公司法之一般合同的补充作用。相比一

㉕ 同前注㉓,William Bratton 等文,第 757—772 页。

㉖ 参见中国《公司法》(2013 年)第 11 条。

般双务合同,公司章程是更加特殊的合同。第一,投资者的利益多元化、观点差异大,不仅控股股东和公众股东之间的利益和观点存在差异,公众股东内部也存在观点和利益的差异。第二,初始章程的缔结理论上须取得股东的一致同意,尚能反映合同性,而公司章程的修订遵循多数表决原则,对未同意的股东也生效,因此章程的修订不存在充分的再谈判以弥补初始不完全性的过程。[27] 第三,公司是长期限的存在,[28]一般推定为永久存续,期限越长,公司合同越会发生不完全性问题。

相较于封闭公司而言,中国上市公司章程的合同不完全性问题更为突出。首先,上市公司初始章程[29]的不完全性本就较为严重,并非全体投资人一致通过,而是由发起人起草并经公司创立大会多数决通过,这是公司上市成本的一种必然约束。其次,上市公司涉及众多公众投资人,他们无法在初始章程订立过程中享有充分的发言权、谈判权,于是证监会作为监管部门推出了《上市公司章程指引》,该指引名为"指引"实为准强制推行的规章,上市公司大多照抄、照搬同一个模板的公司章程,导致实践中的我国上市公司章程很不适应具体公司的特别情况,没有体现个性。这样的初始公司章程更容易在公司运营过程中发生不完全性的问题。而中国所处的转轨经济环境变化较多,新情况、新问题层出不穷,自上而下推行的公司章程所表现的不完全性屡见不鲜。例如,2008 年 10 月和 2012 年 5 月中国证监会两次发文,

---

㉗ Lucian Arye Bebchuk, *Limiting Contractual Freedom in Corporate Law: The Desirable Constraints on Charter Amendments*, 102 Harvard Law Review 1827 - 1829(1989).

㉘ 朱慈蕴:《公司法原论》,清华大学出版社 2011 年版,第 9 页。

㉙ 事实上,我国没有真正意义上的募集上市,所有的上市公司之实体均在上市之前已经存在,上市时的"初始章程"已非真正的初始章程。此处对初始章程的讨论是依公司法中募集设立的规范而展开的。

要求上市公司在公司章程中引入现金分红条款而引发的各类公司窘境。[30] 又如,2016 年 6 月 17 日万科股份公司的董事会决议,凸显了万科公司章程条款的解释难题。

正如不完全合同理论所揭示的,尽管有公司法的强制性规则和赋权性规则的引导,要实现公司初始章程的完备性依然是不可能的,因为这需要极高的缔约成本。面对不完备的公司初始章程,针对具体情形适时地修订公司章程,无疑是以较低的交易成本修补合同空白、漏洞与缝隙的理想途径。而通过股东会决议规则实现公司章程的修订,是一种十分重要的弥合公司合同空白的治理方式。相比公司法所确立的默认规则和强制规则,股东会决议对公司章程不完全性的填补更有具体性、个体性,还有"一事一议一表决"等特征。

(二)降低再谈判成本之目标下股东大会决议相关规则的完善方向

公司章程是不完全合同,加上公司时刻处于未来多变的环境之中,在发生不测事件时,如果法律放任完全自由的重新谈判,会发生前文所指出的事前的无效率和事后谈判的无效率。在股东会决议方面,典型的事后谈判的无效率会表现在两个方面:一是导致损害股东利益和损害公司利益的章程修订议案在股东会表决通过,即经济学所谓的价值减损(value-decreasing)的议案被通过,简称效率损失Ⅰ;二是可能实质增加公司利益的有效率的公司章程修订议案没能获得股东会的表决通过,发生"敲竹杠"等问题,即经济学所谓的价值增加(Value-

---

[30] 2008 年 10 月,中国证监会出台《关于修改上市公司现金分红若干规定的决定》,要求上市公司将 3 年内公司现金分红不少于公司可分配利润的 30% 的内容写入公司章程,导致众多上市公司根据自身情况无法实现这一目标。而后,证监会在 2012 年 5 月又发布《关于进一步落实上市公司现金分红有关事项的通知》,强化上市公司现金分红的程序性、透明度的规则,但对现金分红比例的要求则呈现出缓和化趋势。这一事例证明,上市公司章程的不完全性可能因监管机构对适度监管的拿捏不当而更为突出。

Increasing)的议案被否决,这简称效率损失Ⅱ。在不完全合同理论的范式下,为解决公司章程的不完全性,这两个方面再谈判的效率损失是公司法中的股东会决议规则要解决的问题。

公司章程修订的再谈判过程可以分为两个阶段:第一个阶段是管理层(控股股东)提出章程修订议案,启动与公众股东的重新谈判;第二个阶段是股东会对管理层的提案进行表决。

1. 管理层的再谈判提案与启动

管理层的自利动机和机会主义行为是导致再谈判失败或无效率的原因,管理层总是倾向于提出管理层利益最大化的提案。Bebchuk经过层层分析指出,即使在美国的半强式有效的资本市场中,管理层面临的市场纪律也是严重失灵的,包括经理人市场、公司控制权市场、融资市场和产品市场均失灵。[31] 中国转轨证券市场对上市公司管理层的软约束问题更加严重。为了解决管理层在再谈判的提案和启动阶段所出现的机会主义行为,法律的强制规定十分必要,特别是明确管理层的受信义务。

2. 股东会对公司章程修订案的投票表决

中国上市公司的公司章程的重新谈判成本高,典型表现在公司章程修改的股东会决议的成本高,这与中国股票市场的结构和效率机制相关。作为不完全合同,公司章程的修改提案其实是管理层(控股股东)与公众股东就初始公司章程中的不完全条款进行重新谈判的过程。管理层(控股股东)与公众股东之间的谈判成本(包括再谈判成本)取决于若干因素:公众股东的构成;上市公司信息披露的质量和执法情况;上市公司所处资本市场的效率机制。

具体来看,第一,机构投资者能降低信息不对称,便于降低管理层(控股股东)和公众股东之间的谈判成本。成熟投资者在信息的搜集

㉛ 同前注㉗,Lucian Arye Bebchuk 文,第1840—1845页。

和评估方面进行投资，以逻辑一致和职业化为基础，依据他们的发现进行投资。[32] 而我国的情况是，尽管中国证监会努力培育机构投资者，期待机构投资者在公司董事选任、经营者激励与监督、重大事项决策等方面发挥作用，然而，总的来说，中国上市公司的公众股东仍以散户为主，理性冷漠问题严重。控股股东和公众股东、股东和管理层之间的沟通成本、谈判成本均较高。个体股东而非机构股东为主的投资者结构，使得股东的集体行动问题严重。第二，充分的信息披露是公司股东作出决策和正确投票的关键前提。股东投票依赖于信息，上市公司披露的信息越完善、越准确，信息不对称越小，股东投票的成本越低。而我国上市公司信息披露的“八股文”问题突出，证监会的信息披露执法还不成熟，专业性有待加强，股东和管理层之间的信息不对称问题比较严重。第三，股票市场的效率机制按照股价反映信息的程度可以分为强式有效、半强式有效和弱式有效。股票市场的效率机制越完善，相关的信息反映在股票价格的波动之中，公众股东可以通过观察上市公司股价的变动来控制信息消化成本和决策成本，股东会决议的表决通过成本便会降低，就不易发生效率损失Ⅰ和效率损失Ⅱ。但是，我国股票市场的股价和公司基本面等信息严重脱节，股价反映信息的贴合程度仅仅是弱式有效的市场机制。

在现实中，损害公众股东利益的章程修改议案经常能够顺利通过，发生效率损失Ⅰ的现象，这集中反映在“宝万事件”前后中国上市公司掀起的“公司章程修改潮”中，大量章程修订案中加入反收购条款并顺利在股东大会通过，但这样的条款不利于公众股东的利益，因为绝大部分的实证金融研究表明，敌意收购会提高目标公司的股价。学者直接指出，“上述反收购条款涉及的内容，几乎都难以经得起法律的

---

[32] Zohar Goshen, *The Efficiency of Controlling Corporate Self-Dealing: Theory Meets Reality*, 91 California Law Review 423 - 425 (2003).

严格推敲，有的是明显违法的规定”。[33] 关于反收购的章程修订案的顺利通过，其实是股东（所有者）和管理者之间重新谈判失败的例子。山东山大原本并不是一家股权特别集中的上市公司，第一大股东仅持股 20.72%，其余均为机构和散户投资者持股，股权相对比较分散，不利于公众股东利益的章程修改议案理论上并不易在股东大会通过。但该公司的公众股东极其冷漠，据公司披露，修改公司章程的股东大会的出席率仅为公司有表决权总股份的 23.31%。其中，通过网络投票出席会议的股东 27 名，代表股份 1705835 股，约占公司有表决权总股份的 0.95%；出席会议的中小投资者（除单独或合计持有公司 5% 以上股份以外的股东）共 30 人，代表股份 1839635 股，约占公司有表决权总股份的 1.02%。[34] 也就是说，由于股份公司的股东大会通过率只以出席会议的表决权而不是全体表决权为分母，绝大部分的非第一大股东不出席包括网络投票的股东大会，导致山东山大华特的第一大股东就决定了修改案的通过，甚至根本没有展开实质性的再谈判。此外，效率损失Ⅱ的现象在中国上市公司中也普遍存在。这是由于管理层（控股股东）和公众股东之间的谈判成本和沟通成本高，导致提案不被公众股东理解，遭到公众股东的盲目抵制和“敲竹杠”。[35]

不完全合同理论对公司治理的最重要启示之一是，公司法（公司治理规则）应有利于降低再谈判的成本，便利私人缔约在事前、事中和

---

[33] 近年来，我国上市公司因应对敌意收购而掀起的“章程修订潮”引起我国学界的热烈讨论，参见周友苏：《上市公司反收购措施的合法边界与规制——兼评当前一些上市公司增设的反收购章程条款》，载《二十一世纪商法国际论坛论文集》，清华大学 2016 年 10 月 30 日，第 131 页。

[34] 参见 http://www.cninfo.com.cn/information/companyinfon.html?fulltext?szmb000915，2017 年 1 月 16 日访问。

[35] 在谷歌网站输入“股东大会表决未通过”“被少数股东否决”等词条进行检索，有相当数量的报道是关于上市公司关联交易由于少数股东多数决被否决的例子，例如童璐：《反对有效！30 天 13 家公司议案遭股东大会否决》，http://www.sten.com/2016/0701/12777484.shtml，2016 年 7 月 3 日访问。

事后富有效率地进行。股东大会的规则应有利于不完全合同的漏洞填补顺利进行,有利于股东之间、股东与管理层之间的再次谈判的成本降低。目前,对于上市公司的股东大会,中国证监会制定有《上市公司股东大会规则》,但实施效果不理想,上市公司股东大会问题依旧。已经推出的股东大会网络投票方便了股东投票,可以降低股东参与再谈判的成本,是一项可行之举。除此之外,在我国仍要继续培育股票市场的机构投资者,培育长期被忽视的股票市场的买方力量,包括投资顾问。美国市场兴起一种为机构投资者提供投资咨询服务的投票顾问(Proxy Advisors),[36]如"机构投资者服务"(ISS)是最有影响力的投票顾问之一,它为客户提供投票评估的服务,作出投赞成票、反对票或弃权的建议。借助作为市场"看门人"的投资咨询机构的职业化服务,有力地保护少数股东。信息披露是解决管理层(控股股东)和公众股东之间信息不对称的基础制度,需要通过有力的执法来保障信息披露质量的提高。股票市场基础设施的建设也亟须完善,以此增强股票市场价格反映信息的效率。

四、结论

在哈特之前,企业理论是在一个完美的想象世界中进行演绎,合同是完全的,依靠合同能解决公司治理的问题。不完全合同理论的魅力所在是描述了一个不完美但更真实的世界,这是范式的转换。不完美的世界意味着法律尤其是公司法(公司治理规则)需要发挥功能。不完全合同理论对公司法(可能)的重大影响是,推动公司法学界从再谈判成本降低的角度去审视公司治理规则,尤其是股东会决议的规则,研究如何富有效率地填补私人缔约的空白,如何富有效率地让私

㊱ Stephen Choi, Jill Fisch and Marcel Kahan, *The Power of Proxy Advisors: Myth or Reality*, 59 Emory Law Journal 869(2009).

人再谈判在法律的影响下发挥弥补合同不完全性的功能,如何引导私人缔约等。公司法(公司治理规则)的功能应是从降低公司合同的各方当事人在初始合同基础上的再谈判成本这个目标出发进行分析和调整,这无疑是一个方兴未艾的事业。当然,哈特的不完全合同理论也受到批评。比如,不完全合同理论在建构企业理论时只考虑物质资本,不承认企业的人力资本也是一种资产,进而有人批评该理论只考虑物质资产的所有者(股东),而没有考虑其他利益相关者。这些争鸣都值得再讨论,但不管怎样,不完全合同理论对公司法的启示将是深远的。

第二节　公司治理趋同论[*]

一、引言：公司制度趋同假说与公司治理趋同的现实

20 世纪 90 年代中后期，以全球经济贸易一体化为背景，以比较公司法学界针对世界公司治理模式的类型化研究为基础，[①]以克林顿时期美国宏观经济的良好表现与资本市场的跨越式发展为依据，美国商法学界主流学者提出了“公司（法）/公司治理趋同”的理论假说，引发了一场持续十余年的论战。该假说也是继 20 世纪 70 年代公司社会责任理论、80 年代公司收购与控制权市场理论、90 年代机构投资者问题之后，美国商法学界提出的又一个阶段性重大理论命题。[②]

趋同论者秉承新古典经济学派的效率论和经济达尔文主义的教义，提炼并解释了美国公司法/公司治理“股东利

---

* 本节与林凯合作。

① 相关总结参见李明辉：《公司治理全球趋同研究》，东北财经大学出版社 2006 年版，第 7 页以下；孙光焰：《公司治理模式趋同化研究》，中国社会科学出版社 2007 年版；黄辉：《现代公司法比较研究——国际经验及对中国的启示》，清华大学出版社 2011 年版，第 23 页以下。

② See Douglas M. Branson, *The Very Uncertain Prospect of "Global" Convergence in Corporate Governance*, 34 Cornell Int'l L. J. 321 (2001).

益导向”(Shareholder-oriented model)[③]与“董事会决策优位”(Director primacy)[④]两大主要特征，一定程度上继续展示和论证了伯利-米恩斯式现代公众公司、盎格鲁-撒克逊式公司治理模式以及与其配套的美国股东资本主义公司文化在股利回报、[⑤]风险分散[⑥]以及全球竞争[⑦]诸方面相对于其他公司模式的比较优势，预言了未来各法域的公司法、公司治理以及与其相关的股权结构乃至经济模式将通过不同公司治理模式之间的跨法域竞争、藉由境外融资的规则适应、国家“寻求跨国计划愿望”的国际关系因素等途径，整体上发生形式上或实质上的融合、趋同乃至一体化的趋势。[⑧]

主张存续论和多元论的阵营主要由政治论者(路径依赖论者)、[⑨]

---

③ See Henry Hansmann and Reiner Kraakman, *The End of History for Corporate Law*, 89 Geo. L. J. 439-468(2001).

④ See Stephen M. Bainbridge, *Director v. Shareholder Primacy in the Convergence Debate*, 16 Transnat'l Law. 45(2002).

⑤ See Jeffrey Gordon, *Corporate Governance: Pathways to Corporate Convergence? Two Steps on the Road to Shareholder Capitalism in Germany*, 5 Colum. J. Eur. L. 219, 223(1999).

⑥ See John C. Coffee, Jr., *Convergence and its Critics: What are the Preconditions to the Separation of Ownership and Control?*, Columbia Law School, The Center for Law and Economic Studies, 435 West 116th St. New York, NY 10027-7201, Working Paper No. 179, 2000.

⑦ See Brain R. Cheffins, *Corporate Law and Ownership Structure: A Darwinian Link?*, University of Cambridge Working Paper, 2002.

⑧ 上述理由散见但不限于下述文献：[美]杰弗里·N.戈登：《公司治理争论中的国际关系因素》，载[美]杰弗里·N.戈登、马克·J.罗伊主编：《公司治理：趋同与存续》，赵玲、刘凯译，北京大学出版社2006年版，第161页；Ronald J. Gilson, *Globalizing Corporate Governance: Convergence of Form or Function*, 49 Am. J. Comp. L. 329(2001)；John C. Coffee, Jr., *The Future As History: The Prospects for Global Convergence in Corporate Governance and Its Implications*, 93 Nw. U. L. Rev. 641(1999)。

⑨ See Lucian Arye Bebchuk and Mark J. Roe, *A Theory of Path Dependence in Corporate Ownership and Governance*, 52 Stan. L. Rev. 127(1999). 小约翰·科菲教授在前注⑧等文献中将以罗伊为代表的部分一体化反对论者泛称为“政治论者”(political theorists)或者“路径依赖论者”(path dependence theorists)。

系统论者[⑩]和文化制度多元论者[⑪]构成。在论证逻辑的层面上，除了对趋同论者的观点进行攻击，反对论者正面立论所依托的三大理论无外乎公司治理与所有权结构路径依赖理论、公司法与公司治理规则的制度互补性理论、全球公司治理的多重均衡与次优理论，[⑫]并运用了诸如政治利益集团寻租分析、国家和民族根性分析、内控或关系型公司治理的优越性分析等具体分析模式。[⑬] 与趋同论者所预言的公司治理将发生全球聚敛不同，反对者或认为趋同将受到极大阻力而难以发生，或认为双向乃至多向度的融合将消解一元的趋同趋势，或认为趋同论者所推崇的盎格鲁－美利坚模式本身问题很多且没有被正确解释，甚至认为趋同假说本身是一个不具有学术研究价值和迫切性的问题。[⑭]

围绕公司制度趋同假说的研究尤其是外国文献从 20 世纪 90 年代至今可大致划分为三个阶段。从初期到 2002 年为破题阶段，学者从“公司制度趋同”这一宏观性议题中依照事实性、原因性和意义性三

---

⑩　参见［德］莱茵哈德 ·H. 施密特、杰拉德 · 斯平德勒：《公司治理中的路径依赖和互补性》，载前注⑧，戈登等主编书，第 114 页以下。

⑪　参见前注②，Branson 文。该文第Ⅲ章深入探究了全球各地公司治理模式背后的文化根性，对一体化论者的“文化钝感”与学术偏狭提出批评。

⑫　See Sanford M. Jacoby, *Corporate Governance in Comparative Perspective: Prospects for Convergence*, 22 Comp. Lab. L. & Pol'y J. 5(2000).

⑬　正文所列举之三种具体分析模式分别参见前注⑨，Bebchuk 等文，第 142 页以下；前注②，Branson 文；Paul Davies, *Board Structure in the UK and Germany: Convergence or Continuing Divergence*, 2(4) International and Comparative Corporate Law Journal 435(2001)。

⑭　See Steen Thomsen, *The Convergence of Corporate Governance Systems to European and Anglo-American Standards*, 4(1) E. B. O. L. R. 31－50(2003); Brett H. McDonnell, *Convergence in Corporate Governance-Possible, But Not Desirable*, 47 Vill. L. Rev. 341(2002); 前注②, Branson 文。

种维度拆分出诸多子命题,⑮并提出了股东导向模式、路径依赖、功能性融合、所有权结构等关键词,建立了公司制度趋同假说的主要论点和研究架构。牛津大学出版社出版的《公司治理主题:趋同与存异》为阶段总结性著述。⑯ 此后至2007年为第二阶段,从外部界定属于美国次贷危机与金融风暴前阶段,以欧、澳、日学者广泛加入和研究方法的多元化⑰为特征,研究对象相应从美国扩展至日本、德国以及其他主要资本主义国家的公司治理,盎格鲁-美利坚公司治理模式被广泛探讨和反思。⑱ 2007年至今为第三阶段,在研究方法上仍有创新,⑲同时整体上回归比较研究,大量文献视角转向新兴工业国家和不发达地区,如伊斯兰等地区,同时交锋色彩趋于淡化。

应该说,与其将公司制度趋同假说定位为一个具体的问题,还不如说这是一个开放性议题或者研究背景。最终的答案可能并不重要,但学术界以论战为契机对全球公司治理现状进行了反复摸底与澄清,对较为强势的英美外部性治理模式(臂距模式)进行了深刻反思与检视,成果卓著。诚然,学术界时至今日都没有在公司(法)/公司治理是否趋同、能否趋同、应否趋同、如何趋同等重要问题上达成确切共识。

---

⑮ 事实性问题:何种公司治理模式更优或更有效率,现代公司治理模式之间的融合是否正在发生,反之是否存在反融合意义上的存续和多元化,如果正在融合的话,趋势、路径、方向如何等。原因问题:为什么会发生趋同、融合与一体化,为什么会存在存续、分化与多元化等。意义性问题主要诸如应当如何理解和评价趋同或存续,公司趋同议题是否具有学术及实践意义等。

⑯ See Joseph A. Mccahery, Piet Moerland, Theo Raaijmakers, and Luc Renneboog (eds.), *Corporate Governance Regimes: Convergence and Diversity*, Oxford and New York: Oxford University Press, 2002.

⑰ 例如,采用数据分析来考察企业治理若干标准的普及以及实际执行程度。See Tarun Khanna, Joe Kogan, and Krishna Palepu, *Globalization and Similarities in Corporate Governance: A Cross-Country Analysis*, Review of Economics & Statistics, 2006, p.69.

⑱ See Jeswald W. Salacuse, *Corporate Governance, Culture and Convergence: Corporations American Style or with A European Touch?*, L. & Bus. Rev. Am. 33, 2003.

⑲ See Mathias M. Siems, *Convergence in Corporate Governance: A Leximetric Approach*, 35 J. Corp. L. 729(2010).

一方面,最强趋同论代表学者所预言的盎格鲁 – 美利坚模式一统天下的局面在 2001 年安然事件与世通事件以及 2008 年次贷危机的逆流中似乎愈加遥不可及,[20]其所支持和主张的股东导向模式及其效率优势也在论战中逐渐失色甚至似是而非。另一方面,无可否认,公司法规则和治理经验的跨法域移植借鉴方兴未艾,以欧盟和东亚为代表的区域融合至少是正在发生,伊斯兰、东欧、北非等欠发达地区带有强烈模仿色彩的法律改革正在进行,东亚、南美等新兴工业化国家正在摸索推进本地资本市场,并配套性发起公司结构性改革甚至所有权变革,普通法系尤其是美国的公司治理制度依然有最广泛的学习者和借鉴者。显然,当前全球公司治理领域的发展演变可能不仅仅属于简单的法律移植和法律融合性质,其趋同方向所呈现的多样化与多向度交错、趋同方式的形式性与功能性并存、趋同层面所表现的公司法与证券法趋同并行、趋同基础中股权结构、股东文化、诉讼理念等发生深度变革的种种现实,无不说明这场肇始于 20 世纪 90 年代中期欧美学界的公司趋同论战对包括中国在内的新兴工业国家的公司法改革具有新的理论指导意义。

趋同论研究文献多将切入角度限定于公司治理范畴,即将公司治理设定为趋同或存续的主要研究对象。[21] 也有相当数量的文献单独或兼而探讨与公司治理关联密切的公司所有权结构,少数文献还涉及公司生产模式甚至国家经济体制等方面的趋同。[22] 无论如何,公司治理

---

⑳ 有关美国经济表现与公司治理模式向心力关系的类似表述,参见前注⑧,戈登文。

㉑ 参见前注⑤,Gordon 文;前注②,Branson 文;Afra Afsharipour, *Corporate Governance Convergence: Lessons from the Indian Experience*, 29 Nw. J. Int'iL. & Bus. 335 (2009);[美]大卫 · 查尼:《公司趋同的政治分析》,载前注⑧,戈登等主编书。

㉒ 参见前注⑧,Coffee 文;前注⑨,Bebchuk 等文。[美]查尔斯 · F. 萨贝尔《非治理问题的生产方式》(载前注⑧,戈登等主编书)一文讨论了公司生产组织(指商品的设计和生产程序)趋同,戈登前注⑧文研究了以股东资本主义为例的超越微观公司治理技术层面的经济结构与文化,Branson 前注②文更是分析了以"内嵌式资本主义"(Embedded Capitalism)为标签的国家层面的政治经济政策问题。

是趋同观和存续观论战的主战场,其他诸如股权结构、生存方式、公司文化、经济政策等问题也与公司治理密切相关。[23]

盎格鲁－美利坚公司治理模式无疑是公司趋同理论的关注焦点,也贡献了最多的制度资源和实践经验。但以英美模式为方向的趋同观仍远未得到广泛赞同,也不太可能达成一致。诚然,以公司性质、股权结构与公司文化而论,中国公司治理更接近德日而离英美较远。此外,封闭性公司、家族性企业包括我国的有限责任公司,自应允许其治理安排享有相当的自由度,不宜采取模式化的要求。但在下述两层意义上,英美经验对我国公司治理依然有重要借鉴意义。第一,随着我国金融商品市场的发展,上市公司治理的重要性将有增无减,英美公司法在大型公众公司治理方面的成熟经验具有示范性。第二,我国公司境外融资地点多在美国和我国香港特别行政区,于欧日资本市场募资者甚少,因此客观上也更需要适应和学习英美公司治理规则。此点正合"藉由海外上市途径而潜在完成证券法趋同"的观点。

二、决策与控制:股东会中心主义与董事会中心主义

加州大学洛杉矶分校班布里奇教授就美国公司治理的核心特征与趋同论代表人物耶鲁大学汉斯曼、哈佛大学克拉克曼教授产生分歧。针对后者以"股东(利益)导向模式"来概括英美公司治理的本质的观点,前者提出"董事会(决策)优位"才是其精髓所在。[24] 表面上看,双方论点可以兼容:前者谈论的是公司目的、利益导向、剩余索取

㉓ 显而易见,股权结构以及流动性等事实上对公司治理结构的配置具有决定意义。此外,也有研究打通了微观公司治理与国家宏观经济表现之间的关联性,例如[美]柯提思·J.米尔霍普特、[德]卡塔琳娜·皮斯托:《法律与资本主义:全球公司危机揭示的法律制度与经济发展的关系》,罗培新译,北京大学出版社 2010 年版,第 47 页。

㉔ 分别参见前注③,Hansmann 等文;前注④,Bainbridge 文。

权人的问题，后者针对的是公司日常决策权、实际控制权归属的问题。[25] 但后者《公司法历史的终结》一文将“经理层导向模式”归为失败的模式，[26]意味着克拉克曼与汉斯曼教授一定程度上并不认同董事会优位，至少不认为董事会优位主义能揭示美国公司治理的本质。

这一分歧反映了趋同理论复杂细微的一面，也反映了董事会的角色定位在现代公司治理流变中的曲折演进历程。在目的意义上，应该说“股东利益导向”所强调的以股东利益最大化为根本目的的公司价值取向和司法原则，即使在公司社会责任理论盛行、利益相关人受到高度重视的时期，也并未真正遭到颠覆性挑战。而在方式层面亦即在公司治理权力架构中的角色和地位层面，董事会在百年现代商事公司发展中的权力和职能定位则历经调整。早期公司尚未脱离股东直接经营的较强人合性色彩自不待言，在伯利 - 米恩斯式两权分离后时代的较长时间以来，随着公司组织结构出现从 U 型（Unitary Form，单元结构）向 M 型（Multi-divisional Form，多事业部结构）的进化，[27]董事会

㉕ 班布里奇教授对此已有精辟概括，分别以“目的”（Ends）和“方式”（Means Axis）来概括上述两种主张谈论问题的角度。See Stephen M. Bainbridge, *Director Primacy: The Means and Ends of Corporate Governance*, 97 Northwestern University Law Review 547 - 606 (2003).

㉖ 参见前注③，Hansmann 等文。可以肯定的是，汉斯曼与克拉克曼教授在该文第Ⅲ部分“替代模式”中的分类标准是不明晰的。就“股东导向模式”来看，分类标准大概是公司目的或者公司的价值导向，然而作者在该文第Ⅲ部分之 A 中对“经理人导向型”的描述性定义却是：“这种观念大肆赞扬授予大型商业公司经理人自由决定权的优点。”可见，作者认为“经理人导向型”是失败的模式，失败在经理层拥有公司的实际控制权与决策权上，而不是“公司以经理人利益为中心”。

㉗ See Jill E. Fisch, *Measuring Effciency in Corporate Law*, *The Role of Shareholder Primacy*, 31 Journal of Corporate Law 637 - 674 (2006). 转引自邓峰：《董事会制度的渊源、进化和中国的学习》，载张育军、徐明主编《证券法苑》第 4 卷，法律出版社 2011 年版，第 60 页以下。

决策信息不足,实际控制权被CEO为首的经理层架空而成为橡皮图章。[28] 20世纪70年代前后机构投资者的兴起以及经济理论基于产权的主张对股权理论的强化,[29]对于董事会的监督地位可能产生削弱[30]和加强(例如机构投资者一般主张增加非关联董事比例、促进董事长和CEO职能分离)的双重作用。[31] 以英国1992年凯德伯瑞报告(Cadbury Report)和美国2002年萨班斯－奥克斯利法案为标志的独立董事制度升级,使董事会找到了内部监督和系统维护者的功能定位而重获重视,董事会优位主义也被主流学者主张。[32]

从股东会中心主义向董事会中心主义转轨在当下中国公司法学界是一个流行的主张。[33] 不过,从上述对欧美董事会流变的回顾来看,该主张作为一种理念的转变其实与英美当代公司法尊重董事会优位以及董事会"管理、决策者—监督、维护者"的功能转变似同实异,在发展阶段和逻辑层次上都有所不同。我国公司法的理念变革仅仅是在寻求克服带有封闭公司色彩的股东直接参与公司经营决策,探索更具效率的现代公众公司治理方式的意义上提出的。易言之,它仅仅相当

㉘ See René Reich-Graefe, *Deconstructing Corporate Governance; Absolute Director Primacy*, Brooklyn Journal of Corporate, Financial & Commercial Law, Spring, 2011; Jun Zhao, *Comparative Study of U. S. and German Corporate Governance: Suggestions on the Relationship between Independent Directors and the Supervisory Board of Listed Companies in China*, 18 Mich. St. J. Int'iL. 495(2010).

㉙ 参见邓峰:《普通公司法》,中国人民大学出版社2009年版,第543页。

㉚ 例如,关于机构投资者监督效用的"负面监督假说"中诱发董事会机会主义的情形。See Pound John, *Proxy Contest and the Efficiency of Shareholders Oversight*, 20 Journal of Financial Economics 237－265(1988).

㉛ See John Boyd and B. D. Smith, *The Co-Evolution of the Real and Financial Sectors in the Growth Process*, 10(2) World Bank Economic Review 371－396(1996); Peter F. Drucker, *Reckoning with Pension Fund Revolution*, Harvard Business Review, 1991(3－4), p. 106－114.

㉜ 参见前注㉕, Bainbridge 文。

㉝ 参见梅慎实:《现代公司机关权力构造论》,中国政法大学出版社2000年版,第240页以下;钱玉林:《股东大会中心主义与董事会中心主义——公司权力结构的变迁及其评价》,载《学术交流》2002年第1期;曾颜璋:《董事会中心主义阶段公司权力异化与对策的法学分析》,载《法学杂志》2009年第6期。

于英美公司法在20世纪前半叶的发展阶段：彼时随着大型股份公司的涌现、证券市场和经理人市场的专业化发展，英美公司法开始调整“不承认董事会拥有独立于股东会的法定权力”的立法理念，开始正视大型公众公司的实际控制权逐步落在董事会甚至经理层手中这一事实。但无论如何，考虑以董事会为中心构建公众公司尤其是上市公司的决策机制框架在我国有现实意义：首先，董事会优位（或中心主义）适应大型公众公司集权和决策效率的需要；其次，在充分保障股东诉权与董事信义责任机制的配合下，董事会优位将更符合权责统一的要求，责任追究渠道反而更加顺畅进而更有利于保护中小股东利益；最后，董事会中心主义也顺应了专业化经营的趋势。

具体而言，在公司资本制度方面，从公司法实务与立法发展趋势看，破除严格实缴的法定资本制的限制，采取以分次发行、董事会独立决策为特征的授权资本制是必然趋势。[34] 在股东（大）会与董事会权力分配方面，可以考虑进一步限缩股东（大）会的法定职权，将经营决策型权力逐渐交由董事会行使，[35]股东（大）会保留人事权、章程修改权、对董事会和监事会报告的批准权、公司重组或重大资产处分等重大事项批准权。此外，应当明确董事会的剩余决策权，将类似公司捐赠的决策权授予董事会行使。当然，董事会中心主义并不仅仅意味着董事会控制公司，还意味着对董事会的相关控制，以免董事会违反诚实信用原则，滥用董事会权利。[36] 在此意义上，应进一步细化规定董事的提名、任命、罢免程序，强化董事的信义义务与违信责任的追究机制，完善股东诉权。

㉞　参见上证交易所—清华大学联合课题组：《资本市场创新发展新格局与〈公司法〉的修订完善》，课题负责人朱慈蕴，第22期上证联合研究计划课题报告，2012年5月结项。

㉟　实际上，2005年《公司法》第38条第1项、第5项、第8项以公司经营判断为核心的职权可以考虑由董事会享有最终决定权，并相应为其决策负责。

㊱　参见前注㉞，上证交易所—清华大学联合课题组报告。

三、监督与制衡:监事会、独立董事与外部监督机制

依据各种标准将当今世界主要公司治理模式作类型化区分并进行比较研究,是公司制度趋同假说的理论前提之一。举例言之,依据股权结构,小科菲等多人将公司治理区分为股权分散模式和股权集中模式,LLSV[37] 将全球治理模式区分为盎格鲁 - 撒克逊模式、法国模式、德国模式、斯堪的纳维亚模式,莫兰德从金融和资本的角度区分为市场导向型体制和网络导向型体制,汉斯曼与克拉克曼从历史的纵向发展归纳了股东导向、经理人导向、劳工导向、国家导向、利益相关者导向五种模式。[38] 包括柴芬斯等在内的更多学者则延续传统比较公司法学分类,依据包括公司监督机制在内的公司治理各方的权利配置标准,使用“外部人/臂距系统”(outsider/arm's length system)与“内部人/控制人导向系统”(insider/control oriented system/network)的划分。前者为以英美为代表的外部控制型公司治理模式,后者为以德日为典型的内部控制型模式,二者在股权结构与流动性、融资偏好与外部资本市场、董事会职能与构成等诸方面具有显著不同。[39] 单从监督机制角度观察,德日监督机制传统上仅以内部监督维系之,即以大陆法系上股东和管理者之间的“委托—代理”关系为理论基石,股东委托在董事会之外设立的监事会行使部分监督权,辅之来自作为重要债权

---

[37] LLSV 是指 La Porta、Lopez-de-Silanes、A. Shleifer 和 R. Vishny 四位学者,由于他们经常一起署名发表文章,学界简称 LLSV 组合。

[38] 以上四种分类分别参见前注⑥,Coffee 文;Brian R. Cheffins, *History and the Global Corporate Governance Revolution: The British Perspective*, in Thomas Clarke (ed.), *Corporate Governance: Critical Perspectives on Business and Management*, London: Routledge, 2004; La Porta, Lopez-de-Silanes, A. Shleifer and R. Vishny, *Law and Finance*, 106 (6) Journal of Political Economy 13 – 55 (1998); P. W. Moerland, *Alternative Disciplinary Mechanisms in Different Corporate Systems*, 26 Journal of Economic Behavior and Organization 17 – 34 (1995); 前注③, Hansmann 等文。

[39] 参见前注①,李明辉书,第 9 页;前注①,孙光焰书,第 97 页。

人甚至直接持股的“全能银行”(德)或“主银行”(日)的监督,同时以“劳资共决”机制(德)或雇员参与机制(日)制衡管理层。与之相反,在严格信托理论基础上的英美传统公司治理虽然存在信义义务的约束与股东诉权的阻吓等弱势性内部监督,但对管理层的实质性制衡则来自证券市场严格信息披露义务的要求、完善的经理人市场与控制权市场的压力这些来自外部的监督。[40] 以养老金等机构投资者的兴起为契机的股东本位强化与董事会结构改革——独立董事制度的发展,使得英美公司的内部监督也大大加强,可谓英美模式向德日模式的某种趋同。与此同时,日本 2002 年商法典直接植入英美独立董事制度,德国也在不变革根本公司治理模式的前提下,引入了实际上类似独立董事职能的独立监事,两大公司治理模式之间在公司权力监督与制衡层面呈现前所未有的交融甚至双向趋同。

我国对独立董事制度的移植和借鉴无论是在研究层面还是在正式制度层面都有相当进展。与英美法采用独立董事制度是由在战略投资者和长期股东比例明显增高背景下公司产生了加强内部监督的强烈需求所诱致不同,相比较而言,我国对该制度的移植虽然也伴随着克服大股东控制、监事会失效等现实问题的预期,但更多的则是公司境外融资需求与官方强制性制度变迁综合作用的结果。[41] 从这一制度移植的过程来看,它更接近小科菲教授提出的以跨境融资为渠道的潜在融合理论,而不是克拉克曼和汉斯曼等教授提出的竞争压力理论。同样,罗伊与斯宾德勒等人提出的路径依赖和多元均衡理论对独立董事制度在我国的初步立足也有一定的解释力,那就是该制度的引

---

[40] 参见朱慈蕴等:《公司内部监督机制——不同模式在变革与交融中演进》,法律出版社 2007 年版,第 55 页。

[41] 有学者总结,中国公司设独立董事最初是为了满足香港联交所的上市规则(1993 年青岛啤酒在香港上市),而后成为中国公司境外上市的惯例,最后发展成一项对于全部上市公司和部分金融公司的法定要求。参见方流芳:《独立董事在中国:假设和现实》,载《政法论坛》2008 年第 5 期。

入可能并未明显打破现有公司结构中各方利益的均衡,也未明显损害既得利益集团各方的所得,属于公司系统对变革容忍的弹性系数之内的一种局部调整。

对于我国独立董事制度移植可行性与必要性进行解读的文献汗牛充栋,而对该制度在我国实际运作中产生的问题进行反思、质疑的论述也从未中断。更值得重视的是,我国本土证券市场新近的经验数据与实证性研究结论一再表明,我国现阶段的独立董事制度与公司业绩关联不明显,对公司治理结构的影响力不足,独立董事群体的专业性、勤勉性、独立性都有待随着制度完善而得到加强。

从新近的经验数据来看,其一,2011 年沪市共有 26 家公司的 38 位独立董事对相关事项提出异议,分别占沪市上市公司总数的 2.77% 以及独立董事总人数的 1.23%。[42] 其二,上市公司认为本公司独立董事每年平均现场办公时间集中在 5—10 天(上交所 312 家,占 38.1%;深交所 35.28%)和 10—15 天(上交所 268 家,占 32.8%;深交所 35.83%)两个范围内。[43] 而在 1982 年的美国和澳大利亚,这一数字是 123 小时和 50 天。[44] 其三,2008 年上市公司独立董事全部亲自出席董事会会议的比例仅 37.7%,有 0.9% 的上市公司独立董事平均出席率甚至不足 50%。其四,在 2010 年前后 98.7% 的独立董事仍然由公司董事会(占全部样本的 71.7%)、控制股东(22.7%)或其他大股东(4.33%)提名。[45]

从新近的实证研究来看,独立董事的引入对董事会领导权结构的影响不明显。在运作方面,独立董事在高层变更、继任者选择上影响

㊷ 数据来自赵晓辉、陶俊洁:《独立董事制度已岌岌可危》,载《中华工商时报》2010 年 10 月 9 日,第 1 版。

㊸ 数据来自上证联合课题:《上市公司独立董事角色定位、职责与责任》(课题负责人:赵立新、汤欣、邓舸、卢文莹),2010 年 1 月 8 日。

㊹ 参见前注①,孙光焰书,第 270 页。

㊺ 独立董事与会比率与提名情况的数据来自前注㊸,上证联合课题报告。

力较弱。[46] 独立董事在董事会的人数比例以及独立董事的薪酬额度与高管的薪酬成正比，而与“高管薪酬和公司业绩的敏感性”成反比。[47] 在公司存在“大股东”的前提下，公司独立董事的比例与公司业绩之间基本不存在关联性。[48] 对深市中小板公司的研究也表明，独立董事的数量、任期与公司业绩成反比，同时与其行业专长对公司业绩的促进作用成反比。[49]

研究公司制度趋同理论的外国文献显示，独立董事制度在外国尤其是英美被强化和提升的拐点，从宏观市场角度看往往存在财务丑闻曝光、市场信心不振、金融危机爆发的背景。[50] 而从微观治理角度看也往往是经理权力膨胀、代理成本畸高、内部监督失衡的时点。从这一

㊻　参见吴晓辉、娄景晖：《独立董事对传统内部治理机制影响的实证研究——基于多元回归模型和 Logistic 模型的中国证据》，载《数量经济技术经济研究》2008 年第 4 期。

㊼　参见杨蕾、卢锐：《独立董事与高管薪酬：基于中国证券市场的经验数据》，载《当代财经》2009 年第 5 期。

㊽　参见肖维嘉、王正位、段芸：《大股东存在下的独立董事对公司业绩的影响——基于内生视角的审视》，载《南开管理评论》2009 年第 2 期。

㊾　参见陈伟民：《独立董事职业背景与公司业绩》，载《管理世界》2009 年第 3 期。

㊿　在美国，独立董事制度真正兴起的契机是 20 世纪 70 年代的“水门事件”。随着调查深入，一些大公司陷入非法政治募捐、行贿等问题，导致美国广大中小股东对公司董事会和管理层产生极大的不信任，要求改革公司结构。同年代美国股东针对失败公司的诉讼盛行，对公司董事、董事会尤其是审计人不断提出追偿。而在 2002 年前后的经济危机和安然、世通公司财务丑闻冲击下，美国 2002 年颁布的《公众公司改革法案》修改了“独立性”标准。参见汤欣：《降低公司法上的代理成本：监督机构法比较研究》，载梁慧星主编：《民商法论丛》第 7 卷，法律出版社 1997 年版。另参见 R. I. Tricker, *Corporate Governance*, *Aldershot*, Hants, Brookfield, USA：Ashgate, 2000, Introduction，转引自朱慈蕴：《公司法原论》，清华大学出版社 2011 年版，第 312 页。而在 20 世纪 90 年代初的英国，Maxwell 传媒集团、信用与国际商业银行、Pollypeck 纺织公司、英国镜报集团、巴林银行等大批英国本土的国际知名企业纷纷陷入丑闻甚至倒闭，英国当局包括伦敦证交所（LSE）、英格兰和威尔士特许会计师协会（ICAEW）、英国财务报告委员会（FRC）等组织专门委员会针对公司治理问题进行调查研究，10 年间相继出台 Cadbury Report（1992）、Greenbury Report（1995）、Hampel Report（1998）、Turnbull Report（1999）、Higgs Report（2003）等一系列报告，将强化公司财务控制纳入公司治理框架下，涉及独立董事、高管薪酬、董事会构成与内控执行、风险管理等内容，立法层面的回应则表现为随着上述报告的出台，形成并修订《公司治理委员会综合准则》与伦敦证交所上市公司规则。

意义来说,美国引入独立董事制度的核心预期在于从法律公平角度加强内部监督、完善公司治理,而不是、至少首要不是在经济效率角度提升公司业绩表现。至于美国为何采用独立董事制度而不是其他改革方式来完成上述任务,除了偶然性因素,应该是美国单层制董事会制度及其专门委员会结构安排的路径依赖、强大外部市场与外部监督的系统均衡影响、不具备社会民主理论支持下的强势职工文化传统、[51]对引入德国式监事会甚至双层制度进行彻底变革的制度成本核算、文化心理评估等综合因素导致的结果。

独立董事制度早已属于我国法上的正式制度。[52] 以尊重实然法的务实立场,从当前我国独立董事制度的实质性推行阶段来看,独立董事核心职能的客观定位、独立性的理解、独立董事与其他监督性机构的关系处理等重大宏观问题尚未达成共识。至于独立董事权利与义务的具体设计、免责与保险机制等细节制度建构更应是后位考虑的对象。从职能定位来看,一方面无须诟病独立董事与公司盈利之间的关联性不足,而应该看到其对于公司盈余质量等经营指标的正向影响。[53]另一方面虽无须放弃独立董事现阶段所主要起到的咨询、辅助性专家

---

[51] 有关社会民主理论与公司治理结构关联性的研究,参见[美]马克·J. 罗伊:《现代政治与所有权的分离》,载前注⑧,戈登等主编书,第 252 页以下。

[52] 重要的规范性法律文件主要有:2001 年 8 月 16 日证监会发布的《关于在上市公司建立独立董事制度的指导意见》(证监发〔2001〕102 号);2002 年 1 月证监会与原国家经贸委联合发布的《上市公司治理准则》;2004 年证监会发布的《关于加强社会公众股股东权益保护的若干规定》(证监发〔2004〕118 号);2006 年修订的《上市公司章程指引》(证监公司字〔2006〕38 号)。更为重要的是,2006 年 1 月 1 日起施行的《公司法》第 123 条首次从法律层面明确了独立董事的法律地位。

[53] 这一点已经为若干实证研究所证明。例如,吴清华、王平心:《公司盈余质量:董事会微观治理绩效之考察——来自我国独立董事制度强制性变迁的经验证据》,载《数理统计与管理》2007 年第 1 期。

职能，[54]但更应该守住独立董事的监督职能本位，深入参与公司治理，探索实质性平衡公司治理结构甚至一定程度上解决大股东控制弊病的路径。在独立性方面，如何克服在提名、选任环节的大股东控制问题，[55]尚需寻求切实可行的对策。在独立董事与监事会的关系处理方面，二者职能高度重叠的事实不易否认，关于职能“互补性”主张的实效有待论证。在我国采取独立董事和监事会并存的现实格局下，学界主要关注了二者职能定位和制度构造之间的区别、互补、兼容、制衡。而近几年则渐次重视巩固独立董事制度的作用，例如从立法论角度提出借鉴东亚日本与韩国的改革经验，强调上市公司应以独立董事作为监督机制的中心，[56]至少应考虑授权上市公司可就独立董事与监事会制度自行选择。此外还有部分观点主张维持和改革监事会，参考德日趋同改革模式引入“独立监事”制度。[57] 无论如何，独立董事制度构建和强化的原点，应该基于对我国上市公司“大股东控制”这一重要现实的充分考虑。

---

[54] 在现阶段，无论是在客观现实角度还是在独立董事自我认知、上市公司期望以及社会舆论等主观角度来看，我国的独立董事群体所发挥的作用主要还是体现在咨询、建议方面。此外，根据调查，上交所上市公司选任独立董事最为看重的两项指标分别为独立董事的声誉因素和社会资源。支持性文献参见前注[43]，上证联合课题报告；周小苑：《上市公司独立董事已沦为特权阶层福利》，载《人民日报·海外版》2010 年 5 月 5 日。

[55] 有研究称，事实上 90% 的独立董事是由第一大股东提名的。参见胡汝银等：《中国公司治理：当代视角》，上海人民出版社 2010 年版，第 132 页；李春歌：《上市公司独立董事制度：现状及改革思路》，载《国际经济合作》2012 年第 9 期。也有数据称，独立董事由公司董事会、控制股东、其他大股东提名的比例分别占到 71.7%、22.7% 和 4.33%。参见前注[43]，上证联合课题报告。考虑到我国上市公司董事会被大股东控制现象依然严重，所以有关 90% 的数据也有一定的参考性。

[56] 参见朱慈蕴：《二十年的扬弃——中国大陆公司监事制度之走向》，载《月旦民商法杂志》第 39 期(2013 年 3 月)。

[57] 参见彭真明、江华：《美国独立董事制度与德国监事会制度之比较——也论中国公司治理结构模式的选择》，载《法学评论》2003 年第 1 期；储育明、朱庆：《公司“一体化”视野下的独立董事制度：定性、困惑与出路》，清华大学 21 世纪商法论坛暨第十一届国际学术研讨会会议论文，2011 年 11 月。

四、利益与导向:控制股东、非控制股东与利益相关人

强烈趋同论者克拉克曼、汉斯曼教授认为,作为逻辑推理和经验证明的结论,公司经理应该对股东,而且(至少直接地)仅对股东,尤其是非控制股东负责:一是为了公司融资的便利,二是为了避免大股东控制下低效的投资与管理行为。小科菲教授也强调保护中小股东预期是一个富有效率的资本市场的先决条件。[58] 在中国,保护上市公司中小股东的理由则更为直接和明显,那就是来自国有股和法人股大股东控制造成的欺压。在股权分置改革之前,我国的集中控股表现为以国有股东为第一大股东且高比例绝对控股的"一股独大"现象,股权分置改革后,第一大股东(尤其国有公司)持股比例有一定下降但降幅不明显,[59]上市公司的股权结构依然高度集中,国有股和法人股依然占据着绝对控股地位。[60] 我国证券市场上的控股股东滥用控制权、以获取"控制权私人收益"[61]为目的侵害上市公司与非控制股东权益的行为

---

[58] 参见前注⑧,Coffee 文;前注③,Hansmann 等文。

[59] 据统计,国有公司第一大股东持股比例下降幅度最大,由股改前的0.466下降到股改后的0.387,非国有公司第一大股东持股比例变化不大,股改前为0.347,仅下降了0.027。参见强国令、闫杰:《制度变迁是否改善了公司治理效应——来自股权分置改革的经验证据》,载《财经科学》2012年第8期。

[60] 参见吕敏、王伟立:《上市公司股权结构与公司治理机制研究》,载《企业导报》2012年第19期。此外,根据上证所统计数据,2011年8月31日,沪市国有股占上市公司发行总股本的14.359%,占尚未流通股份中的77.78%。转引自张鼎、王则斌:《关于国有股"一股独大"的几点思考》,载《经济视角》2011年第23期。

[61] Holderness认为,控制权私人收益既包括控股股东通过隧道行为(Tunneling)(也有的译为"掏空"或隧道挖掘,在下文中三者是相同的)获取的货币收益,也包括通过经营运作企业获得的乐趣、成就感和声誉等非货币收益。参见C. G. Holderness, *A Survey of Blockholders and Corporate Control*, Economic Policy Review, 2003,转引自马骁:《控股股东侵害行为形成机制与实证研究》,中国矿业大学2009年博士学位论文。

类型繁杂。[62] 研究表明，由于股改后大股东的资金优势和信息优势仍在，上述侵害行为在股权分置改革之后并未得到明显遏制，[63]而且出现了新的问题。例如，以资金套用、直接侵占资金的方式掏空公司的行为明显减少，[64]但手段更加隐蔽，“关联交易非关联化”趋势明显。[65] 从事非效率投资或擅自改变募资用途的行为减少，转化为劣质资产参与配股和通过向大股东定向增发收购其资产的方式输送利润等行为。[66]以股利派现变相输送公司利益的行为得到根本抑制，[67]但减持、高比例送股、转增相结合的行为表现更为明显。[68] 此外，虽然股改使得控股股东在做多上市公司、提升公司二级市场股价方面与非控制股东利益一

---

[62] 其他行为还有利用关联交易转移公司利益的行为、控制盈余管理和操纵财会政策以获得公开融资资格或圈钱的行为、操纵股利分配政策以恶意分红瓜分利益或谋求再融资，或者不分红以压榨中小股东的行为、在增发股票的同时低吸高抛赚取暴利的行为、发行股票稀释少数股东股份价值的行为、利用资产重组稀释小股东股权的行为、利用内幕信息从事内幕交易的行为、恶意转让控制权以谋取控制权溢价的行为等。如果关联交易被理解为广义的自我冲突交易，无疑是主要行为。相关表述参见前注㉞，上证交易所—清华大学联合课题组报告。

[63] 参见李小溪：《股权分置改革前后大股东掏空方式比较研究》，载《会计之友·下旬刊》2010年第8期。

[64] 参见上证联合研究计划第15期课题报告，清华大学课题组《上市公司控股股东的义务和责任研究》，主持人汤欣、胡宝海。

[65] 例如，上交所《上市规则》10.1.5、10.1.6等条款，就专门针对“关联方之间通过非关联第三方进行间接的‘关联交易’”“非关联交易当事人曾经是关联方，或者现时非关联方之间曾经存在关联交易”“公司故意与潜在的关联方提前实现交易”等较为隐蔽的关联交易行为作出了规定。

[66] 参见宋力、李宁：《股权分置改革前后控股股东行为变化研究》，载《中国会计学会高等工科院校分会第十八届学术年会(2011)论文集》。

[67] 参见高峻：《股权分置改革、股权结构与现金股利政策研究》，华中科技大学2009年博士学位论文。

[68] 参见前注⑥③，李小溪文。

致，[69]但也大大增加了控股股东通过操纵股价获取利益的便利。[70]

与其他以集中控股为特征的国家或地区所不同的是，除上述绝对控股特征之外，我国属于克拉克曼、汉斯曼教授所谓的“国家主导型”公司治理，与其他集中持股类型国家或地区诸如德国的家族、政府、外国投资者集中控股、日本的主银行和法人集中控股、我国台湾地区的家族集中控股、我国香港特别行政区的企业绝对控股等又有所不同。鉴于此，虽然股权分置改革在某种意义上成为我国证券市场上非国有上市公司向英美公司治理趋同的催化剂，而国有控股公司则由于股东实际缺位这一根本因素，情况另有不同。我国国有股东的职能实际上由国有资产管理部门、国有法人单位、委托持股者等代为行使。在所有权虚置这一前提下，代理人基于自身利益的考量，必然会以过度的股权激励、变相的 MBO 等行为损害国有股权益。

基于控股股东持股比例畸高、国有控股股东实际缺位、实际控制人因素错综复杂，我国资本市场又处于早期发展阶段，对非控制股东的保护将长期成为重要的法律课题。对控股股东与实际控制人滥用控制权从事非公允性关联交易、违规信息披露的规制与规范和强化中小股东在分红派息、股东大会、并购重组等环节中的知情权、派生诉权、异议股东回购请求权、表决权代理与信托权等，在上述意义上实为一个问题的两个方面。仅从公司法层面言之，就后者的加强来说，手段方面应当积极考虑在股东大会召集、表决等诸环节全面引入电子化

---

[69] 但特殊情形下大股东也有希望公司股价下跌的动机。例如，大股东希望在低价位增持上市公司股份，或者大股东在高位减持套现后希望在低位接回筹码，或者国有股东与其他主体相勾结，在国有股权转让过程中，以二级市场价格下跌来倒通转让价格，压低转让价格，谋取非法利益等。参见蔡奕、严晓宁：《股份全流通后大股东行为变化及监管对策》，载《证券市场导报》2008 年 5 月 10 日。

[70] 参见赵小川：《大股东行为模式变化及监管对策》，载《证券市场周刊》2008 年 8 月 9 日。

技术，[71]充分考虑在设计股东诉权（如2005年《公司法》第152条）和一般性规制条款（如2005年《公司法》第21条）时加强其可操作性，使其避免在中国现今特殊的司法裁判环境下沦为宣示性条款。制度方面可以考虑进一步推敲派生诉讼在原告资格、被告范围、费用补偿诸项实体性设计方面的“松紧度”，结合派生诉讼在我国当前的实施现状着重考虑构建激励机制；探讨公司并购重组环境下异议股东回购请求权的完善，[72]对实务中广泛使用的现金选择权制度进行法律定位；在公司法和信托法层面正式引入早已在实务中运用的表决权信托制度，[73]以弥补2005年《公司法》第107条表决权代理制度在客观上发挥制衡大股东作用时的专业性、期限性、明确性之不足。至于各类研究成果所提出的国有股进一步减持、大力发展机构投资者、提升中小股东行权水平与自我保护意识、加快资本市场建设、培育市场中介机构等长期性和宏观性政策措施，属于具体制度的外围建设，此处不赘。

我国法律对包括公司职工、公司债权人、社区等在内的利益相关

---

[71] 在很多场合，网络技术和电子技术并不仅仅是公司治理的装饰和时代特征的体现，而是实质性影响公司治理相关方利益的因素。例如，2010年2月11日，双汇发展公告董事会审议通过了议案，放弃10家公司优质子公司少数股权的优先受让权，而让双汇集团管理层控制的香港罗特克斯以9倍PE的低估值受让（背后存在双汇管理层多年策划的曲线MBO的背景）。如此重要的股东大会，居然不采用网络投票方式，包括10多家基金公司代表在内的81名股东及股东代表只能千里迢迢赶到河南漯河，代表股份1.29亿股，占公司有表决权股份总数的21.31%。而其中的1.1亿股对议案投了反对票，占出席会议所有非关联股东所持表决权的近85%，议案最终才被否决。具体表述参见王维刚、谭晓雨：《中国大股东与中小股东的利益博弈模型分析》，载《中央财经大学学报》2010年第7期。

[72] 例如，2005年《公司法》第143条规定的股份有限公司异议股东回购请求权行使的程序是否得准用2005年《公司法》第75条第2款的相关规定，需要明确。又如，有限责任公司被回购股权的处理是否准用2005年《公司法》第143条第2款之规定，也须明确。此外应该看到，异议股东回购请求权在公司法上并非强制性规范，特定情形下的异议股东是否能实际行使该权利，完全由公司决定。

[73] 例如，2002年青岛啤酒战略合作者海斯—布希公司将对青岛啤酒20%的股权信托给青岛市国资委行使。2005年蒙牛集团董事长牛根生成立“老牛专项基金”，采用所有权、表决权、受益权“三权分设”的设置，股份所有权归老牛基金会，表决权归现任或继任蒙牛董事长，受益权归老牛基金会管理委员会，其实质也是表决权信托。2009年福耀玻璃董事长曹德旺的股份捐赠协议的特别条款，实质亦是如此。参见前注㊽，肖维嘉等文。

人的保护,事实上由《工会法》《劳动法》《劳动合同法》、合同法以及环境保护法等实质性承担,2005 年《公司法》仅第 5 条、第 17 条、第 18 条等设置若干宣示性条款,基本上不成为请求权基础和裁判依据。公司职工的公司法规则缺乏,根本原因应该在于现实中职工参与公司治理和于公司法角度对职工进行特殊保护的需求不足和社会理念缺乏。无论是德国的劳资共决制度还是美国成熟的职工持股计划的生成与演变,都源于西方国家劳资矛盾的现实,[74]也得益于真正的社会民主理念(德国)和人权理念(美)。[75] 更为隐蔽的是,公司法规范对公司债权人保护的整体趋弱而非趋强,理由在于除了须注意到 2005 年《公司法》于第 20 条突破性引入公司法人格否认这一原则之外,也应综合评估第 26 条、第 27 条等所采取的宽松法定资本制,第 75 条、第 143 条下股东的事实性退股造成公司现金财产减少的可能性,第 174 条、第 176 条提高合并分立效率简化程序而对个别通知的免除、公告次数的删减,以及对原《公司法》第 63 条关于董事和经理竞业限制规定的放弃等多处"利空性"修改所带来的系统性影响。究其原因,首先是基于立法层面受到英美公司法的一定影响,从而向"股东导向主义"理念趋同和回归。其次是我国合同法、破产法等相对成熟的裁判经验与解释能力一定程度上替代和分流了公司法的该种功能。最后是由于我国债券市场不发达,强有力的公司债权人利益集团尚未生成,相关立法需求的内生力量不足。

公司社会责任理论与利益相关者理论的研究与论战都产生于 20

---

[74] See Sanford M. Jacoby, *Economic Ideas and the Labor Market; Origins of the Anglo-American Model and Prospects for Global Dffusion*, 25 Comp. Lab. L. & Pol'y J. 43 (2003 - 2004).

[75] Mark J. Roe, *Political Preconditions to Separating Ownership from Corporate Control*, 53 Stan. L. Rev. 539 (2003).

世纪的英美法系,[76]在公司制度趋同文献中再次成为研讨对象。不过如果据此含糊地宣称英美公司治理出现了从“股东导向模式”向“利益相关者模式”转型的趋势,则言过其实,也是对文献的误读。一方面,克拉克曼与汉斯曼教授精细地指出,所谓“利益相关者模式”只不过是“经理导向模式”的重述。易言之,利益相关者因素的参与尚不构成对公司治理结构的实质性调整,而仅仅是一种对公司目的的修正。[77]另一方面,在小科菲、班布里奇等教授看来,以“股东利益导向”和“董事决策优位”为特征的英美公司治理依然是良法之治的样本。亚洲公司治理协会秘书长杰米·艾伦同样认为,亚洲各国公司治理改革形成的首要共识即是“以强化股东价值和加强股东权利为公司的基本关切”。[78] 事实上,发端于20世纪60年代的利益相关者理论的破灭(而不是得到认同和确证)和美国模式的逐渐令人瞩目,反倒是公司趋同

---

[76] 谢尔顿于1924年最早提出了公司社会责任,参见刘俊海:《公司的社会责任》,法律出版社1999年版,第2页。利益相关者(stakeholder)一词于1963年首次出现于斯坦福大学一个研究小组的内部文稿,参见叶林:《公司利益相关者的法学分析》,载《河北学刊》2006年第4期。此后,瑞安曼、安索夫、弗里曼、布莱尔等学者的共同努力使利益相关者理论形成了比较完善的理论框架。参见苏鹏:《西方利益相关者理论发展与评述》,载《当代经理人(中旬刊)》2006年第7期。利益相关者理论和社会责任理论都是在普通法系提出的,根源是为了应对在所有权与控制权高度分离下英美公众公司长期存在且阶段性发作的经理层滥权问题,而利益相关者理论相对于温和的社会责任理论而言,在价值导向上更加鲜明,在可操作性上则更加具体。

[77] 相关论述很多,例如凯瑟琳·杰克逊认为,在美国法上,利益相关人参与公司治理的力度依然很弱。政府仅仅赋予其中一种利益团体——员工——为了自己的利益与公司谈判的权利。See Katharine V. Jackson, *Towards a Stakeholder-Shareholder Theory of Corporate Governance: A Comparative Analysis*, 7 Hastings Bus. L. J. 309(2011),美国塔夫脱大学商法教授詹斯瓦尔德·萨拉丘斯说,美国依然是以股东为中心,欧陆则属于以利益相关者为中心,只不过极端的股东导向模式和鲜明的利益相关人导向模式,现在也可以在公司的社会责任理念方面达成共识。See Jeswald W. Salacuse, *Corporate Governance in the New Century*, 25(3) Comp. Law. 69－83(2004).

[78] See Jamie Allen, *Code Convergence in Asia: Smoke or Five?*, 3 Corporate Governance International 23－37(2000).

理论假说提出的背景之一。[79] 当然,无论如何,美国公司法理念的确发生了重要的转向。但我国公司治理尚处于资本市场成长背景下的股权分散化、两权分立加剧与股东文化的培育期,加之控股股东与实际控制人过于强势,主要任务依然是保护中小股东。中国作为新型工业化国家,其公司治理改革需要承受某种“后发劣势”的压力,即须在追赶和学习作为公司治理主流模式的“股东利益导向”以及“董事决策优位”的前提下,兼顾美国模式对自身反思的成果——利益相关者理论影响下对“股东导向模式”的叛逆思潮。但协调我国上市公司治理的各种利益集团关系,最重要的依然是认识到股权结构依然高度集中、绝大多数大型上市公司国有背景浓厚、控股股东和实际控制人是公司的主导力量、监事会形同虚设甚至董事会也缺乏独立性等迥异于英美的中国现实,维护投资人法益、保护在控股股东滥权前提下的非控股股东依然应当成为立法导向。

五、股权结构模式对公司治理的影响

一般认为,股权结构有两种含义,一是指公司股权的集中或离散程度,二是指股东结构,即不同身份背景的股东持股份额的比例如何。在公司趋同论战之前,欧美已有大量文献探讨公司股权,主要关切点集中于股权类型、大型机构投资者日益重要的作用以及所有权结构的政治意义等方面。在法律视角下,公司股权结构的形成与演变由国民经济的所有制结构、当下的经济政策、资本市场发展状况、股东决策及

---

[79] See Martin Gelter, *Taming or Protecting the Modern Corporation? Shareholder-Stakeholder Debates in a Comparative Light*, 7 NYU Journal of Law & Business 641(2011).

其交易行为、法律对投资者的保护力度、偶然的初始状态、[80]全球化等复杂因素决定,反过来又影响甚至部分决定公司的性质、类型与规模、剩余索取权和实际控制权权属、代理成本、利益导向、内部治理机制(包括监督机制、股利政策、代理权争夺等)甚至外部治理机制(包括控制权市场或者外部接管市场、经理人市场、产品市场等)等诸多事项,是现代公司治理的逻辑起点,属于公司基本法律关系范畴。在股权结构的第一种意义上,文献借鉴产业组织学对市场结构的划分,[81]区分垄断性、集中性和分散性三种股权结构,分别用以描述一股独大、若干相对控股股东同时存在、无控股股东三种情况。抽象比较而言,高度集中结构和高度分散结构在制衡强势的经理层和避免大股东滥权问题上各有明显的优劣利弊,非控制股东在此两种结构下地位不利,只不过潜在的侵害来源不同而已。相对控股结构则有可能淡化中小股东的不利地位,缺点则是容易造成公司僵局。在股权结构的第二种意义上,公司股权包括国家股、法人股(国有法人股、一般法人股、机构法人股)、社会公众股、外资股等,在不同法域存在不同的排列组合,派生出不同的公司治理结构。在上述针对单个公司进行观察的视角之外,股权结构的意涵还可能指向公司集团意义上的"金字塔持股结构"与"终极控制股东",[82]与中国 2005 年《公司法》第 217 条所涉及的实

---

[80] See Harold Demsetz, Belén Villalonga, *Ownership Structure and Corporate Performance*, 7 Journal of Corporate Finance 209 – 233(2001),转引自潘新兴:《上市公司股权结构问题研究综述》,载《当代经济科学》2003 年第 2 期;Rafael La Porta, *Florencio Lopez-de-Silanes, Andrei Shleifer & Robert Vishny*, *Legal Determinants of External Finance*, 52 J. Fin. 1131 – 1150(1997)。

[81] 产业组织学一般将市场结构划分为三种类型:完全垄断、寡头垄断与完全竞争市场。现代股份公司股权结构的类型与上述市场结构类型有一定相似性。参见冯根福、闫冰:《公司股权的"市场结构"类型与股东治理行为》,载《中国工业经济》2004 年第 6 期。

[82] 上述概念依然是由 La Porta 等人首先提出。这种突破性研究透过公司股权的表层结构,追索更高层次的持股链条从而找出股东背后的股东,一直溯及终极控制人。参见杜兴强、曾泉、杜颖洁:《政治联系类型与大股东资金占用——基于民营上市公司的实证研究》,载《经济与管理研究》2010 年第 2 期。

际控制人概念相对应;另涉及关系企业意义上的母子公司、交叉持股、循环持股等问题,中国 2005 年《公司法》第 14 条、第 15 条、第 16 条转投资制度等回应之。此外,在更广义上还可能指涉在一国范围内,作为财产的公司股权掌握在哪些社会个体和阶层手中,股权财富的集中程度如何。

基于公司股权结构对于治理的基础性意义与决定性作用,不少公司趋同论文献以此为切入点,探讨公司趋同或存续的原因,或者以此为证据证明趋同的发生。趋同论中值得注意的是 LLSV 和小科菲从资本市场角度对法律制度与股权结构关联度的研究。存续论中值得注意的则是罗伊与米洛特对公司所有权的路径依赖性和国家宏观财产权制度对微观的公司所有权结构的影响力的研究。从整体上看,多数文献对伯利－米恩斯式公司下的分散所有权结构或者德日模式下的集中持股结构没有表现明显的价值偏好。[83] 究竟是分散的所有权结构还是集中的所有权结构可能派生出具有长久稳定竞争力的公司治理模式,依然属于未决问题。

英美公众公司作为所有权与控制权两权分离的典型,以股权分散为特征,而欧陆与日本公司的股权则相对集中地掌握在家族、公司法人和金融机构手中。据 1990 年的统计数据,英、美、德、日四国上市公司的个人散户持股比例分别为 28%、50.2%、17%、22.4%。[84] 1988—2000 年,德国公开交易公司的股东数量与占全部人口比例都有所增长。另据数据显示,1990—1999 年,德国 IPO 的频率显著提高。[85] 日

---

[83] 例如,克拉克曼与汉斯曼教授认为“股东导向型”作为趋同的标准,不是以股权分散为特征的英美公司治理的专利。他们还认为,如果法律能够确保经理人对主要股东的利益负责,而且抑制控股股东的滥权行为,那么闭锁公司与公众公司一样也能够有效运作。参见前注③,Hansmann 等文。

[84] 参见美国联邦储备委员会资金流量、英国金融统计、日本资金流量、德意志联邦银行某月度报告。转引自冯根福:《西方主要国家公司股权结构与股东监控机制比较研究》,载《当代经济科学(陕西财经学院学报)》1997 年第 6 期。

[85] 参见前注⑤,Gordon 文。

本法人交叉持股呈明显下降趋势，公司银行贷款比率从1970—1974年的41.4%下降至1985—1988年的3.2%，股票和公司债比率同期从8.3%升至28.7%。[86] 此外，与第二次世界大战前相比，日本上市公司第一大股东持股5%以上者显著减少。[87] 公司趋同论提出的各项数据表明，最近20年世界范围内的公司股权结构整体分散化趋势明显，同时英美股权比例逆势稍微趋向集中，呈现所谓"双向融合"趋势。[88] 与此趋势伴随的是德国国营企业私有化、跨国并购、[89]日本控制权市场的萌芽[90]等现象。

我国上市公司股权在全球化背景下的近10年也呈现分散化整体趋势，但主要原因除了资本市场发展，股权分置改革显然是更为直接的原因。对2003—2009年深沪两市部分上市公司的数据分析显示，股改后公司第一大股东持股比例有所下降：国有公司第一大股东持股比例由股改前的0.466下降到股改后的0.387，非国有公司第一大股东持股比例由股改前0.347下降至0.320。[91] 以2006年完成股改的916家上市公司为样本的分析发现，股改前第一至第五大股东的持股

---

[86] 参见康焕军：《当代日本股票市场研究》，东方出版社1995年版，第64页；日本生命保险公司研究所主编：《公司股票交易》（2003.6），均转引自前注①，孙光焰书，第124页。

[87] 例如，1991年，松下电器产业公司前三大股东住友银行、住友生命保险公司、日本生命保险公司的持股率分别为4.166%、4.119%和3.192%。参见李达昌、王小琪：《战后西方国家股份公司股权结构的新变化》，载《世界经济》1999年第4期。

[88] See John C. Coffee, *The Rise of Dispersed Ownership: The Roles of Law and the State in the Separation of Ownership and Control*, 111 Yale Law Journall, 16－21 (2001)；前注⑭，Steen Thomsen文。

[89] 参见前注⑬，Davies文；前注⑤，Gordon文。

[90] See Kenichi Osugi, *What Is Converging? Rules on Hostile Takeovers in Japan and the Convergence Debate*, 9 Asian-Pac. L. & Pol'y J. 143 (2007). 但该文作者日本中央大学健一大杉教授认为，就此认为日本公司治理出现了经理层或者董事优位的趋向还为时过早。Michael Cody也关注了日本的多起上市公司敌意收购，并认为敌意收购并没有被日本商界广泛接受，且迄"今"（2010年）没有成功过。See Michael Cody, *Hostile Takeover Bids in Japan? Understanding Convergence Using the Layered Approach*, 9 Richmond Journal of Global Law and Business 1 (2010).

[91] 参见前注㊾，强国令等文。

率之和占全部股份的比率平均为 59.86%,股改后降为 48.09%;此外,股改前第一大股东直接持股率在 50% 以上的占 38.87%,持股率在 20%—50% 的占 54.91%,股改后的对应数据分别为 19% 和 36.3%。[92] 由以上数据可见,股权分置改革对我国上市公司股权结构的影响,一是体现在公司股权尤其是国有公司股权的整体集中度(大股东持股之和)有一定程度的下降;二是体现在第一大股东绝对控股情况显著减少,"一股独大"问题得到缓解;三是体现在除第一大股东之外的大股东持股权重增加,公司股权由垄断性集中向大股东之间形成制衡的相对制约性集中模式转变。

股权分散化趋势伴随着公司治理中内部力量对比格局的转换和外部市场的孕育发展过程。具体而言,从内部来看,其一,第一大股东绝对控股的局面大大减少,股东会层面几大股东可能形成制衡,董事会层面亦然,大股东对董事选举的操纵能力可能削弱,公司僵局和矛盾状况可能增多;其二,大股东对管理层的监督能力和意愿削弱,在制衡格局下独立董事制度的需求增大,也存在独立性落实的空间;其三,在若干大股东同时存在、第一大股东无法完全控股的格局下,次大股东的机会主义倾向可能增加,大股东之间存在通过博弈共谋剥削小股东的可能性。从外部来看,股权分散结构下的公司更容易成为收购方的目标公司,控制权市场可能渐次活跃,经理人市场可能更加成型。

讨论股权结构问题,不能忽视专业性机构投资者持股比例显著增强的事实,可称为股权结构的机构化。这一趋势在英美始于 20 世纪

---

[92] 参见袁静:《股权分置改革对我国上市公司股权结构的影响研究》,载《生产力研究》2011 年第 2 期。

60年代末,[93]欧盟国家虽然有一定程度跟进,但法、德两国对复制美国的机构投资者发展模式持谨慎态度,且欧陆国家的机构投资者主要是银行,与英美以养老金、共同基金、保险金为主力的新兴机构投资者结构存在不同。在英美高度分散的股权市场,机构投资者的兴起使其股权结构向欧陆的集中控股模式靠拢,在以高度集中一股独大为特色的中国资本市场,机构投资者则又似乎成为某种分散性力量。在理论上,机构投资者问题之所以引发欧美主流学者尤其是美国学者关注,主要是因为该问题有可能削弱盎格鲁-美利坚式的股权分散模式相对于欧陆的股权集中模式代理成本较高的弱点,从而有助于证明盎格鲁-美利坚模式更为优越这一假设。不过,即便机构投资者及其所带来的股东积极主义的确具有降低代理成本的作用,美国公司的委托代理问题也仍是基于所有权与经营权的分离,假想敌是董事优位和股东理性冷漠。而中国的委托代理问题则是基于股权畸形集中,假想敌是大股东滥权。

机构投资者可以作为一般股东行使投票与表决权、从事表决权代理与征集、行使股东大会提案权、召集权、行使股东派生诉权,并可以通过其他各种内部协商、提供专业咨询、公开声明等非正式渠道影响公司治理。但中国证券市场的发展阶段及其波动性对长期战略机构

---

[93] 这一论断参见伊志宏、李艳丽、高伟:《机构投资者与公司治理外国文献综述》,载《商业研究》2010年第3期。在数据方面,1963—2004年,英国上市公司个人持股比例由54%下降到14.1%,而以养老基金为代表的机构投资者的投资比例占到38.10%。美国机构投资者的投资比例则由1950年的7.2%上升到2001年的46.7%。其中养老基金由0.8%上升到19.8%,共同基金由2%上升到17.9%,保险公司由3.3%上升到7.3%。日本在1960年、1984年、1989年的机构投资者持股比例分别为40%、64%、81%。而据统计,2012年中国A股市场个人投资者持股达30%,交易额贡献率更是高达85%,而机构投资者持股比例仅占到17.1%。以上数据参见G. Igor, R. W. Joerg, Z. Jochen, *Does Compliance with the German Corporate Governance Code Have an Impact on Stock Valuation? An Empirical Analysis*, in *Corporate Governance: An International Review*, Vol. 14, Issue 5, p. 432-445, 2006; 雷敏:《新时期我国股市投资者结构问题研究》,南京航空航天大学2006年硕士学位论文等。

投资者的形成较为不利。中国上市公司股权的高度集中和一股独大也必然降低机构投资者作为积极投资者通过上述渠道参与的可能性和博弈胜出的概率,甚至完全可能将其推向与大股东合谋侵害中小股东的境地。[94] 而各种缺乏法定约束力的非公开参与机制,也不难想象其在一个契约精神、信用体系与程序正义尚在建立的环境中的命运。参与治理并从事监督的潜力与优势是一回事,利益考量和现实选择又是另一回事。

研究公司股权结构的又一视角是所有权理论。在传统的伯利-米恩斯式现代公司模型中,股权几乎是所有权的同义语,但近代公司的理论和实践则有所修正。宽泛意义上,提供公司原始资本的股东已经不再被视为公司的唯一所有权人。理论上,为公司同样提供金钱资本并一般而言承受更大商业风险的债权人、为公司提供人力资本并比一般理性冷漠、"用脚投票"的公众股东对公司前景更为关切的公司员工、为公司提供智力资本并且所创造价值很多时候远远超过股东原始出资的公司高管,也应当在公司中拥有相应的利益份额。

从现代公司的发展对所有权结构的不断诠释来看,利益相关者的问题与其说是一个有关公司社会责任的模糊的价值问题,还不如说是一个根源于公司资本结构的实证性问题。正是由于今日的公司资本概念已经远远超出了股权所能涵射的最大范围,因此利益相关者的利益考量才变得更加重要,利益相关者才有资格成为一种模式并取得和股东导向模式相提并论的地位,董事薪酬、劳工保护、公司债权人参与公司治理才有资格成为重要的法律问题。认为公司高管、员工、债权人等利益相关人是公司的所有者的一部分,这一观点在其他任何角度观察可能都不无荒谬,但资本结构有可能成为论证上述观点的切入点

---

[94] 参见龙振海:《中国上市公司机构投资者作用效力研究——基于高管薪酬、控制权转移与股权分置改革的检验》,上海交通大学 2011 年博士学位论文。

之一。

不过,颠覆性的理论最终往往会回归其所颠覆之理论的原点,这完全不令人吃惊。首先,股权毕竟是公司的内在特质,完全颠覆了股权地位和意义的投资工具最终就可能不是公司,而是其他诸如合伙等企业形式了。此种意义下,公司激励计划中的各种员工与高管持股方案,当然可以认为是现代公司经营理念对人力资本和智力资本的进一步承认,有冲击和修正传统所有权理念的意味。但同时需要看到的是,这种认可和强化,依然需要通过股权的方式来完成,有否定之否定的味道。其次,从融资工具的角度来看,公司只不过是融资工具的一种,融资工具的多样化和灵活创新,投资选择的增多,大大削弱了公司内部权力结构和治理模式的颠覆性变革。正如吉尔森所言,如果投资人不认同以股权和有限责任为基本架构、以两权分离和受信机制为特征的公司作为投资平台,那么完全可以投资于私募股权性质的有限合伙等。公司则完全可以坚守其最初的设计理念。

传统公司治理的关切在于,以减少代理成本为基点,围绕公司控制权和剩余索取权的分配达成所有者与经营者之间的权力制衡,进而追求以公司为合同束所涉及的全体利益相关者的利益平衡。然而,随着公司金融和公司并购的重要性日益增加,公司治理或者公司经理人关注的重心部分地从公司经营与管理转向公司融资与投资,公司融投资不再是 IPO 或者 SEO 等某一阶段的事情,而是成为需要时刻关注的要务。基于此点预测,公司作为产业平台的作用将很大程度上被稀释,非金融企业和投行性金融企业的界限会模糊,而传统产业公司的任务将部分旁落和分流于其他诸如合伙等企业形式身上。

六、结论:经济全球一体化背景下我国公司治理的走向

经济全球化给世界带来的影响是深远和巨大的,资本、人力、技术等生产要素在世界范围内流动和合理配置,经济竞争也超越了国界地

域范围在全球进行,它给各国带来了前所未有的机遇,也带来了制度层面上前所未有的挑战。公司制度趋同论战便是法律制度层面上应对挑战的一个缩影。事实上,我国在改革开放政策指引下的几十年实践,已经融入了经济全球化的潮流,并且通过法律制度方面的借鉴,在短期内构建起几近完整的市场经济法律体系。当然,我们没有完全照搬、照抄境外立法例,我们在学习境外制度时依赖的仍然是本土的路径。本部分集中探讨的我国公司治理领域中林林总总的制度演变,其实就是在经济全球化和公司制度趋同态势下,吸收、借鉴境外法律制度并不断进行本土化改造的过程。回顾1993年《公司法》颁布以来我国公司实务运作和公司制度的演变,在公司治理层面上一直存在股东会中心主义与董事会中心主义、股东利益中心与利益相关者中心、独立董事与监事会、大股东实质控制与强调信息披露和程式规则约束等方面的冲突与协调,充分展现吸收、借鉴与本土化改造的有机结合。

不可否认,本部分认同在经济全球化背景下公司制度具有趋同化趋势,这是因为绝大多数国家和地区实行市场经济,市场经济带来的竞争、利益和风险具有相通性。为了改革本国的公司治理水平,各国的公司法纷纷借鉴和移植其他国家和地区的成功经验和制度,于是不同的公司治理模式相互借鉴、学习、吸收、渗透,呈现了趋同化的趋势。甚至不排除超越国别的区域公司立法统一化的尝试。例如,欧盟从出台一系列公司法指令到欧洲公司法的颁行,积极推动了欧洲范围内公司治理的趋同和一致,有利于欧盟范围内统一市场的形成,有利于减小交易成本和法律冲突,最终有利于促进欧盟公司的竞争力。中国的公司治理,长期以来采取的是上层带动下层、形式带动实质、外国经验带动中国问题的方法。在这样的路径下,美国公司法基于其经济、司法与学术方面的先进水平,在未来一定时期内依然是我们学习、借鉴的主要来源。

然而,趋同化是一种公司治理的发展方向,并不代表完全一致。

由于路径依赖的原因,任何国家的公司治理模式都是在特定社会、历史、文化、法律背景下形成的,反映了不同的路径差异。这就决定了各国公司治理改革不可能遵循同样的路径。由于初始条件的不同,各国的公司治理也将长期保持差异性。因此,中国公司治理的特殊性仍然是必须关注的重点。值得欣慰的是,无论是理论界还是实务界,在讨论境外先进立法例时更注重结合中国的具体国情和解决中国的具体问题,由此又创设了中国特色的公司治理模式,甚至已有国外学者认真研究公司治理的中国模式。因此,引进、借鉴和本土化改造的双向运动,依然是中国公司治理未来发展的主旋律。

第三节　ESG 的兴起*

“这是一个普通的城市的早晨，这个人是你、是我、是我们。通常情况下，我们对身边的公司浑然不觉，因为一切都已经像呼吸那样自然。但是，一旦没有了空气，我们就会知道，真空中是无法生存的。”2010 年，任学安执导的大型纪录片《公司的力量》如此说道，生动而精辟地概括了公司在当今世界经济社会中的角色作用。截至 2020 年，我国共有各类企业 2505 余万家，其中，有限责任公司超过 155.7 万家，股份有限公司超过 11 万家。[①] 随着 1993 年《公司法》通过与后续修订，我国公司制度的现代化与国际化水平不断提高，不仅有效降低了国际贸易与投融资的交易成本，而且有利于博采众长以促进公司经济社会功能的发挥，这是我国公司制度不断成功的重要经验。目前，世界主要市场都已关注到“环境、社会和公司治理”（environmental，

---

* 本节与吕成龙合作。

① 参见《中国统计年鉴 2021》，载国家统计局网站，http://www.stats.gov.cn/tjsj/ndsj/2021/indexch.htm。

social and governance, ESG)问题,[②]关注到公司可持续战略发展的重要价值并积极以 ESG 为抓手来推动公司发展的理念与机制变革。在此宏观背景下,我们有充足的理由持续推动公司制度的现代化转型,将 ESG 嵌入具体的公司法律规范,为我国的可持续发展与建立人类命运共同体提供制度支撑。

一、ESG 的兴起与公司可持续发展的制度机制具有内在契合性

公司是最有利于经济可持续发展的组织架构,是人类社会的一项伟大发明。公司本身的制度架构已经蕴含了可永续的内在机制,契合人类经济社会可持续发展的美好愿景。公司的诞生及发展史折射了人类追求经济可持续发展目标的发展历程,我们将其分为三个阶段。

1. "有限责任"拉开公司可持续发展的历史帷幕

"有限责任"是公司走向可持续发展的历史起点。在 17 世纪,英国王室开始将有限责任纳入其特许状,[③]有限责任成为王权所赋予的特权,英国东印度公司借此走上历史舞台。在欧洲大陆,为缓解荷兰各个贸易公司之间的竞争,在约翰・范・奥尔登巴内费尔特(Johan van Oldenbarnevelt)的斡旋下,荷兰东印度公司成立并成为世界首家股份制公司。与此前各类商业组织不同的是,该公司不再是"一次性"公司,出资时间以 10 年为一期且不得擅自撤资,再加之其采取有限责

② "E"关注公司的环境影响或者可持续发展政策。"S"涉及其他重要的社会问题,例如,多样性和包容性、向雇员支付合理的生活工资、反对歧视及公共卫生问题。"G"指的是公司治理的方法,包括设立独立董事、改善对公司运营的监督、负责任的招聘和晋升做法及公司实现包容性和多样性的方法等。See Thomas Lee Hazen, *Social Issues in the Spotlight: The Increasing Need to Improve Publicly-Held Companies' CSR and ESG Disclosures*, University of Pennsylvania Journal of Business Law, Vol. 23, No. 3, 2021, p. 745 – 746.

③ [美]斯蒂芬・M. 班布里奇、M. 托德・亨德森:《有限责任:法律与经济分析》,李诗鸿译,上海人民出版社 2019 年版,第 35 页。

任制度,使之持续经营约200年之久。[④] 殖民背景令其臭名昭著,不过,东印度公司显示的公司这种商业组织的典型特征却不容忽视——有限责任与股份制由此成为商法史上的重大转折。[⑤] 此时公司形式并非现代意义上的公司,不仅有限责任的获得需政府特许,而且公司同时代表国家权力。在新大陆的美国,随着工业革命的深入及商业发展,直至19世纪上半叶,政府角色才开始从商业公司中逐渐退出。[⑥] 纵观全球公司的发展历史,有限责任作为缔约工具和融资手段有毋庸置疑的价值[⑦],有力地促进了公众开设公司及投资公司的热情,由此所推动的资本聚集更是促进了公司的规模和持续发展,否则以拥有众多小股东为特征的公众公司根本不可能存在,[⑧]无怪乎有观点提出公司有限责任是超过蒸汽机与电力的最伟大发明。[⑨]

值得一提的是,有限责任在很大程度上强调对股东利益的彰显和维护,在有限责任的激励下兴办公司与投资蓬勃发展,股东至上(shareholder primacy)甚至变成了唯一的“正确”。例如,在1905年极具争议的Lochner v. New York案中,[⑩]裁判焦点落在纽约州立法要求面包师每周工作至多60个小时的规定是否合法,最终,法院认为对商业组织权力的任何此类限制都是对自由利益的侵犯,[⑪]此案折射了彼

---

④ 参见[日]浅田实:《东印度公司:巨额商业资本之兴衰》,顾姗姗译,社会科学文献出版社2016年版,第11—12页。

⑤ 参见[意]F.卡尔卡诺:《商法史》,贾婉婷译,商务印书馆2017年版,第67—71页。

⑥ 参见[英]约翰·米克尔思韦特、阿德里安·伍尔德里奇:《公司简史》,朱元庆译,北京大学出版社2021年版,第70—71页。

⑦ 参见[美]莱纳·克拉克曼、亨利·汉斯曼等:《公司法剖析:比较与功能的视角》(第2版),罗培新译,北京大学出版社2012年版,第9—11页。

⑧ See Henry G. Manne, *Our Two Corporate Systems: Law and Economics*, Virginia Law Review, Vol. 53, No. 2, 1967, p. 262.

⑨ See Roger E. Meiners, James S. Mofsky and Robert D. Tollison, *Piercing the Veil of Limited Liability*, Delaware Journal of Corporate Law, Vol. 4, No. 2, 1979, p. 351.

⑩ Lochner v. New York, 198 U. S. 45 (1905).

⑪ See Kent Greenfield, *Corporations Are People Too (And They Should Act Like It)*, New Haven: Yale University Press, 2018, p. 31 - 33.

时法院对于公众利益保护的态度。从理论上来看，股东至上被认为是最有效的经营原则，理由是股东是公司的剩余索取权人，股东价值最大化具有企业价值最大化的效果。[12] 1919 年美国著名的 Dodge v. Ford 案，直接反映了法院对股东至上的明确倾向，法院最后判决认为公司的主要目的在于实现股东利益，而如果将股东利益放置于附带性地位，则是一种权利的滥用行为。[13]总体而言，直至 20 世纪初，有限责任更多地与股东利益相联结并由此引致了诸多社会问题。

2. “两权分离”为公司可持续发展开拓了空间

公司所有权与控制权的“两权分离”，为公司可持续发展拓展了发展空间和注入了持续活力，成为公司可持续发展的重要历史节点。阿道夫·伯利（Adolf A. Berle）和加德纳·米恩斯（Gardiner C. Means）在 1932 年《现代公司与私有财产》经典著作中，提出美国公司制度特点是所有权和控制权相分离的经典论断，认为公司已经由职业经理人的“控制者集团”所控制。尽管此后有不少研究显示其存有偏颇之处，但从“两权分离”的经济动因来看，本身反映了公司可持续发展的内在需要。

20 世纪 20 年代是美国经济非常繁荣的 10 年，1925 年至 1929 年，普通股的市值增长了 120%。[14] 充满生命力的股份发行与有限责任不断激励着社会资本聚合。在公司经营业务的日益专业、复杂与细分的过程中，社会公众股东已经无法有效参与公司管理及作出科学决策，而此时，专业管理人士群体的崛起有效缓释了经营规模与专业提升所带来的难题，这种由层级分明的受薪管理者所塑造的实践，被阿尔弗

---

⑫ See Jill E. Fisch and Steven Davidoff Solomon, *Should Corporations Have a Purpose*? Texas Law Review, Vol. 99, No. 7, 2021, p. 1319.

⑬ Dodge v. Ford Motor Co., 204 Mich. 459, 170 N. W. 668(1919).

⑭ 参见[美]小哈罗德·比尔曼:《1929 年大迷思:应该吸取的教训》,沈国华译,上海财经大学出版社 2017 年版,第 20—21 页。

雷德·钱德勒(Alfred D. Chandler, Jr.)认为是现代公司的重要特征。[15] 但如此一来,如何降低代理成本成为此阶段公司治理的关键问题。可以说,公司经营的专门化和专业化越来越转向与人的要素之能动性的结合,利益共享而非股东至上越来越成为共识,对公司普通员工的积极性调动也越来越被关注。现代评论家不再完全接受股东是公司唯一剩余索取权人的观点,[16]因为股东不再被视为唯一向公众公司提供必要、专门投入的群体。[17]在美国司法界,在 Dodge v. Ford 案后,不少法院毅然抛弃了此前观点,允许将公司资源用于公益、人道主义、教育或慈善目的,无须证明股东会直接受益。[18] 客观而论,此前密歇根州法院对该案的裁判也没有抓住问题的本质,未对公司决策到底是为了维护谁的利益进行清晰论述,因为公司决策所考虑的并不仅是股东的利益,而是"公司的最佳利益"。[19] 随着"两权分离"的不断演进,不仅有管理层之信义义务的深化,公司社会责任(Corporate Social Responsibility, CSR)的概念也开始萌芽,[20]并在 20 世纪 50 年代被正式提出。[21] 除公司股东之外的员工、消费者、债权人、供应商等各类利益相关者得到了更多关注。

---

[15] See Alfred D. Chandler, Jr., *The Visible Hand: The Managerial Revolution in American Business*, Cambridge: Belknap Press, 1993, p. 1 - 2.

[16] See Amir N. Licht, *The Maximands of Corporate Governance: A Theory of Values and Cognitive Style*, Delaware Journal of Corporate Law, Vol. 29, No. 3, 2004, p. 652 - 653.

[17] Margaret M. Blair and Lynn A. Stout, *A Team Production Theory of Corporate Law*, Journal of Corporation Law, Vol. 24, No. 4, 1999, p. 753.

[18] [美]克里斯多夫·M. 布鲁纳:《普通法世界的公司治理:股东权力的政治基础》,林少伟译,法律出版社 2016 年版,第 43 页。

[19] 参见楼秋然:《股东至上主义批判:兼论控制权分享型公司法的构建》,社会科学文献出版社 2020 年版,第 107—108 页。

[20] 参见王保树:《公司社会责任对公司法理论的影响》,载《法学研究》2010 年第 3 期。

[21] 参见沈洪涛、沈艺峰:《公司社会责任思想:起源与演变》,上海人民出版社 2007 年版,第 50 页。

3. ESG 成为公司可持续发展的新方向

从 CSR 到 ESG,通过对公司经营发展与治理制度提出高标准、新要求,ESG 为公司可持续发展开创了新的演进方向。在 ESG 被正式提出之前,联合国全球契约组织、全球报告倡议组织等国际机构早以不同形式探索了公司经营发展与社会责任、可持续发展之间的关系。[22] 2004 年,ESG 一词在具有里程碑意义的报告《有心者胜》(Who Cares Wins)中被正式提出,[23]该报告认为在资本市场中嵌入环境、社会和治理因素具有良好的商业意义,可带来更可持续的市场和更好的社会成果。此后,联合国支持成立了负责任投资原则组织(Principles for Responsible Investment,PRI),推动将 ESG 纳入投资决策。目前,已有超过 60 个国家及国际组织关注到公司经营活动对环境与社会的重要影响,包括经济合作与发展组织、二十国集团、国际证券事务监察委员会组织、国际标准化组织等,都将如何借助非财务报告来对企业环境和社会风险的评估、促进全球可持续发展作为重要议题。[24] 在此,我们要特别强调,ESG 与公司社会责任虽然在内容上有重合性,但其对公司可持续性发展的价值意义更为重大,主要表现在以下四个方面。

第一,ESG 相较于公司社会责任而言,内容更加丰富。从富时罗素(FTSE Russell)、明晟指数(MSCI)、路孚特(Refinitiv)等国际知名 ESG 评价机构的指标体系来看,其 ESG 评价的内涵远远超过公司社会责任。富时罗素 ESG 评价内容包括 14 个方面,包括生物多样性、气

㉒ 对环境负责经济体联盟(CERES)与联合国环境规划署在 1997 年发起了全球报告倡议组织(Global Reporting Initiative),其在 2000 年发布了首个全球可持续发展报告框架。2000 年,联合国全球契约组织(United Nations Global Compact)成立,是世界上最大的推进企业可持续发展的国际组织。

㉓ The Global Compact, *Who Cares Wins-Connecting Financial Markets to a Changing World*, June 2004.

㉔ See Virginia Harper Ho and Stephen Kim Park, *ESG Disclosure in Comparative Perspective: Optimizing Private Ordering in Public Reporting*, University of Pennsy lvania Journal of International Law, Vol. 41, No. 2, 2019, p. 252 – 254.

候变化、污染与资源、环境供应链、水资源安全、消费者责任、健康与安全、人权与社区、劳工标准、社会供应链、反腐败、公司治理、风险管理、税收透明度;[25]明晟指数一级因素包括10大方面,即气候变化、自然资源、污染与浪费、环境机会、人力资源、产品责任、利益相关者反对、社会机会、公司治理、公司行为;[26]路孚特ESG一级指标则包括资源利用、排放、环境创新、劳动力、人权、社区、产品责任、管理、股东、公司社会责任策略事项。[27] 相比较而言,传统公司社会责任对象主要集中于债权人、供应商、用户、消费者、当地住民等社会群体,[28]其内涵显著不同。

第二,ESG强调公司与社会的交互性,而不是单纯道义性地社会责任输出与奉献。公司的社会责任曾经被定义为道德性管理目标,而不考虑公司利润如何,[29]因而,从事耗时的公司社会责任活动的管理者,可能会失去对核心管理职责的关注。[30] 相比之下,ESG更具有交互性,其侧重点在于强调公司的可持续发展,出发点在于如何通过履行环境、社会与公司治理责任来实现更好的发展,不仅仅强调公司对

㉕ FTSE Russell, *FTSE ESG Index Series*, p. 2, https://research.ftserussell.com/products/downloads/ftse-esg-index-series.pdf, last visited on 10 August 2022;早先版本,see FTSE, *Integrating ESG into investments and stewardship*, p. 4 – 5, https://research.ftserussell.com/products/downloads/FTSE-ESG-Methodology-and-Usage-Summary-Full.pdf, last visited on 10 August 2022.

㉖ MSCI, *ESG Ratings Key Issue Framework*, https://www.msci.com/our-solutions/esg-investing/esg-ratings/esg-ratings-key-issue-framework, last visited on 10 August 2022.

㉗ Refinitiv, *Environmental, Social and Governance Scores from Refinitiv*, May 2022, p. 6, https://www.refinitiv.com/content/dam/marketing/en_us/documents/methodology/refinitiv-esg-scores-methodology.pdf, last visited on 10 August 2022.

㉘ 参见朱慈蕴:《公司的社会责任:游走于法律责任与道德准则之间》,载《中外法学》2008年第1期;施天涛:《〈公司法〉第5条的理想与现实:公司社会责任何以实施?》,载《清华法学》2019年第5期。

㉙ Dorothy S. Lund and Elizabeth Pollman, *The Corporate Governance Machine*, Columbia Law Review, Vol. 121, No. 8, 2021, p. 2566.

㉚ Allan Ferrell, Liang Hao and Luc Renneboog, *Socially Responsible Firms*, Journal of Financial Economics, Vol. 122, No. 3, 2016, p. 586.

社会的单向度责任。换言之,ESG 不仅对公司提出了一系列高标准,同时也使公司本身受益于 ESG 带来的和谐社会与和谐环境、气候的好处,从而实现一种良性的、可持续的、螺旋式上升的互动模式,最终有利于实现公司发展目标。也许有观点认为,这仍属于“作为手段的利益相关人模式”(instrumental stakeholderism),[31]但我们不能因为其最终有利于公司股东而漠视其在社会、环境维度的积极价值,应当给予其全面的评价和认识。

第三,相比 CSR,ESG 有助于促进共同富裕。共同富裕是社会主义的本质要求,是我们现代化的重要特征。ESG 倡导的价值观既不是源自“做正确的事情”这种抽象的道德哲学,也不完全是由一个中心标准制定者来决定的。相反,它们是在与利益相关方广泛磋商后产生的,而利益相关方更有可能注意到公司运营可能带来的灾难性后果。通过这个外向的过程,ESG 为公司的决策引入了新的视角,以便让管理层更好地理解其决策的全面影响。[32] 实际上,当公司无论是自愿地还是强制地接受 ESG 评价之后,其都必须将保护环境、合规经营、有效制衡、积极纳税作为基本的行为准则,这有利于促进利益相关者的利益考量,在一定程度上有助于公司更加广泛地考虑员工、消费者与供应商等的相关利益,以及环境保护、节约能源等长远利益,从而以和谐的互动关系促进共赢,促进共同富裕的目标实现。

第四,ESG 将公司融入了整个社会乃至全球的共同可持续发展。公司不仅是具体的可持续发展之能动主体,也是全人类整体可持续发展的客体,强调人类代际关系的协调。从伦理学的角度来看,人的社会属性决定了当代人难以完全放弃对后代人生存与福祉的道德关切,

---

[31] See Lucian Bebchuk and Roberto Tallarita, *The Illusory Promise of Stakeholder Governance*, Cornell Law Review, Vol. 106, No. 1, 2020, p. 108 – 111.

[32] Stavros Gadinis and Amelia Miazad, *Corporate Law and Social Risk*, Vanderbilt Law Review, Vol. 73, No. 5, 2020, p. 1426.

世代链条序列及代际传承的观念也决定了当代人有义务将前代人的馈赠和财富继续传递给后代。[33] 因此,我们处理涉及后代人利益的行为时,必须遵循一定的基本正义原则,[34]ESG 的理念和内涵正与此相契合。不管是碳中和、碳达峰,还是可持续发展的国际共识,都强调了人类代际关系之协调,而 ESG 正为此提供了具体着力点。

二、从公司公民的视角看 ESG 兴起引发的公司本质再思考

1. 公司本质正在向"公司公民"跃迁

公司为谁而生,为谁而存,一直是公司这一拟制工具的世纪追问。随着 CSR 向 ESG 的变迁,我们应当如何认识公司在现代社会中的作用呢?公司的本质又是否发生了变化?公司公民(corporate citizen)的理论为我们提供了一个新视角,不仅因应 ESG 所带来的时代变迁,也为 ESG 提供了理论基础和支撑。公司公民强调公司有一个超越为股东创造价值的社会契约,而这样的契约对公司运作管理亦将产生影响。[35] 不过,理论界一直对公司公民的外延有不同认识。例如,埃德温·爱泼斯坦(Edwin M. Epstein)从商业组织与社区关系的角度理解公司公民,阿奇·B. 卡罗尔(Archie B. Carroll)认为公司公民的涵射范围应包括其他重要的利益相关者,不少学者还将其延伸至管理学、社会学、政治学等理论范畴。[36] 如果从更长的一个时间段来看,在 1950 年后,公司社会责任问题便已从董事应当向哪些群体负责的诚信义务争论,扩展到了公司在社会和政治生活中的角色之上,良善公民(good citizen)成为公司理应努力的方向。[37] 笔者认为,现代公司本质

㉝ 参见甘绍平:《代际义务的论证问题》,载《中国社会科学》2019 年第 1 期。

㉞ 刘雪斌:《论代际正义的原则》,载《法制与社会发展》2008 年第 4 期。

㉟ Greenfield, supra note 11, p. 175.

㊱ 参见前注㉑,沈洪涛等文,第 210—218 页。

㊲ 参见邓峰:《公司合规的源流及中国的制度局限》,载《比较法研究》2020 年第 1 期。

向公司公民的跃迁是 ESG 兴起及应当得以重视的根基所在,原因有二。

一方面,从理论及法理演绎的层面来看,公司社会责任、利益相关者理论等义务性概念与公司权利的司法演绎相互交织,共同塑造和填充了公司公民的法理内涵。这在美国公司法律制度的演进中表现得较为明显,[38]我们可以此观察公司角色的变迁过程。公司权利难题在 1809 年 Bank of the United States v. Deveaux 案中首次得以彰显,根据其宪法,公司是否应该被视为“公民”的难题摆到了美国联邦最高法院面前,此案最终为公司赢得了其联邦宪法上的诉讼资格。[39] 10 年之后,在经典的 Trustees of Dartmouth College v. Woodward 案中,约翰·马歇尔(John Marshall)法官认为达特茅斯学院的公司章程是该州与注册人之间具有约束力的合同,最后判定新罕布什尔州对学院的重组是不当的。由此可见,美国宪法的契约保护条款延伸至法人。1886 年,在 Santa Clara County v. Southern Pacific Railroad Company 案中,[40]首席大法官莫里森·雷米克·韦特(Morrison Remick Waite)直接提出不希望听取关于宪法第十四修正案是否适用于公司的争论,因为这本就是应有之义。进入 20 世纪后,公司免于无理搜查、扣押、检查,隐私期待的权利和财产被征用征收时获得补偿的权利,经由 Hale v. Henkel 案、See v. City of Seattle 案、Dow Chem. Co. v. United States 案及 Pennsylvania Coal Co. v. Mahon 案等一系列案件而得以确立。[41]在此过程中,公司社会责任愈发得到理论界、立法界与司法界的认同。

---

[38] 这些案例的典型性在美国已经达成了共识,参见曲相霏:《美国企业法人在宪法上的权利考察》,载《环球法律评论》2011 年第 4 期;Adam Winkler, *We the Corporations: How American Businesses Won Their Civil Rights*, New York: Liveright Publishing Corporation, 2018, p. 35 – 160; Greenfield, supra note 11, p. 18 – 21, 82 – 100。

[39] Bank of the United States v. Deveaux, 9 U. S. 61(1809).

[40] Santa Clara County v. Southern Pacific R. Co., 118 U. S. 394(1886).

[41] 参见前注[38],曲相霏文,第 11—12 页。

至此,公司的公民性已经日渐完整和生动起来,仿佛有了自己独立的生命一样,[42]拥有了与自然人相类似的社会经济权利与义务。

另一方面,从商业实践的角度来看,随着近几十年科学技术与市场经济的快速发展,公司在当今全球化背景下的影响力与日俱增,很多公司变成了庞然大物乃至垄断者,以至于我们产生了对“大而不能倒”的担忧。究其原因,一旦如雷曼兄弟等系统关键单元破产,连锁反应可能导致全球性经济危机。而诸如英国石油公司深水地平线(Deepwater Horizon)平台原油泄漏事件,则对全球环境造成难以挽回的影响。在我国,公司不仅有力地推动了经济增长,而且在解决就业、促进技术革新方面已成为中流砥柱。在制度建设中,不管是政府经济政策的发布,还是法律、行政法规乃至规范性文件的制定,行业及公司都是重要的意见征集对象,甚至个别情况下公司能够引领行业标准。因此,鉴于公司作为社会经济活动的核心参与者、诸多权利的享有者以及因应法社会化的趋势等因素,[43]现代公司理应承担一定的法律、道德和伦理义务,尽快实现向公司公民的身份变迁,以自觉、能动、积极地履行公司公民职责,而关注环境、社会与公司治理的 ESG 正是最好的进路。

2. ESG 实践积极回应公司公民的角色变迁

公司公民身份的跃迁不仅是公司制度本身发展的演进方向,而且已经得到了公司实践的积极回应,ESG 为公司公民理念的实现提供了

㊷ 2010 年,一家名为公民联盟(Citizens United)的公司对限制公司在选举广告上支出的法律提起了诉讼,肯尼迪大法官认为“如果第一修正案有任何效力的话,它禁止国会仅仅因为公民或公民协会发表政治言论而对其罚款或监禁”。此案引起了美国社会强烈反映,时任总统奥巴马多次提出批评且持续引发讨论。2014 年,联邦最高法院在争议颇大的 Burwell v. Hobby Lobby Stores, Inc. 案中指出,现代公司法并不要求营利性公司以牺牲一切作为追求利润的代价,各个司法辖区皆授权公司可以追求任何合法目的或行为,包括根据所有者的宗教原则而追求利润。See Greenfield, supra note 11, p. 7 – 9; Citizens United v. FEC, 558 U. S. 310 (2010); Burwell v. Hobby Lobby, 573 U. S. 682 (2014).

㊸ 参见前注⑳,王保树文,第 85 页。

外部支点。现代公司以 ESG 为表征,以公司公民为实质的转变,已经不是理论构造的空中楼阁。

放眼国际,公司在治理与经营中愈加重视 ESG 因素的嵌入,反映了公司主动适应身份变迁的内在动力以及对公司公民的认同,这与目前全球 ESG 投资的蓬勃发展相得益彰。早在 2016 年,社会责任相关投资在全球管理着 22.89 万亿美元资产,2018 年年初这一数字上升到 30.7 万亿美元。[44] 同年,一项针对主流机构投资者(被调查对象占全球机构管理资产份额为 43%)的研究显示,82% 的投资者在投资决策时考虑对象的 ESG 数据。[45] 2021 年一项对公募基金的最新研究显示,ESG 基金在投资组合和参与公司治理方面都表现了不同之处,尤其在环境、社会责任议题的投票中更为独立。[46] 截至目前,签署 PRI 对 ESG 投资原则声明的资产所有人、投资机构和服务提供者已达 5105 家。[47] ESG 广受关注是由理性经济动因所驱动的,而不仅仅是社会发展理念进步及人权保护等因素影响所致。举例而言,对员工不友好或者工资较低的公司往往不被投资界视为可持续公司,原因不在于其没有尽到社会责任的道德性苛责,而是其有可能面临劳资纠纷而导致公司价值受损。[48]

在这样的背景下,商业界已经注意到 ESG 要求对公司可持续发展的重要价值并采取了相应行动。其一,股东在公司治理层面愈加重

---

[44] See Federico Fornasari, *Knowledge and Power in Measuring the Sustainable Corporation: Stock Exchanges as Regulators of ESG Factors Disclosure*, Washington University Global Studies Law Review, Vol. 19, No. 2, 2020, p. 184.

[45] Amir Amel-Zadeh and George Serafeim, *Why and How Investors Use ESG Information: Evidence from a Global Survey*, Financial Analysts Journal, Vol. 74, No. 3, 2018, p. 88.

[46] See Quinn Curtis, Jill E. Fischand Adriana Z. Robertson, *Do ESG Mutual Funds Deliver on Their Promises?* Michigan Law Review, Vol. 120, No. 3, 2021, p. 399.

[47] PRI Signatory Directory, https://www.unpri.org/signatories/signatory-resources/signatory-directory, last visited on 10 August 2022.

[48] 参见[美]马克·墨比尔斯、卡洛斯·冯·哈登伯格、格雷格·科尼茨尼:《ESG 投资》,范文仲译,中信出版社 2021 年版,第 8—9 页。

视公司的ESG发展水平。例如,美国加州公共雇员养老基金和纽约州养老基金等各类重要机构投资者,以及机构股东服务公司(Institutional Share-holder Services)和投资者咨询公司格拉斯·刘易斯(Glass Lewis)等主流股东咨询公司积极支持并重视公司的ESG实践。[49] 又如,雪佛龙公司股东投票支持了一项股东提议,要求管理层汇报其游说活动如何与《巴黎协定》相一致。[50] 其二,在经营管理层面,公司经营层日渐意识到公司利益相关者的作用。例如,包括摩根大通和苹果公司首席执行官在内的近200位美国大公司首席执行官在2019年签署了一份声明,提出其已认识到公司对所有利益相关者的承诺,并承诺投资于公司员工、妥善处理与供应商关系、支持社区等,而将为股东创造价值置于声明的最后位置。[51] 当然,该声明的实际意义在美国也充满争议。[52] 其三,不少公司正在推进ESG因素成为评价公司高管薪酬的衡量标准,包括消费巨头百事可乐和沃尔玛、科技巨头微软和威瑞森(Verizon)、石油公司雪佛龙和壳牌等,[53]这将对经营层产生新的目标指引。

同时,现代公司对ESG的重视与行动愈加可视化,信息披露为衡量ESG与公司公民的实现程度提供了有效工具,使公司公民的评价有迹可循。不少机构将ESG信息视为投票决定的重要内容并作为与公司直接接触的焦点,ESG信息披露要求的变化反映了各界对公司公民发展的要求。例如,美国超过85%的标准普尔500指数成分股份公

---

[49] Gadinis and Miazad, supra note 32, p. 1408.

[50] Thomas Lee Hazen, *Corporate and Securities Law Impact on Social Responsibility and Corporate Purpose*, Boston College Law Review, Vol. 62, No. 3, 2021, p. 858.

[51] See Business Roundtable, *Business Roundtable Redefines the Purpose of a Corporation to Promote "An Economy That Serves All Americans"*, 19 August 2019, https://www.businessroundtable. org/businessroundtableredefines-the-purpose-of-a-corporation-to-promote-an-economy-that-serves-all-americans, last visi-ted on 10 August 2022.

[52] See Bebchuk and Tallarita, supra note 31, p. 124 – 139.

[53] Gadinis and Miazad, supra note 32, p. 1407.

司和全球超过90%的大型企业,都发布了以某种形式披露ESG信息的可持续发展报告,[54]关注利益相关者的利益保护水平。截至2020年6月,我国沪深300指数中大约86%的企业已发布ESG信息,与标准普尔500指数企业报告比例大致相当。[55] 作为亚洲重要金融中心的新加坡,在2015年年底,在其证券交易所主板上市的前100家公司中,有71%的公司参与了可持续发展报告的披露工作。[56] 欧盟2014年即颁布了《非金融信息披露指令》(Non-Financial Reporting Directive),明确规定员工超过500人的公众利益实体负有强制性报告义务,须在管理报告中包括一份"非财务报表",涵盖了解企业发展、业绩、地位和活动影响的各项必要信息,至少涉及环境、社会和员工事务、尊重人权、反腐败和贿赂问题。[57] 可以看到,ESG正在全球范围内对公司信息披露工作产生重大影响,这正为公司公民实现提供了外在支点。

一言以蔽之,从公司公民的视角看ESG运动的兴起,对公司本质认识有了质的飞跃。公司虽然诞生于股东的投资,最初的目标也是要为股东利益最大化服务。但一旦创设,其内在永续之机制便将发现,公司的永动力存在于良好的自然环境与和谐的社会环境中。作为公司公民,不仅应追求充分利用社会资源的自我发展,更重要的是必须成为ESG目标的践行者,成为源于股东创设、超越股东利益的贡献者,以此来回答今日公司之庞然大物究竟为谁而生、为谁而存的哲学命题。

---

[54] See Ho and Park, supra note 24, p. 258 – 261.

[55] World Economic Forum, *A Leapfrog Moment for China in ESG Reporting*, March 2021, p. 17 – 18, https://www3.weforum.org/docs/WEF_China_ESG_Champions_2021.pdf, last visited on 10 August 2022.

[56] Jerry K. C. Koh and Victoria Leong, *The Rise of the Sustainability Reporting Megatrend: A Corporate Governance Perspective*, Business Law International, Vol. 18, No. 3, 2017, p. 242.

[57] Directive2014/95/EU.

三、ESG 对现代公司法提出更高的标准

1. ESG 要求公司激活目的条款

ESG 对公司的经营目标及章程中的目的条款(corporate purpose)提出了新要求,公司目的条款不仅应当嵌入 ESG 内容,而且要使之成为指导公司运营及治理的关键。公司目的曾在公司设立、经营与治理中扮演着重要角色,不仅政府要确定以建立股份公司为目的的经济行为是否具有足够的严肃性,[58]而且一度产生了经典的越权无效原则。随着商业活动规模不断扩大,商业社会对公司形式的需求不断增加,使得公司形式在一般商业活动中越来越被接受。至 19 世纪末,公司是国家创造的观念才被那些认为公司是商业组织的“自然”模式的人侵蚀,[59]进而允许公司将其目的定义为从事任何合法目的或商业活动。

笔者认为,一个精心设计的目的条款不仅可以阐明 ESG 在公司运营中的地位,[60]而且可以支持公司经营管理层在 ESG 决策方面发挥重要作用,否则 ESG 决策可能会遭到与财富最大化经济目标、信义义务不一致的诘难。譬如,在中国平安集团股份有限公司章程中,可以看到其对 ESG 因素的关注,[61]其亦已发布 ESG 年度报告。相比较而言,早先时候万科企业股份有限公司的目的条款有所不同,[62]强调股东利益维护。仅从公司治理技术分析来看,由于当时万科公司章程中的

---

[58] 见前注⑤,卡尔卡诺书,第 129 页。

[59] [美]肯特·格林菲尔德:《公司法的失败:基础缺陷与进步可能》,李诗鸿译,法律出版社 2019 年版,第 27 页。

[60] See Hazen, supra note 50, p. 878 – 880.

[61] 例如,中国平安保险(集团)股份有限公司在其章程中提出“在科学决策、规范管理和稳健经营的前提下,实现股东、员工、客户和社会的价值最大化,并以此促进和支持国民经济的发展和社会的进步”。

[62] 该公司 2007 年的公司章程第 12 条规定:“公司的经营宗旨:以不断探索促进经济发展;用规范化操作保证在市场竞争中成功,施科学管理方法和理念使公司得以长足发展,获良好经济效益让股东满意。”

目的条款并未授权董事会积极关注社会慈善与社会责任,因而,其在未充分满足公司内部决策程序时就不敢进行较大额度财产捐赠以应对社会突发灾难,甚至担忧股东可能产生的异议。反之,如果公司章程中的目的条款明确地将 ESG 表述为公司目标,则其公司治理和董事行为都将有法可依。

最后,从因应国家战略的角度来看,ESG 融入公司目的条款将为公司实现碳达峰、碳中和提供目标指引和策略支持,这也是 ESG 对公司目的条款的时代要求。2021 年,习近平总书记在领导人气候峰会上发表题为《共同构建人与自然生命共同体》的重要讲话,其中指出:"中国将力争 2030 年前实现碳达峰、2060 年前实现碳中和。这是中国基于推动构建人类命运共同体的责任担当和实现可持续发展的内在要求作出的重大战略决策。"[63]公司作为社会经济的基础单元,不可能脱离社会经济发展、国家法律与宏观政策而"独善其身",只有将公司经营与治理目标和国家发展紧密结合起来,才能在市场经济中获得持续的生命力。因此,ESG 要求公司激活公司目的条款,以此为公司经营活动和内部治理提供方向指引。

2. ESG 赋予董事信义义务的新内容

ESG 赋予董事信义义务新内容。信义义务与 ESG 的关系在美国引发了激烈讨论,争议核心事关美国非常重要的一部法律——《雇员退休收入保障法》(The Employee Retirement Income Security Act)。该法第 403 条要求"计划的资产不得有利于任何雇主,其持有的目的应完全是为计划的参与者及其受益人提供利益"。而第 404 条要求养老金受托人"只能为了参与者和受益人的利益",并以"为他们提供利益"为"唯一目的"。换言之,如果养老金受托人的行为目标不是唯一

[63] 习近平:《共同构建人与自然生命共同体——在"领导人气候峰会"上的讲话》,载中国政府网,http://www.gov.cn/xinwen/2021－04/22/content_5601526.htm。

性地为参与者、受益人提供经济利益,则受托人违反其忠诚义务,[64]这使得ESG的嵌入成为董事背弃信义义务的证据。为解决这个问题,有学者将向第三方提供利益、出于道德或伦理原因而进行的ESG投资称为"附带利益ESG"(collateral benefits ESG),将提高风险调整后收益的ESG投资称为"风险回报ESG"(risk-return ESG)。他们以避免投资化石燃料公司为例子解释两者的不同。附带利益ESG的投资战略可能会基于减少污染产生附带利益的考虑而避免投资化石燃料公司,而风险回报ESG投资的出发点则是提高其风险调整后的回报而避免投资化石燃料公司,因为风险回报ESG投资以低风险及提高回报为目标,其在利用ESG因素作为评估预期风险和回报率的指标后,可能发现化石燃料公司诉讼风险和监管风险存在被其股价低估的情形。[65] 两者的区别主要在于受托人投资动机,前者因并非完全基于委托人利益出发而违背忠实义务,因为动机复杂的行为会导致"不可辩驳的不道德推定"。[66] 后者则可以与忠实义务兼容,其使用了ESG因素以成为"一个知情的投资者",而不是因为ESG所带来的道德优越感。[67] 我们赞同此种观点,原因在于ESG发展程度较高的公司不仅有较高的社会声誉,而且其本身对环境、社会与公司治理的重视将有效降低其经营风险。因而,ESG嵌入董事信义义务不仅并行不悖,而且是对信义义务内涵的新发展。

更为重要的是,董事信义义务的指向对象并非公司股东,而是作为法人的公司组织本身,任何具体的股东绝非董事信义义务的指向对

---

[64] See Akio Otsuka, *ESG Investment and Reforming the Fiduciary Duty*, Ohio State Business Law Journal, Vol. 15, No. 1, 2021, p. 143 – 144.

[65] See Max M. Schanzenbach and Robert H. Sitkoff, *Reconciling Fiduciary Duty and Social Conscience: The Law and Economics of ESG Investing by a Trustee*, Stanford Law Review, Vol. 72, No. 2, 2020, p. 397 – 399.

[66] See Daniel R. Fischel and John H. Langbein, *ERISA's Fundamental Contradiction: The Exclusive Benefit Rule*, University of Chicago Law Review, Vol. 55, No. 4, 1988, p. 1114 – 1115.

[67] See Schanzenbach and Sitkoff, supra note 65, p. 397 – 401.

象。回溯普通法司法实践历史,在著名的 Pepper v. Litton 案中,美国联邦最高法院曾指出“信义义务的设立旨在保护包括债权人和股东在内的所有公司利益群体”。[68] 如此一来,在前述股东至上主义视角下,由于其并不考虑员工、债权人、供应商等公司利益相关者的利益,董事反倒可能陷入背离公司信义义务的境地。可能会有观点指出,关注股东利益的公司比关注其他利益的公司更有益于社会,[69]股东利益与公司利益具有同质性。然而,此种判断不仅缺乏足够广泛的实证论证,而且没有注意到股东利益与其他利益相关者的异质性,我们应将公司利益与股东利益区别开来。如此区别之后,可进一步厘清董事信义义务与 ESG 之间的关系,两者之间不仅没有内在冲突,而且将 ESG 嵌套至信义义务促进了公司整体利益之维护。

从我国目前情况来看,董事信义义务规定于 2005 年《公司法》第 147 条和第 148 条之中,但第 148 条之列举局限于挪用资金、关联交易、篡夺公司机会等传统事项并且对勤勉义务付之阙如。尽管在证监会部门规范性文件《上市公司章程指引》(2022 年修订)第 98 条项下,可以看到对勤勉义务的具体列举,但同样缺少对环境、社会与治理标准的探讨。这不仅使得董事信义义务的履行难以与时俱进,而且导致董事个人亦可能面临法律风险。笔者认为,将信义义务的内涵与公司发展趋势融合有助于实现信义义务的本初目的,也有助于为董事履职提供明确内容。PRI 和世代基金会“21 世纪的信托责任”2015 年发布的报告指出,信义义务甚至为投资者规定了“积极责任”,即通过整合 ESG 问题以降低风险并确定投资机会。当然,信义义务解释需要现代化以便满足投资者的新需求。[70] 正如“风险回报 ESG”理论所示,当董

---

[68] Pepper v. Litton,308 U. S. 295(1939).

[69] 见前注[59],肯特书,第 16 页。

[70] See Susan N. Gary, *Best Interests in the Long Term: Fiduciary Duties and ESG Integration*, University of Colorado Law Review, Vol. 90, No. 3, 2019, p. 797 – 798.

事以 ESG 因素作为考量投资风险与收益率因素时,实际上正是对信义义务的遵循。

3. ESG 为公司治理提出了新标准

从理论上来说,公司这个拟制人具有四大优势:独立担责的法人资格、追求营利的经济动力、复数成员制衡的社团、股份自由转让带来的公司可永久存在。当下,我们对 ESG 的强调有助于强化公司内部不同机构的相互博弈,亦将由此对复数成员的制衡与股份的自由流转带来新的理论支持。尽管不同的公司治理定义侧重点和表述不一样,但其核心皆在于公司组织机制的有效运行。

值得说明的是,ESG 与此前社会责任投资(socially responsible investment)的不同之处在于,其对公司治理予以特别关注,尤其是安然公司和世界通信公司的破产敲响了投资界对公司治理关注的警钟。至少在投资界来看,公司治理的质量将直接影响公司的盈利情况,他们为此制订了具体的评价指标来审视公司治理状况。例如,前述富时罗素的评价指标早先时候将公司治理因素细化为董事会主席与首席执行官的分离度、董事具体技能与经验、董事会多元化承诺、董事会频次与出席率、高管薪酬委员会及其规则、审计费用信息公开、股东投票权、少数股东保护和投票结果披露等,再借助更为具体的定量指标来对公司治理进行评价。[71] 不管是在美国董事会中心主义之下,还是在我国股东会中心主义之下,ESG 对公司治理的专门强调有利于促进公司治理机制的进一步完善和质量提高,从而更有利于公司的永续发展,这是 ESG 的应有之义。

ESG 与我国上市公司治理质量不断提升的趋势相互呼应。2020 年,《国务院关于进一步提高上市公司质量的意见》中指出:"提高上市公司质量是推动资本市场健康发展的内在要求,是新时代加快完善

---

[71] See FTSE, supra note 25.

社会主义市场经济体制的重要内容。”从目前公司治理来看，股权相对集中的问题、股东会与董事会之间的代理成本问题、董事会与监事会之间监督效能问题、董事会与经理层之分区问题等，皆存在不同程度的现实困境，尤其我国上市公司治理还存在以“规制”“规范”为基础的“股东中心主义”的主导逻辑。[72] 在此情况下，公司治理机制有可能沦为控股股东的牵线木偶、利益输送行为的合法外衣，少数股东主导着上市公司的话语权。虽然现实公司治理中存在个别中小股东“夺权”的案例，如 2015 年“深康佳”中小股东借助累积投票权占得董事局 7 席中的 4 席，但这已经是很少数的情况了，被认为是中小股东击败控股股东的“庶民的胜利”。[73] 因而，如果上市公司股权的集中度较高，投资者可能会怀疑控股股东、大股东在公司治理中的实际作用，进而对公司董事会、监事会的实际作用产生疑问并最终影响对公司价值的准确判断；反之，如果公司股权较为分散，则需进一步审视其董事会的运行情况。在此，ESG 正为股东平等、董事会提高治理质量提供了可循方向和具体着力点，尤其在评价机构与投资机构广泛关注的情况下，将促使公司重视董事会的构成与运作机制。

四、现代公司法应当以制度回应 ESG 的新趋势

ESG 对公司目的、信义义务和公司治理等方面提出了新的要求，现代公司法理应对此作出积极回应，以此为公司的永续发展提供新的内在驱动与制度保障。

1. 现代公司法应从基本原则入手，鼓励公司努力践行 ESG 目标

---

[72] 参见邓峰：《中国法上董事会的角色、职能及思想渊源：实证法的考察》，载《中国法学》2013 年第 3 期；武立东、薛坤坤、王凯：《股东中心主义、董事会团队文化与决策效果》，载《管理学季刊》2017 年第 1 期。

[73] 参见郑国坚、蔡贵龙、卢昕：《“深康佳”中小股东维权：“庶民的胜利”抑或“百日维新”？——一个中小股东参与治理的分析框架》，载《管理世界》2016 年第 12 期。

第一,现代公司法应确立可持续发展原则。当今世界,环境保护与能源高效利用的重要性日渐突出,公司作为社会经济中最为重要的功能单位,经营行为与环境质量提升紧密相关,是最为重要的实施主体。ESG 对环境与能源问题的关注契合我国产业结构、生产方式转型等新要求。为促进 ESG 嵌入现代公司法并实现制度化,公司法应将确立保护环境、节约能源之可持续发展原则作为基本原则,这将为 ESG 中的“环境”事项提供规范依据。从可行性来看,确立公司法的绿色原则不仅与《民法典》第 9 条民事活动中的绿色原则相一致,而且已经有了实践的充分支撑。经过环境法多年的发展,目前我国不仅已经建立了基本环境法律制度,而且随着现代公司经营要求的不断提升,地方和行业规则已将不少环境事项嵌入到各类规范之中。譬如,天津市 2021 年通过的《天津市碳达峰碳中和促进条例》即要求对重点排放单位实施碳排放配额管理并编制温室气体排放报告。在上市公司层面,包括《上海证券交易所上市公司自律监管指引第 1 号——规范运作》在内的诸多信息披露规则,对上市公司的环境信息披露提出了要求。因此,在公司法立法中确立可持续发展原则正当其时。

第二,公司法应确立以股东平等为核心的平等原则。在政治学理论中,协调组织体内部之利益冲突关系最基本的要求是承认组织体内部各成员之间的地位平等,该要求在法律上即被表述为平等原则,[74]在公司法中则指向股东平等原则。《公司法(修订草案)》延续了《公司法》中“同种类的每一股份应当具有同等权利”的规定,但这种比例平等原则实际上是股东平等的异化,是传统民法的平等原则和自治观念在公司法领域的延伸和绝对化继承。[75] 换言之,资本多数决原则因其过度的资本拜物教特质扼杀了股东平等应有的人文关怀和实质内涵,

---

[74] 石纪虎:《股东平等原则的政治学分析》,载《广西社会科学》2008 年第 10 期。

[75] 邹开亮、汤印明:《论股东平等制度及中小股东权利之保护——兼评新〈公司法〉的股东平等立法》,载《江西社会科学》2006 年第4 期。

基于股份平等的公司内部权力运行中的资本多数决原则导致了股东间的形式平等和实质平等的严重背离。[76] 如赵旭东所论，我国市场中大多是股权结构高度集中的公司，基于资本多数决所生的控股股东与中小股东之间的矛盾是我国公司治理的主要矛盾。[77] 大股东利用其持股优势在利润分配、管理者选任等方面对中小股东实施压迫，实践中，其往往以公司发展的名义拒绝中小股东的分红请求，或选任自己、亲信在公司中担任要职，或享受公司高薪的待遇。囿于《公司法》中并无直接解决股东压迫的规则，中小股东只能够通过 2005 年《公司法》第 20 条“禁止滥用股东权利规则”的一般条款寻求救济，[78]但这在现实复杂的公司治理面前却捉襟见肘。

现代公司法应当确立股东平等原则对这一现状进行修正。股东平等是指股东作为平等的法律主体，在公司中平等享受因出资所带来的权益。[79] 倘若少数股东能够证明自己与多数股东相比未能得到公司的平等对待，就应当存在通过法律渠道获得救济的可能，我们应将股东平等这一更高要求写入《公司法》中，以修正资本多数决的弊病。反之，若公司股东之间的平等难以实现，则股东欺压所导致的负外部性将不利于公司融资与更快发展。当然，从更广泛的意义上来说，现代公司制度理应确立更为上位性的平等原则，以积极地适应公司融资多元化的需要和因应社会发展趋势。究其原因，不仅类别股、明股实债、永续债等新型股债类型模糊了股权与债权的传统边界并带来了公司结构的深层次变化，导致传统意义上股债区分的风险标准、控制标准、

[76] 汪青松、赵万一：《股份公司内部权力配置的结构性变革——以股东“同质化”假定到“异质化”现实的演进为视角》，载《现代法学》2011 年第 3 期。

[77] 参见赵旭东：《公司治理中的控股股东及其法律规制》，载《法学研究》2020 年第 4 期。

[78] 参见傅穹、虞雅曌：《控制股东滥用权利规制的司法观察及漏洞填补》，载《社会科学战线》2022 年第 1 期。

[79] 参见李燕：《双层股权结构公司特别表决权滥用的司法认定》，载《现代法学》2020 年第 5 期。

信义义务标准等不再行之有效,公司法事实上难以回应资本市场创新的制度需求,[80]而且ESG对公司经营管理和员工保护的强调同样呼吁平等原则的确立,由此,债权人保护、员工利益和发展、并购中员工利益保护等诸多问题都将有据可循。

第三,公司合规经营与意思自治协调原则。近年,合规(compliance)成为公司经营与治理的关键词,正如邓峰所论,在公司及其治理层面,合规更多地表现为商业伦理与CSR的内容。合规制度本应是"千人千面"的,如此方能甄别和评价组织的制度良善与否,[81]但在我国的现有框架下,公司合规很多时候要遵循严格的规则与程序。长此以往,公司合规容易变成僵化、机械的形式主义表格,不仅难以激发公司公民的真正价值,而且会使得公司的意思自治能力受到侵蚀。我们建议应当明确公司合规经营与意思自治协调原则,一方面,要求公司遵守法律、法规及各类规范性文件等正式规则,严格界定公司各类经营行为与内部治理的底线,尤其强调对各类强制性规范的遵守。另一方面,对于鼓励性的ESG事项,我们不仅应当赋予公司意思自治的空间,而且要授权董事会有充足的权限来实现ESG目标,减少各种窗口指导及所谓实操规则的影响,不对鼓励性事项设置统一化模板,司法机关、监管机关要尊重公司给予董事会的充分授权并为此保驾护航。这不仅可以解决诸如前述公司捐赠等问题,而且公司可以更有效地应对错综复杂的经营环境,实现对利益相关者的充分关照,董事也不必担心由此而招致个人责任。如此一来,公司将更加从容地设置目的条款、授予董事会更大空间、个性化地改善公司治理,这些措施皆有利于经营效率的保持和ESG具体目标的落实。

---

⑳ 李安安:《股债融合论:公司法贯通式改革的一个解释框架》,载《环球法律评论》2019年第4期。

㉑ 参见前注㊲,邓峰文,第38—45页。

2. 建立完善声誉机制下的 ESG 信息披露规则

ESG 的实施离不开具体、细致的信息披露制度，声誉机制下的市场选择将激励市场主体更加积极、真实、全面、准确地披露 ESG 信息，这一点与以信息披露为核心工作的上市公司监管相互叠加之后，可以更有效地激发 ESG 的实现效果。目前，作为金融监管、公司法或股票交易所上市规则的事项，全球超过 60 个司法管辖区要求或鼓励以某种形式披露 ESG 信息。[82] 不过，不同国家和地区有不同做法：美国证券交易委员会（SEC）在 2016 年向公众征集“规则 S-K”修订意见时，曾试图推动环境及社会因素对发行人的风险影响披露，但最终未获全面成功。原因在于，从外部视角来看，我们虽然有充分的理由将 ESG 数据视为披露的重要类别，但对于哪些类型的陈述和数据是实质性（materiality）的、哪些应该被适当地归类为“浮夸”等具体细节仍然模糊不清。[83] 换言之，一旦 ESG 相关信息披露被认定为具有实质性，上市公司将变得极为谨慎并且不愿意披露 ESG 信息。尽管 SEC 对涉及公司治理和个别涉及底线的环境信息披露亦有要求，但托马斯·哈森（Thomas Lee Hazen）仍建议 SEC 正视该问题，通过强制或至少鼓励上市公司进行更全面的 ESG 和公司社会责任信息披露。[84] 在我国香港特别行政区，上市公司 ESG 信息披露走过了“建议披露”“遵守或解释”及至部分“强制披露”的发展过程，最新《环境、社会及管治报告指引》第 4 条要求“发行人须每年刊发其环境、社会及管治报告，有关资料所涵盖的期间须与其年报内容涵盖的时间相同”。如今，不仅越来越多的公司倾向于根据行业和自身特点披露 ESG 信息，而且披露形

---

[82] Ho and Park, supra note 24, p. 264.

[83] See Aisha I. Saad and Diane Strauss, *A New "Reasonable Investor" and Changing Frontiers of Materiality: Increasing Investor Reliance on ESG Disclosures and Implications for Securities Litigation*, Berkeley Business Law Journal, Vol. 17, No. 2, 2020, p. 412.

[84] Hazen, supra note 2, p. 748.

式和篇幅都有提升。[85]

在我国大陆地区,深圳证券交易所2006年发布的《深圳证券交易所上市公司社会责任指引》开创了上市公司自愿披露社会责任报告的先河。2018年,《上市公司治理准则》第95条要求"上市公司应当依照法律法规和有关部门的要求,披露环境信息以及履行扶贫等社会责任相关情况"。但从实践效果来看,目前公司社会责任报告不仅篇幅普遍偏短,而且大部分报告内容仅为象征性的口号和原则,涉及具体指标的定量披露少之又少,再加之报告普遍缺乏第三方审验等因素,导致其可信度相对有限。[86] 目前,ESG信息披露愈加得到重视,2022年《上市公司投资者关系管理工作指引》明确将公司的环境、社会和治理信息作为公司与投资者沟通的主要内容之一,2021年《公开发行证券的公司信息披露内容与格式准则第2号——年度报告的内容与格式》新增了"环境和社会责任"要求。细审之,ESG信息披露的强制性仍有不足,如在社会责任方面仅要求"鼓励公司结合行业特点,主动披露积极履行社会责任的工作情况",《上海证券交易所科创板上市公司自律监管指引第2号——自愿信息披露》也仅是鼓励科创公司"根据所在行业、业务特点、治理结构,进一步披露环境、社会责任和公司治理方面的个性化信息",尚不足以解决我国此前公司社会责任披露的诸多问题。

未来,我们应当建立与ESG评价体系相呼应的ESG信息披露标准,这既是ESG评价体系建立的基础,也是市场各界作出投资决策的重要参考。具体而言,笔者认为可在两个方面加以突破:一方面,我们

---

[85] 参见普华永道:《香港上市公司环境、社会及治理报告调研2021》,载普华永道网,https://www.pwccn.com/zh/consulting/sustainability-and-climate-change/esg-report-2021.pdf。

[86] 参见冯果:《企业社会责任信息披露制度法律化路径探析》,载《社会科学研究》2020年第1期。

建议制订分行业的信息披露报告框架，可资参考的是，2011 年，可持续发展会计准则委员会（Sustainability Accounting Standards Board）作为一个非营利组织成立，在充分考虑对公司有长期影响的可持续因素基础上，制订了针对 77 个不同行业的信息披露标准框架。[87] 因而，我们证券监管或自律管理部门可结合主要行业制订不同的 ESG 信息披露标准，并对披露信息的定量分析予以一定要求，明确每个指标的计量口径及方法并要求公司提供可供横向、纵向比较的数据以及未来将达成的目标。[88] 另一方面，在信息披露的强制性层面，我们建议全面要求上市公司披露 ESG 报告，但在具体指标的披露进路及方法选择上，究竟是采取统一披露标准下的强制披露，还是采取更为灵活的"遵守或解释"方案，则可再进一步讨论。

3. 细化以信息披露责任为抓手的 ESG 法律责任

许多国家的公司法和商法典通过强行性法律规范，不同程度地实现了公司社会责任的法律责任化。[89] 截至目前，我国公司法对社会责任尚未设置明确的法律后果要件，导致其在一定程度上限于倡导性责任，原因在于公司社会责任涉及公司经营的诸多方面，可以一一击破，似没有统一规定的可能性。就此，笔者认为 ESG 信息披露制度可实现提纲挈领之规制效果，既可以通过披露事项的细化来推动相关实体规则和执法的推进，也可借助违法披露的责任威慑和督促董事积极作为。

一方面，信息披露事项要求的不断完善，不仅可以推动与 ESG 相关的其他法律部门实体规则的细致化，而且可为公司履行 ESG 义务提供具体指引。尽管目前我国对公司的环境责任、社会责任与治理责任已有不少规定，但较为零散且有时无法给予公司明确指引。例如，

---

[87] Saad and Strauss, supra note 83, p. 413.

[88] 参见前注[86]，冯果文，第 17—19 页。

[89] 蒋建湘：《企业社会责任的法律化》，载《中国法学》2010 年第 5 期。

假设我们对上市公司“反腐败”事项予以细致的信息披露要求,尽管我们有单位行贿罪等刑事责任条款设置,但因规则较为简单,上市公司可能仍然无法判断公司行为是否合规,即便予以信息披露,也只能含糊其词。相较而言,诸如美国《反海外腐败法》(Foreign Corrupt Practices Act)对腐败行为的界定则有很强的可理解性和可操作性。暂且不考虑SEC、司法部对大量违法案件执法所带来的丰富规则演绎,仅从其文本规范表述来看,已对腐败行为的责任主体、行为手段方式、贿赂内容判断等重点要件有较为具体的界定。[90] 因而,如果我们在信息披露要求的推动下能够制定类似具体规则,则可实现上述制度效果。

另一方面,藉由ESG信息披露规则的细化,充分建构起ESG信息披露与董事的信义义务之间的联系,以此加强ESG与信义义务的履行。鉴于ESG有助于公司的可持续发展、有助于公司提高收益水平和回避社会风险,董事信义义务在ESG的制度化过程中被赋予了新的内涵和义务要求。基于此,董事应当积极关注和建构公司的ESG发展策略和机制并依照法律规定进行信息披露。在具体履行过程中,如若董事因没有尽到相应信义义务而导致公司ESG发展水平较低,真实的信息披露不仅能够帮助投资者“用脚投票”,而且可以促使股东对董事会成员进行更替,选举能够推进ESG发展的新董事。同时,如果董事没有积极履行涵括ESG事项的信义义务或对上市公司运行情况不闻不问,而公司因ESG事项信息披露疏忽或故意虚假陈述而招致行政处罚,公司董事难辞其咎,理应承担法律责任。需要说明的是,上市公司董事无须事必躬亲地参与到公司ESG事项的细节中,但其有义务推动公司建立并运行有效的监督体系,以此为ESG在公司经

---

[90] 参见赵骏、吕成龙:《〈反海外腐败法〉管辖权扩张的启示——兼论渐进主义视域下的中国路径》,载《浙江大学学报(人文社会科学版)》2013年第2期。

营与治理中的实现提供有效支撑,并且真实、准确而完整地披露。目前,在我国《证券法》豁免投资者保护机构提起派生诉讼持股期限与比例的背景下,董事违背此等监督义务将面临更重的民事责任,这为董事信义义务的制度化及 ESG 在我国现代公司中的深层次发展提供了制度保障。

五、结论

ESG 的兴起与公司内在机制追求的持续性发展具有方向的一致性,价值理念的契合性。综观全球重要的资本市场,股东至上已经不再被视为圭臬,无论是德国公司治理的共同参与模式,还是英国的开明股东模式等,皆证明了利益相关者在公司治理中的重要性。公司制度并非一成不变,而是随着社会经济的发展不断演进,其自诞生之初就意在促进商事经营的高质量持续发展,无论是有限责任制度、两权分离,还是公司社会责任及至今日的 ESG,本质上都意在以更好的制度设计激发公司持续性发展内在机制的功能发挥。ESG 运动的兴起让我们对公司本质有了新的认识,今日之公司不仅是社会资源的享用者,而且应该是和谐社会的维护者、创造者。我国经济社会已经进入了新的发展阶段,只有顺应社会发展的方向,公司才能在经济社会中获得新的生命力。尽快将 ESG 嵌入至公司法律制度不仅将促进我国公司更好地可持续发展,而且可以藉由对环境、社会及利益相关者的关注而有利于在高质量发展中促进共同富裕,引领全球公司治理新潮流。

第二章

公司法的实践面向

第一节 公司法人格否认的适用

2005年修订的《公司法》第20条第3款规定：公司股东滥用公司法人独立地位和股东有限责任，逃避债务，严重损害公司债权人利益的，应当对公司债务承担连带责任。“这是在成文法中最明确地规定公司法人格否认（揭开公司面纱）的立法例。”[①]理论界和实务界对这一规定都给予了不同寻常的关注。该条款寥寥几十字，就将英美判例法上发展了几十年的一项判例制度以成文法的方式引入，不能不说是一个创举。但是，自《公司法》实施以来，该规定究竟应如何适用，依然没有一个能被人们普遍认可的标准。一时间，许多学者撰文，一方面积极肯定我国《公司法》对公司法人格否认规则的引入，另一方面则批评该规则依然原则、抽象，难以操作。而在实务上，多数法官对这一规则还不十分了解或不能准确把握，大都就该条的适用仍在观望，等待着最高人民法院司法解释的出台。也有法院因种种股东逃债行为而致债权人利益严重受损，为救济债权人利益而小心翼翼地尝试适用这一规则。一句话，自我国

---

① 王保树、崔勤之：《中国公司法原理》，社会科学文献出版社2006年版，第48页。

《公司法》以成文法的方式引入公司法人格否认规则以来,对其具体适用的问题,无论从理论上还是实务上都还处于进一步探索的阶段。那么,怎样才能更好地运用这一规则,使中国公司法中纸面的“公司法人格否认”走向活生生的司法实践;怎样才能完善这一规则,是只能通过制定法的方式将这一规则再具体化,还是可以通过司法解释甚或判例指导来引导司法实践;怎样才能在积极运用这一规则的同时又能有效地防止该规则在司法实践中被滥用。本部分希望对此进行一些有益的探讨。

一、滥用公司法人格的普遍性、严重性是引入规则的诱因

国内外的公司法研究成果表明,公司制度是通过确立公司独立人格来隔离股东对公司行为的直接责任,从而成为鼓励投资者创业的利器。但是,这一利器却存在自身难以克服的缺陷,即无法遏制公司人格制度被滥用。权衡公司人格制度促进经济发展的效率性和公司债权人接受公司风险的合理性与公司人格滥用导致的公司股东与债权人利益失衡的非公正性之利弊,维护公司制度是市场经济中的一种理性选择。因为我们解决滥用公司人格的各种弊害时,除了通过填补公司制度本身的漏洞予以防范,最重要的还可以通过揭开公司面纱的事后救济措施,在个案中否认公司的独立人格而将股东置于债权人面前承担责任,从而达致公司大厦中利益失衡的股东与债权人再度获得利益平衡。因此,西方国家伴随公司制度的迅猛发展,创设了揭开公司面纱制度。

我国虽然实行公司制度时间不长,但滥用公司人格的现象却是与公司制度的发展相伴而生,甚至在我国公司制度不缜密、信用体系不健全以及滥用公司人格、侵害债权人利益的违法成本过低的环境下,滥用公司人格现象极为普遍。第一,设立空壳公司,诸如出具虚假出资证明、虚假验资、领取营业执照后以各种名义抽逃资金,致使公司并

无真实资本或注册资本实际为零。第二,公司资本严重不足,即以非常小的资本从事规模、风险都不能与之相适应的事业。虽这种行为不同于设立空壳公司,欺诈意图明显,但在大多数场合下,公司资本严重不足导致公司过分依靠大量借入资本维持公司的正常经营,一旦在资金链条上出现一个裂痕,就可能引发多米诺骨牌效应,致使公司大厦顷刻间坍塌。这无疑加大了公司破产的风险,对债权人十分不利。第三,公司在形式上的形骸化,诸如股东虚化、公司不具备完善的组织机构、没有或者虚设股东会或董事会,控制股东直接控制,只不过利用公司的外壳锁定自己的责任。第四,利用公司于不正当目的,主要指股东利用公司故意逃避合同义务或者法定义务。如使用"金蝉脱壳"之伎俩,将具有经营价值的资产转投资到一家新公司,而将债务全部留下,或者故意不年检,致使原公司被吊销营业执照,或者不投入必要环保设施、不给职工投保险或只投最低险等,致使债权人无法得到债务清偿或者得不到必要救济。第五,股东与公司或者姐妹公司之间的混同,如资产不分、账簿联合、人事交叉、业务混同,甚至注册地、营业地、银行账户、电话号码完全相同,以致外界完全无法分清是与股东还是与公司打交道。以上诸种情况,多数伴有欺诈,对公司债权人极为不公平。因此,引入公司法人格否认规则实属必要。

公司法人独立人格、独立责任和股东仅在出资范围内承担责任的规则始终是公司法律制度的基石,具有不可动摇的地位。而通过揭开公司面纱制度的适用,也仅仅是修复公司法人独立人格和股东有限责任之墙上的破损之洞,并不是要将这座坚固的大厦摧毁,因此,绝不允许滥用这一规则。这样,作为不具有判例制度的国家,当然需要对"公司法人格否认"规则以法律明示的方式予以引入。所以,我国在修改《公司法》时适时地引入了公司法人格否认规则,恰恰是为了应对中国现实中公司法人独立人格被滥用的严峻事实而作出的明智选择。

二、公司法人格否认规则的特点与制定法的缺陷

说到公司法人格否认规则,我们必然会想到以首开“公司法人格否认”之先河者而著称于世界的美国法官桑伯恩(Sanborn),他在美国诉密尔沃基冷藏运输公司(U. S. v. Milwaukee Refrigerator Transit Co)一案中如此描述这一规则:“一般规则是公司将被认为是法人实体,但是当有足够的理由认为相反情况存在时,法人的存在被用来损害公共利益,将错误行为合理化,保护欺诈,或者保护犯罪,法律将把公司视为人的集合。”②然而,这只是从该规则适用于何种场合的角度对揭开公司面纱制度进行的一种现象描述,并不是一种定义或者标准。事实上,即使作为美国这个大量运用揭开公司面纱制度的国家,该制度依然被包裹在比喻的迷雾中,法院至今仍然不愿意对这一原则进行清晰的界定,也很少有人对揭开公司面纱制度进行精确地论述,也许是因为这个制度变化太快了。到了20世纪80年代后期和90年代前期,随着揭开公司面纱案件的数量和种类不断增多,无论是积极赞同的学者还是消极反对的学者,都试图为这一规则确立更为明确的标准。“时常有人希望对揭开公司面纱原则进行综合论述,但这些尝试无一例外都失败了。”③

那么,为什么揭开公司面纱制度难以被明确地阐述?原因至少有两个:第一,揭开公司面纱制度是与公司本质密切相连的概念,只要我们对公司的本质和公司需要达成的目标处于若干不同的理论中并且这些理论还在不断变化,那么这一规则就会不断地变化,其真谛就不会被学者们轻易捕捉到。“如果要想理解揭开公司面纱原则,最好的办法就是明白:可能对于揭开这一问题的解决方式来说,有几乎同样

② Sanborn, J. , in United States v. Milwaukee Refrigerator Transit Co. , 142 F. 247, 255 (C. C. E. D. Wis. 1905).

③ Stephen B. Presser, *Piercing the Corporate Veil*, Thomson West, p. 1 - 8, 2004.

多的关于公司的理论和个人观点。只要我们对于公司的理论在不断地变化,或者关于公司的理论彼此存在争论,那么就会有关于这一规则的变化或者不同意见,因此任何学者想要让揭开原则完全明确的努力都注定失败。”[④]第二,揭开公司面纱制度和欺诈在很大程度上有重叠之处,因此我们很容易理解人们为什么不愿对这一非常难以表述的规则进行界定,即防止那些不法之徒在遵守规则字面意思的同时,进行违法活动。[⑤] 举例而言,如现确定若干公司住址、电话、银行账号同一,或者人事交叉、财务不分、业务趋同即构成人格混同之表征,则公司必定回避这些表征,将上述事实状态间接化,但依然保有实质混同,不过就是导致股东控制多家公司的成本略增,而同时使债权人掌握证据和法院判断多家公司人格混同或者母子公司人格混同的难度增加罢了。所以,我们发现,“在这样一个制定法主导的年代,揭开公司面纱仍然是一个非常有活力的普通法原则”。[⑥]

另外,我们从制定法的角度看,制定法最优越之处即在于它的可预测性。因为其具有法律内容确定、体系完整、逻辑清晰之特点,可以使行为人迅速地把握规范,对照践行,避免违法之风险,并保证执法的统一、公正。因此,我们通过《公司法》的制定法形态确立了公司法人格否认规则,用以规范利用公司形式进行投资的股东行为,防止股东滥用公司合法目的攫取不当利益,实现公司股东与公司债权人之间的利益平衡。显然,这将引导投资者正当地利用公司形式实现自己的营利目标,并有助于公司法人制度之大厦稳固、夯实。但是,制定法之局限性也比较突出。表现为:一般规则对个别案件之局限;有限规则对无限客体之局限;模糊规则对确定事项之局限;刻板规则对丰富内涵

---

④ Ribstein, *Limited Liability and Theories of the Corporation*, 50 Md. L. Rev. 80 (1991).

⑤ See Stephen B. *Presser*, *Piercing the Corporate Veil*, Thomson West, p. 1 – 7, 2004.

⑥ Ibid.

之局限。[7] 其实,制定法由于其内涵僵化和列举不周延,往往在司法实践中难以面对纷繁复杂的社会实践。

因此,作为传统的大陆法系国家,为了完善公司法人制度,防止或者减少公司独立人格被滥用的现象,促进经济发展,我们不得不利用制定法的方式原则性地引入揭开公司面纱制度;但是,我们必须清醒地认识到,除了制定法本身有着难以克服的局限性,公司法人格否认规则自身的难以描述、归纳、界定的特点,也使其无法在制定法中对具体适用标准进行详尽规定。所以,我国修改《公司法》时,考虑到上述诸原因,采纳了对这一规则进行原则性规定的做法。

三、确立公司法人格否认的案例指导弥补制定法的缺陷

法律的本质是对相互冲突的利益进行分配,无论是立法活动还是司法活动都实现着对冲突的利益进行分配和再分配的功能。区别仅在于前者体现的是大多数人的意志或者强者的意志,并在不特定的社会成员中分配利益,后者往往针对个案中特定的社会成员之冲突利益进行分配,且特别关注的是对弱者的救济。结合“公司法人格否认”规则来看,2005 年《公司法》第 20 条第 3 款所作的规定,体现了社会中绝大多数投资者与债权人的意愿,希望对那些不诚实守信、滥用公司独立人格和股东有限责任损害债权人或者其他相关利益群体的“害群之马”进行“制裁”,给那些利益受到侵害的债权人或者社会公众寻求救济的一管通道,以使公司组织健康发展,实现促进经济长足进步的目的。而当法院在对具体个案进行裁判时,针对特定的滥用公司人格者,“挪开”其有限责任的“庇护屏障”,令其对债权人直接负责,以重新分配股东与债权人之间失衡的利益。因此,立法活动和司法活动在整合各种利益冲突关系中实际上各有各的功能。

---

⑦ 参见董皞:《司法解释论》,中国政法大学出版社 1999 年版,第 89—100 页。

司法的功能分析，需要关注司法判决的理由和根据，更需要关注不同判决之间的相互协调、相互包容与相互支撑程度，特别是为了实现同样问题同样对待，不同问题不同对待的公平、公正目标，需要考察司法判决对社会的影响以及社会对司法活动提出的要求。[⑧] 但是，这一司法目标仅依靠制定法达致是不可能的，即使成文法规定非常完备。那么，在司法实践中，法院除遵从制定法的明确规定外，往往还会通过法律的一般原则、一般条款，通过法院的司法解释，通过类推制度以及必要的案例指导的适用来应对十分复杂的、多变的、个性化极强的具体个案。而其中，案例指导具有不可忽视的特殊意义。这些特殊意义就在于，其尊重了经验，即通过把握牢固的法学理论基础并结合专门的技术使法律得以复现；其实现了平等，即要求同样问题同样对待，不同问题不同对待，以便将立法上的平等贯彻到司法领域中；其维系了安全，即通过判例的引证实现同类型案件大体一致的裁判结果，并使人们对司法公正产生一种合理的预期。因此，案例指导在弥补制定法缺陷具有全面性、深刻性、渐进性、便利性、灵活性、修正性等方面具有司法解释、类推制度以及一般原则或者一般条款所不具备的优点。[⑨]

就公司法人格否认规则而言，“关于这一法理的适用范围，多数人认为它是基于正义、衡平的理念，作为例外的判例法理而存在的……”[⑩]但我国作为大陆法系国家，无采用判例法之习惯。如若选择彻底采用英美法系国家的判例法规则，无论是法官素质还是司法环境都不允许，而且不是一蹴而就的易事。因此，实行案例指导，由最高人民法院通过定期发布的方式，选择带有指导意义的典型案例，对各

---

⑧　参见汪世荣：《判例与法律发展——中国司法改革研究》，法律出版社 2006 年版，“自序”第 3 页。

⑨　参见徐景和编著：《中国判例制度研究》，中国检察出版社 2006 年版，第 33 页。

⑩　［日］森木滋、李凌燕：《法人格的否认》，载《外国法译评》1994 年第 3 期。

级人民法院起着某些示范的作用，确实是一个明智的选择。结合我国2005年《公司法》第20条第3款关于“公司法人格否认”的规定来看，内容非常原则，使得运用这一规则的司法实践明显地受到制定法的局限。各级法院适用该规则也十分谨慎，甚至依然心存疑虑。特别是出于对公司法人格否认制度滥用的担心，更让处于审判一线的法官不敢轻易挥舞法人格否认的利剑，以免错斩公司之法人独立地位和股东有限责任的基石。那么，通过最高人民法院发布案例指导来引导这一规则的司法适用，无疑是一座推动“纸面上的”公司法人格否认规则走向实践的桥梁。

四、关注公司法人格规则在中国实践的特殊性

显然，我国公司制度整体上来说还很不完善，公司运行机制、文化背景等与市场经济发达国家和地区比较有着不同的特点。同样，对公司法人格否认规则的实际适用也应有其特殊之处。

1. 适用公司法人格否认的公司类型

一般而言，揭开公司面纱多发生在闭锁公司中，这已被美国的汤普森（Robert Thompson）教授和澳大利亚的拉姆齐（Ian Ramsay）教授各自所做的实证研究证明，⑪并且公司股东的数目与揭开公司面纱的概率呈反向相关。⑫ 这是因为，美国公众公司股权结构相对比较分散，股东很难控制公司。而相比之下，封闭公司股权集中，股东通常在公司任职，比较容易形成对公司的不当控制，从而导致揭开公司面纱的

⑪ See Robert B. Thompson, *Piercing the Corporate Veil: An Empirical Study*, Cornell Law Review, Vol. 76. 1036, 1991; Ian M Ramsay and David B Noakes, *Piercing the Corporate Veil in Australia*, Company and Securities Law Journal, Volume 19, p. 250 – 267. 在美国，汤普森教授的实证分析样本中，没有公众公司被揭开公司面纱的成功案例，甚至在闭锁公司中，股东人数超过9人的公司被成功地揭开公司面纱的案例几乎不存在；而在拉姆齐教授的分析样本中，私人公司和公众公司被揭开面纱的占比分别为42%和22%。

⑫ See Gregory W. Wix, *Piercing the Cooperate Veil: Should Michigan Consider Statutory Solutions?* 79 U. Det. Mercy L. Rev. 637.

发生。但是在中国,问题就变得复杂得多。由于上市公司中普遍存在控股股东,截至 2006 年 8 月,中国上市公司共发行股份 10871.89 亿股,其中不流通的发起人股达 5146.76 亿股,占全部股份的 47.3%。[13] 而发起人股东大多数是国有控股公司或者国有控股的企业法人。虽然我国已经成功地进行了股权分置改革,使流通股和非流通股之间分裂的现象得以改变,但并不意味着股权高度集中的局面有所改变。在过去的几年中,上市公司大股东掏空上市公司的报道不绝于耳,中小股东和债权人束手无策。面对这样的经济现状,境外的统计数字仅应该作为一种现象的综述,而远非一种原则。也就是说,在中国,股东控制公司且滥用公司法人独立人格和股东有限责任的现象,不仅大量发生在封闭的有限责任公司中,在股份有限公司,甚至在上市公司中都普遍存在。因此,只要符合我国 2005 年《公司法》第 20 条第 3 款的条件,无论是什么类型的公司,都可以适用法人格否认。当然,对大型的公众公司适用公司法人格否认规则应当慎重。

2. 适用公司法人格否认的债的类型

揭开公司面纱制度是债权人利益保护的尚方宝剑,但是这一事后救济原则是否对自愿债权人和非自愿债权人同等适用,学者观点并不统一。在美国,很多学者或基于统计数字得出结论,或经研究提出自己的主张,强调揭开公司面纱制度的适用概率在自愿之债和非自愿之债的场合下应有所不同,或者说法院面对自愿债权人和非自愿债权人的诉求,往往更应倾向于支持非自愿债权人。[14] 对于非自愿债权人,适用揭开公司面纱制度的标准应该从宽,而对于自愿债权人,除非在极端恶劣的情况下,有限责任原则应当被维护。例如,Powell 教授在讨

---

[13] 数据来源:中国证券监督管理委员会网站,http://www.csre.gov.cn/en/statinfo/index.jsp? path = ROOT > CN > % CD% B3% BC% C6% D0% C5% CF% A2。

[14] See John P. Glode, *Piercing the Corporate Veil in Wyoming-an Update*, 3 Wyo. L Rev. 133. Also see note 2.

论母子公司的情况下揭开公司面纱的第二项标准"欺诈或者不公平行为"时,强调母公司利用子公司进行侵权行为被认为违反了公平原则,但是有意识地违约却不违反。[15] 但是,实际调查的数据恰好相反,在法院判决揭开公司面纱的案例中,自愿债权人诉求之胜诉比率高于非自愿债权人诉求的胜诉比率。[16] Thompson 发现在非自愿的债权人诉求的情况下,法院并不情愿揭开公司的面纱。Thompson 并没有为这一结论提供任何原因,事实上,他认为这是不应该出现的、错误的结果,并建议立法或者通过公司法的原则对此予以修正。[17] 而另一个著有关于揭开公司面纱制度著作的美国学者 Stephen Presser 则断言:在 Thompson 的研究结束后的很多年内,侵权债权人事实上比自愿债权人更有能力引起公司面纱的揭开。[18]

从中国 2005 年《公司法》第 20 条第 3 款"……逃避债务,严重损害公司债权人利益的……"的规定来看,一方面,本款未就债的类型进行任何意义上的划分,按照学理解释,这里的债务应是广义的,包括合同之债、侵权之债、劳动之债、税收之债等。[19] 这里需要强调的是劳动之债的债权人职工,虽然其与公司签有劳动合同,形式上看属于自愿债权人,但由于劳动合同中的企业一方往往处于强势地位,导致职工

---

[15] See Krendl and Krendl, *Piercing the Corporate Veil: Focusing the Inquiry*, 55 Den. L J. 1(1978).

[16] See Robert B. Thompson, *Piercing the Corporate Veil: An Empirical Study*, Cornell Law Review, Vol. 76. 1036, 1991; Ian M Ramsay and David B Noakes, *Piercing the Corporate Veil in Australia*, Company and Securities Law Journal, Volume 19, p. 250 – 267.

[17] See Robert B. Thompson, *Piercing the Corporate Veil: An Empirical Study*, 76 Cornell L Rev. 1073(1991).

[18] See David L Cohen, *Theories of the Corporation and the Limited Liability Company: How Should Courts and Legislatures Articulate Rules for Piercing the Veil, Fiduciary Responsibility and Securities Regulation for the Limited Liability Company*, 51 Okla L Rev. 427 (1998). p. 442.

[19] 参见王保树、崔勤之:《中国公司法原理》,中国社会科学文献出版社 2006 年版,第 48 页。

通常不得不接受苛刻的劳动契约。在劳动合同的执行过程中,职工利益的维护也比较困难,故而通常将职工视为非自愿债权人。另一方面,本款在特别强调公司股东滥用公司独立地位而对公司债权人利益的损害应当达到严重程度的同时,亦未区分是指手段恶劣,如欺诈,还是结果严重,致使债权人损失惨重,因此,当然应理解为两者皆有。由此可以得出结论,我国2005年《公司法》第20条第3款关于揭开公司面纱制度的有关原则性规定,实际上是更有利于侵权债权人提起诉求。换言之,当自愿债权人提起揭开公司面纱之诉时,法院可以从严把握,因为自愿债权人应当为其自愿选择与公司进行交易而承担风险,除非其能够证明公司有欺诈行为而致其无法恰当地评估风险;而当非自愿债权人提起揭开公司面纱之诉时,因为他们受到侵害之前对公司毫无了解,很难掌握股东滥用公司独立法人人格的恶劣行为,而根据《公司法》的这一规定,其只要证明公司与股东在人格上难以区分且自己受到严重的损害即可。

事实上,我国《公司法》的这一立法状况更符合中国目前所处的市场经济发展初级阶段的基本国情,因为在中国,公司实施不当行为逃避税收义务、侵害员工利益、肆意污染环境以使公司之股东获取不当利益的现象非常普遍,而且公司的非自愿债权人作为股东滥用公司人格和股东有限责任的受害人,根本没有任何机会事先予以防范,特别是环境污染或者员工危险作业案件中的受害者人身伤害之严重程度往往令人发指。因此,根据2005年《公司法》第20条第3款的规定,我们应肯定在中国,法院更应倾向于利用公司法人格否认原则对非自愿债权人予以保护。所以,应当认为2005年《公司法》第20条第3款可以适用任何类型的债权人揭开公司面纱之诉求。

3. 反向揭开公司面纱和姐妹公司之间揭开公司面纱

公司法人格否认是一种衡平法上的救济措施。法院的态度是承认公司法人实体一般意义上的独立法人资格,但是在有充分证据表明存在以公司形式为欺诈、不法行为或者其他不当行为时,或者有压倒性的公共政策存在的情况下,允许否认该公司法人资格。[20] 在美国、日本揭开公司面纱制度司法实践的发展过程中,曾出现通过揭开公司面纱让公司承担股东的债务以及否认姐妹公司各自的独立人格而被视为一体的判例,这意味着公司法人格否认法理适用范围的扩大。前者是指公司股东滥用其控制权,将公司股东的利益非法输送给公司(或者说将母公司的利益非法输送给子公司),造成公司股东的债权人利益受到损害,公司股东或者母公司的债权人要求子公司承担母公司的债务;[21]后者是指公司股东滥用其对若干公司的支配权,为达到规避法定义务或者合同义务,利用多个姐妹公司之间的关联性转移利益或者费用,损害其中一个或者若干个公司的利益以求其作为控制股东在公司集团中的利益最大化,而应其中某个公司债权人之请求,否认姐妹公司之间的各自独立性,共同对发生的债务承担责任。[22] 显然,这并不是随意的一种主张,而是严格遵循法解释学的规则,对公司法之基本原理进行诠释的结果。

在中国,同一股东或者有着极其密切关系的股东设立若干公司,并完全控制这些公司的运营,诸如"一套人马,若干牌子"的姐妹公司模式是非常普遍的。股东们经常根据逃避合同义务或者法定义务和获取不当利益的需要,在这些公司中调动资产、输送利益,完全忽略了各个姐妹公司的独立人格,造成对某一公司的债权人之利益侵害。因此,虽然我国 2005 年《公司法》第 20 条第 3 款关于"公司法人格否认"规则的表述属于最为传统的公司法人格否认的场合,即公司股东滥用

---

⑳ See Gregory S. Crespi, *The Reverse Pierce Doctrine:Applying Appropriate Standards*, Fall,1990, p. 35.

㉑ 参见[日]井上和彦:《水俣病奇索子公司的责任与法人格否认法理——关于法人格否认法理客观滥用论、一人公司单独股东无限责任论、完全子公司责任论的展开》,载《高冈法学》1992 年第 3 卷第 2 号。

㉒ 参见朱慈蕴:《公司法人格否认法理研究》,法律出版社 1998 年版,第 329—331 页。

公司独立人格和股东有限责任，严重损害公司债权人利益时，公司股东应当对公司债务承担连带责任。但是，根据姐妹公司的大量存在且独立性难以保障的情况，将这一规则适用扩展至姐妹公司之间的人格否认，应符合我国公司法确立这一规则的立法意图。之所以如此，是缘于姐妹公司的同一股东或者有着密切关联度的股东滥用了这些姐妹公司的人格，在债权人面前玩耍公司的幻影，致使这些姐妹公司不过就是股东们逃避义务的工具。那么，否认姐妹公司各自的独立人格，将各个姐妹公司视为一体，对其中特定公司的债权人之请求承担连带责任，不过就是将滥用姐妹公司人格之股东的责任延伸到完全由他们控制的姐妹公司上，由此来制止股东滥用若干姐妹公司实现逃避债务或损害公共政策目标的违法行为，救济利益受损的债权人。同样，在公司集团中，由于母公司过度控制子公司，为了达到逃避债务的目的，也有将不当利益从母公司输送到子公司的情况。因此，在特定场合下反向适用公司法人格否认规则，令子公司承担母公司的债务，保护债权人的利益，同样符合立法意图，具有合理性。

4. 把握一人公司场合下适用公司法人格否认规则的特殊性

在西方揭开公司面纱的实践中，"法院对一人公司的态度与其他任何公司并无任何不同，并适用相同的标准。但是，很显然，在一人公司情况下，更容易导致揭开面纱。其中的道理与封闭公司相同"。[23]但在我国，由于市场信用体系不健全，一人公司与其股东之分离十分困难，一人股东滥用公司人格的现象更为普遍。因此，我国 2005 年《公司法》在第 64 条对一人公司适用这一规则进行了特别规定，即"一人有限责任公司的股东不能证明公司财产独立于股东自己财产的，应当对公司债务承担连带责任"。那么，第 64 条与第 20 条第 3 款的关系是怎样的呢？是独立适用还是需要在满足第 20 条第 3 款的条件下

㉓　施天涛：《公司法论》，法律出版社 2006 年版，第 32 页。

才能适用?

首先,从体系解释的角度,第 20 条第 3 款规定在《公司法》的总则部分,其应当具有统领的作用,即无论是有限责任公司还是股份有限公司,无论是多名股东的公司还是只有一个股东的公司,出现公司独立人格被股东滥用的问题,都可以适用 2005 年《公司法》第 20 条第 3 款;而第 64 条是规定在有限责任公司中一人有限公司的特别规定一节中,其与第 20 条第 3 款的规定类似于总则和分则的关系。因此,欲揭开一人公司的面纱,也要满足第 20 条第 3 款的条件。

其次,之所以立法者在一人公司中专门规定公司法人格否认制度,当然具有特殊性,即这一规定抓住一人公司中股东滥用公司人格最为普遍的现象就是公司与股东的财产不分离。那么,通过加重股东的举证责任,要求一人公司的股东证明公司财产独立于自己的财产,否则将要对公司债务承担连带责任的规定,就可以有效遏制这种现象,以促使一人公司健康发展。应该说,公司财产不足或者不独立,对揭开公司面纱的影响很大,尤其在一人公司的场合下,公司资产证明至关重要。而将公司财产独立于股东财产的举证责任倒置给一人股东,充分体现了一人公司的特点。但这是否意味着债权人只需要依据第 64 条到法院提起诉讼就可以了呢?答案是否定的。根据第 20 条第 3 款的规定,债权人起码要证明其债权受到了严重的损害,具体表现为公司不履行或者不能履行到期债务,公司的账面资产已经严重不足等。

最后,只有当一人公司出现股东与公司的财产混同时,可以适用第 64 条规定,要求一人股东承担自己的财产与公司财产分离的举证责任,举证不能即可适用公司法人格否认规则。除此之外,一人公司出现其他股东滥用公司人格的现象,诸如人事和业务混同、公司形骸化等,则同样适用 2005 年《公司法》第 20 条第 3 款的规定,举证责任无须倒置。

五、欺诈、资本显著不足与过度控制在公司法人格否认规则适用中具有关键作用

自从我国2005年《公司法》实施以来，利益受损的债权人向法院提起揭开公司面纱之诉的案件时有发生，但是，被法院支持诉讼请求而揭开公司面纱的案件并不多，有一些法院驳回诉讼请求而否定公司面纱揭开之诉，或者通过其他法律规定、一般规则进行救济。下面引用一个案例进行说明：

原告建材公司以行使代位求偿权和公司法人格否认为诉讼请求，要求钢构公司代替JX建材公司偿还债务163万元，并将JX建材公司列为第三人参加诉讼。

经查明，JX建材公司的注册资本为100万元，由A、B、C、D、E5名自然人股东分别出资20万元、20万元、25万元、25万元、10万元设立。JX建材公司成立后，与当地政府签订《征用地协议书》一份，约定征地面积约为30亩，征地费用为50万元。《征用地协议书》签订后，JX建材公司以银行转账方式向当地政府支付征地款50万元，但将该宗土地登记在钢构公司名下。钢构公司系在JX建材公司之后的1998年年底成立，注册资本为300万元，股东为6位自然人，除JX建材公司的5位股东A、B、C、D、E外，还增加了F，其中货币资本30万元（B拥有20万元、E拥有10万元），实物资本270万元（上述6位股东分别拥有60万元、40万元、75万元、15万元、20万元、60万元）。但是，该公司股东用于出资的资本均来源于JX建材公司。前者在JX建材公司下属一服务中心出具的《转款说明》中载明为欠B和E货款，因此应B和E的要求代其将款转至钢构公司账户；后者则在JX建材公司下属一销售服务中心的《转款说明》中得以证明，实物资本（包括前述的征地费用）系由JX建材公司支付。

现原告诉称：第三人JX建材公司至今并未履行2003年业已经过

两审终审判决确定的债务131万元,致使原债务加上诉讼费用及迟延履行造成的损失,共计达163万元。而导致JX建材公司无法履行债务的原因是,JX建材公司自成立以来,为达到逃避债务之目的,不仅将征用地登记在钢构公司名下,而且钢构公司的全部注册资金300万元均来源于JX建材公司,钢构公司一直未归还上述款项(包括征地款)。上述款项应属JX建材公司对钢构公司的债权。由于JX建材公司既没有主张被告清偿上述债权,也未履行对建材公司的相关债务,故建材公司依法要求代位清偿,即要求钢构公司给付诉请金额163万元。庭审中原告还明确表示,主张钢构公司代JX建材公司承担还款责任的理由还基于该二公司存在公司法人人格混同的情况。

被告辩称:(1)钢构公司对JX建材公司不负有任何到期债务,钢构公司设立时的注册资本金是钢构公司股东对钢构公司的投资款,而该股东们如何取得该笔资产与钢构公司无关。(2)原告提出的法人人格混同在我国现行法律法规中并无任何规定,于法无据且无任何证据支持。而且法人人格混同一般存在于母子公司,一公司为另一公司的股东,或表现为两公司股东完全一致,营业场所一致,财务账簿不分或一致,业务完全相同,本案中JX建材公司与钢构公司并不存在上述情况。(3)钢构公司成立于1998年,而原告与JX建材公司债权债务的形成时间是在钢构公司成立之后累计形成的,二者显然不具有因果关系。

法院认为,本案中原告在起诉状中提出的诉讼请求及所陈述的事实和理由,系代位权之诉。原告对第三人JX建材公司享有合法到期债权,是各方当事人无争议的事实。但原告认为,第三人对被告也享有债权,理由是被告钢构公司注册成立时无偿从第三人处取得了300万元注册资本金。而法院经审理查明300万元注册资本是以6名自然人股东的名义投入被告公司的,与被告无关,不能作出第三人怠于行使其债权以及因怠于行使而侵害原告债权的结论。

关于原告提出自己利益受损的原因还基于被告与第三人之间存

在公司法人人格混同的事实。对此,法院认为,在我国《公司法》等相关法律规范中,对公司法人人格混同的概念、特征及法律责任等问题并无明确界定,审判实务中亦欠缺明确的判断依据,结合本案中原告所提供的证据也不能充分证明被告与第三人之间存在公司资产混同、财务管理混同、办公地址和人员混同等事实,并遵循《公司法》公司法人人格独立的基本立法精神,本院对本案所涉钢构公司与JX建材公司两公司存在法人人格混同的事实不予认定。㉔

在此,我们忽略本案原告申请代位求偿权的主体错误问题,法院未支持原告关于揭开公司面纱的诉讼请求,是值得商榷的。

我们先来看看境外一些国家和地区最常用的请求公司法人格否认之诉并获得成功的主要理由。

(1)美国

其相关实证分析表明,在当事人提起揭开公司面纱之诉的判例中,申诉理由中提到存在虚伪陈述事实的,法院判定揭开公司面纱的比例高达94%,而提到公司资本显著不足理由的,公司面纱最终被揭开的比例也达到了73%。当然,除了虚伪陈述,公司是否被当成股东的另一个自我或工具,往往是法院重点考虑的因素。如果原告提出公司为控制股东的另一个自我的证据,法院揭开公司面纱的比例为95.6%。而如果公司被证明只不过是控制股东的工具,则揭开公司面纱的比例可高达97.3%㉕。

(2)澳大利亚

有实证分析表明,不公平或者不公正是胜诉最多的诉由,在胜诉

㉔　改编自法人之间出资股东相同不是认定法人人格混同的依据——上海晓宝公司诉钢构公司、建祥公司代位权纠纷案,载成都法院网,http://cdfy. chinacourt. org/public/detail. php? id = 6354。

㉕　See Robert B. Thompson, *Piercing the Corporate Veil: An Empirical Study*, Cornell Law Review, Vol. 76. 1063, 1991.

案例中约有60%提到这一诉由。欺诈(大约41.5%)和代理类(大约39.5%)的揭开比率都接近总的平均水平。有关公司只是一个伪品或“提包公司”的诉求的揭开比率较低(37.5%)。最低的是集团企业(大约24%)。[26]

(3)日本

在日本的公司法人格否认的司法实践中,一般强调两个基本要件:一是“控制要件”,即法人格被其背后的控制人的意志左右;二是“目的要件”,即法人格被违法或者不当目的利用。[27] 并且,该法理的适用通常发生在两种场合中。一是法人格完全沦为形骸化的场合,即公司形态只是稻草人,其实质上只是个人营业或者母公司营业的一部分。如全部股份实质上为一人所有,股东控制公司的经营实权,股东与公司或者公司之间主体混同,公司财产与个人财产的区分不分明,不遵守公司法上的程序,空壳公司或者榨取公司利益等。二是法人格被滥用的场合,如规避法律(包括规避法定竞业禁止义务、公司作为被投保人参加保险而由股东故意制造事故、为解雇劳动者团体成员而伪装解散公司),逃避合同义务(包括逃避合同上的竞业禁止义务、为逃避公司债务而设立其他公司),设立资本过小公司来寻求不法行为责任的减少等。

(4)韩国

在韩国适用公司法人格否认规则中,被认为是最重要且最难的问题就是适用要件。可能在不同的案件中,法官主张公司法人格否认的适用要件不统一,但具备股东控制要件和被视为不公正要素的资本显著不充分要件,几乎是被公认的。[28]

---

[26] See Ian M. Ramsay and David B. Noakes, *Piercing the Corporate Veil in Australia*, Company and Securites Law Journal, Volume 19, p. 250 – 267.

[27] 参见[日]河本一郎等:《日本公司法》,商事法务出版社2003年版,第92页。

[28] 参见[韩]郑灿亨:《法人格否认论在韩国的适用案例》。

综上所述,虽然各国在适用公司法人格否认规则时所依据的要件并不统一,但下列因素一般在法官审理这类案件并最终成功地揭开公司面纱时特别考虑:(1)公司资本严重不足,这可能是诈骗;(2)股东和公司之间财产混同;(3)股东像对待个人财产一样对待公司财产;(4)隐瞒或歪曲公司的真正信息;(5)公司控制股东与公司进行了大量的关联交易;(6)公司没有必要的记录等。其中,如果存在股东对公司债权人实施虚伪陈述或其他诈欺行为,几乎绝大多数国家和地区会力主揭开公司面纱。

现在我们再来看看本案的情况。

首先,资本不足的问题突出。本案的第三人 JX 建材公司是因为公司资本不足而无法偿还原告的债务,而导致 JX 建材公司资本不足的原因是该公司股东将公司资本"掏出"成立了钢构公司,包括其支付了土地征用费的土地也被登记在钢构公司名下。显然,对于 JX 建材公司而言,属于股东恶意抽逃资本,使得公司资本"亏空",无法兑现其偿债能力,当然应当由恶意的股东对公司债务承担连带责任。所以,如果想要把资本不足作为一种足以揭开公司面纱的行为,那么这种行为必须足够严重,以致可以被认为是对于公众的欺诈。[29]

其次,欺诈或者虚假贯穿了本案的全过程。本案的股东们无视 JX 建材公司的独立人格,随意挪用公司的资本,使得公司的注册资本不仅形同虚设,而且"转投资"规模大大超过其自身的 100 万元注册资本数额,达到 300 万元。这意味着成立 JX 建材公司的目标令人怀疑。就本案而言,JX 建材公司如果以公司的名义将自己的资金进行转投资,不仅公司法上不禁止,而且是投资者为了分散自己的投资风险经常采用的合乎理性的经济行为。但仔细分析,本案的转投资行为却充

[29] See Elizabeth Diane Clark, *Piercing the Corporate Veil in Florida: The Requirement of "Improper" Conduct*, 16 Stetson L. Rev. 107(1986).

满了令人疑惑的问题。(1)本案中组建钢构公司的资本来源于 JX 建材公司,但钢构公司的股东不是 JX 建材公司,而是该公司的全体股东。很明显,通过一个公司与股东之间简单的“借款”行为,就轻而易举地将公司资本转变到了股东名下。而且,JX 建材公司的股东们在 1998 年年底“借用”公司资产去投资,经过 2003 年年底本案原告获得法院两审终审的胜诉判决至今,股东们一直没有偿还公司“借款”,显然是打算永久地占用这些资产,不过就是用借款形式掩人耳目从而达到抽逃资本的目的罢了。(2)这种投资活动彻底改变了 JX 建材公司的资本结构,使公司资本大量地表现为债权,大大降低了公司资产的运营能力和信用能力,对本公司正常的经营活动造成重大影响。(3)股东们“挪用”公司资本组建钢构公司,大大超过 JX 建材公司的自有资本,这意味着股东们不仅动用了本公司自己的“自有资本”,而且动用了本公司的各种“借入资本”或者未分配利益,大有“分光吃净”之势,对本公司的债权人极其不利。(4)JX 建材公司并不是一个投资公司,但是将全部家底以股东名义对外进行投资,以致公司本身的经营活动难以为继,甚至将自己支付了土地征用费的土地使用权登记于钢构公司名下,欺诈债权人的意图昭然若揭。

最后,股东对公司的控制极其明显。本案的 JX 建材公司和钢构公司的股东重合度极高,虽然不能因此而简单确定两个公司人格混同,但是,从基本事实来看,股东对公司的控制度是非常高的。比如,JX 建材公司将达到自有资本 300% 的资产借给自己的各位股东,并以他们的名义设立钢构公司,对 JX 建材公司而言是典型的关联交易。如果不是股东们控制公司,何以能使这种可以致本公司彻底丧失偿债能力的关联交易轻而易举地得以实施呢?并且,两个公司之间股东基本雷同。可以设想,股东们对 JX 建材公司如此控制,为所欲为,将其资本随意转移出去,损害 JX 建材公司的债权人,谁能保证日后根据“需要”,股东们不会如法炮制钢构公司的资本大转移,再去置钢构公司的债权人于死地呢？显然，JX 建材公司的股东们过度控制了公司，对待公司的财产就像对待自己的财产那样随意处置，实际上将公司变成自己获取不当利益的玩偶。

无论是从境外公司法人格否认的实践经验来看，还是从我国现实经济生活中滥用公司人格的普遍现象来看，公司资本不足或者公司空壳、股东存在欺诈或者虚假、股东过度控制公司或者像对待个人财产那样处置公司财产，是滥用公司独立人格和股东有限责任的主要事实要件，发生这些现象应当适用公司法人格否认规则。而本案中这三个滥用事实都已存在，即股东过度控制公司，将公司资产置于自己的控制之中，恶意抽逃资本导致公司空壳化，欺诈债权人，故意逃避公司债务，已经构成对债权人恶意侵害，显失公平。因此，法院应当在本案中揭开公司面纱，将 JX 建材公司与钢构公司视为一体，要求钢构公司对 JX 建材公司的债务承担连带责任。

六、司法实践中应当谨慎运用公司法人格否认规则

公司法人格否认规则是为维护公司法人制度、修正实践中股东滥用公司独立人格和股东有限责任制度并保护债权人的一把利剑。但是，如同所有法律制度一样，公司法人格否认规则也不得滥用，否则将危及公司制度的大厦。

1. 严格把握公司法人格否认规则的构成要件

在有些美国学者的眼中，揭开公司面纱“恰似闪电……罕见，剧烈，不规则”，[30]这在一定角度说明了揭开公司面纱制度适用标准的模糊。正如美国最著名的大法官本杰明·卡多佐所指明，法院在适用揭开公司面纱制度时所采用的标准也似雾里看花，比喻的迷雾中让人们

---

[30] See Stephen B. Presser, Piercing the Corporate Veil § 1.01(2002), at 1 - 7, quoted from John P. Glode, Piercing the Corporate Veil in Wyoming - an Update, 3 Wyo. L Rev. 133.

迷失了方向,全部问题"仍被包裹于比喻的迷雾中"。[31] 显然,几十年过去了,这种状况并未改变。我国没有判例法的传统,因此,我们选择了成文法的规定来减少公司法人格否认适用标准的不确定性。然而,成文法规定根本无法将所有或者至少绝大部分可以适用公司法人格否认的场合一一列举,为避免挂一漏万,也为防止当事人对既定法律的规避,而不得不采用极为抽象的描述规定这样一个复杂的制度。当然,立法机关的解释认为:"这里对公司法人人格否定的适用条件仅作出两项原则规定,主要是因为实际中股东滥用公司法人独立地位或者股东权利的情况很多,也很复杂,难以一一列举,在法律中确定适用的原则,主要是为司法机关提供具体适用法律的依据,具体情况可由司法机关认定和裁判。"[32]因此,在我国,依然存在对 2005 年《公司法》第 20 条第 3 款规定的如何解释的问题。根据"公司股东滥用公司法人独立地位和股东有限责任,逃避债务,严重损害公司债权人利益的",至少在适用公司法人格否认原则时,其构成要件包括三个基本部分。

(1)滥用公司法人独立地位和股东有限责任的事实

这是公司法人格否认的客观要件,"一般是指公司法人格被滥用和公司法人格徒具形式。前者,如像股东过度控制与支配公司、公司资本严重不足、为不法目的设立公司、利用公司法人格对债权人欺诈等;后者,如像公司与股东在财产、业务、账目等持续混同,以及完全无视公司法关于股东大会等关于股东大会等组织机构的强制性规范等"。[33] 除了这些表现,还有"股东为赚取高额利润或逃避债务,常常擅自挪用公司的财产"。[34]

---

[31] Berkey v. Third Avenue Ry. ,244 N. Y. 84,94,155 N. E. 58,61(1926).

[32] 李飞、王学政主编:《中华人民共和国公司法释义》,中国市场出版社 2005 年版,第 104 页。

[33] 王保树、崔勤之:《中国公司法原理》,中国社会科学文献出版社 2006 年版,第48 页。

[34] 安建主编:《中华人民共和国公司法释义》,法律出版社 2005 年版,第 42—43 页。

值得探讨的是,面对自愿债权人和非自愿债权人,在确定公司股东是否滥用公司法人独立地位和股东有限责任的客观要件时是否应有所区分。Easterbrook 和 Fischel 也认为有限责任引发了道德危险,公司的管理层知道风险最终将由某人承担,将可能会进行一些风险过大的行为。但是,这些学者认为,对于非自愿的债权人这是个问题(比如对公司提起侵权诉讼的人),但对于自愿的债权人来说这并非一个问题(比如对公司提起合同诉讼的人)。他们断言:当有侵权债权人,以及当公司资本不足时,法院将会更倾向于揭开闭合公司和子公司的面纱。当风险落在那些不能与公司进行协商,或者与恶意的公司进行协商的人身上时,法院就将揭开公司面纱。这也是法院会为侵权诉讼者以及在欺诈或者误解的情况下揭开公司面纱的原因,特别是当公司资本不足时,法院会揭开公司面纱,因为资本数额越低,经理进行风险行为的动力就越大。[35]

应当强调的是,"滥用"要件是用来惩罚坏人的,而不是为了从公司股东手中将财富再分配到债权人手中,无论债权人是自愿债权人还是非自愿债权人。事实上,如果存在其他更好的、更符合道德标准的方法来赔偿侵权受害人,比如说保险计划,或者法律强制要求的资本充足制度或者风险经营的足额保险,就应当尽量运用这些制度保护债权人。如果允许过于容易地揭开公司面纱,允许抛弃滥用标准,就会使潜藏在股东有限责任背后的良好的政策考虑受到减损。[36] 所以,严格掌握"滥用"要件或者"滥用"标准至关重要。

(2)为了逃避债务的目的

这是公司法人格否认的主观要件,即股东必须有逃避债务的故意。

---

[35] See Frank H. Easterbrook & Daniel R. Fischel, *The Economic Structure of Corporate Law* 4(1991) at 50, p.55－59.

[36] See Stephen B. Presser, *Back Towards A Unitary "Abuse" Theory of Piercing the Corporate Veil*, 100 Nw. U. L. Rev. 405(2006).

但是这一故意毕竟是主观方面的内容,应当采用何种方式予以证明是这一问题的关键,是实质证明滥用之股东存在主观故意,还是通过对滥用股东的一定行为进行推断予以确认?笔者个人认为,应当采用后者的方式。

(3)使公司债权人利益受到严重损害

这是公司法人格否认的结果要件,即无论股东的行为如何,必须造成了严重损害债权人利益的结果才需要对公司的债务承担连带责任。损害债权人利益是指股东滥用公司法人独立地位和股东有限责任的行为导致公司财产不足以偿还债权人的债权。但是何谓严重,法无明文。是公司不能履行的债务部分必须超过一定金额为严重,抑或超过一定比例为严重?实践中的关键是具体标准如何确定?例如,在Angus Corbett 的文中提出,按照澳大利亚 Corporations Act 2001 in s. 459A,不能偿付的部分应达到 2000 澳元以上。[37] 那么,在中国,这一标准是否可以比照?是否还需要考虑经济发展不平衡的事实。例如,在经济相对落后的地区,近万元的损失对于一些债权人,特别是侵权行为的受害人、劳动债权的债权人,这些损失可能是他们债权的全部,或者年收入的全部。当具体数额达不到规定数额,便不认为是严重损害债权人利益,而不能适用法人格否认,对他们而言太不公平。

2. 证明责任的分配

2005 年《公司法》第 20 条第 3 款仅仅规定了公司法人格否认的条件,并未就证明责任作出任何表述,因此,法院在适用 2005 年《公司法》第 20 条第 3 款进行相关审查时,应当根据 2021 年《民事诉讼法》第 64 条的规定,由提出公司法人格否认诉求主张的当事人举证,而且有责任提供初步证据,即提起诉讼的债权人必须证明公司股东具有滥用公司法人独立地位和有限责任的行为,甚或其主观故意,以及自己

---

[37] Angus Corbett, Application of Piercing the Corporate Veil,载清华大学商法研究中心举办的 21 世纪商法论坛 2006 年"实践中的公司法"国际研讨会论文集。

的利益遭受严重损害。而要债权人对于自己的债权受到损害容易提供证明,即自己的债权到期得不到清偿,但是,充分证明股东有滥用公司法人独立人格和股东有限责任的行为以及有逃避债务的故意,则相对困难。因此,是否可以适当减轻公司债权人的举证责任,即只要公司债权人可以证明股东有出资不足或虚假,公司资本严重不足,财产、业务及人事混同,以及股东与公司之间存在大量交易行为等即可。而进一步的证明责任应当转至公司股东。至于股东是否具有逃避债务之目的,即主观故意,则以债权人已经提供的上述行为来推断。当债权人的证明责任完成后,如果公司及股东不能够提出相反的证据证明股东不存在第 20 条第 3 款所描述的情况,则有可能导致公司的法人格被否认。

3. 从严控制提起公司法人格否认规则的主体范围

公司法人格否认规则是一项保护债权人利益的措施,通常由受害的自愿债权人或者非自愿债权人或者公共利益的代表提起诉讼。然而,当我们考察美国的揭开公司面纱的诉讼案件时,我们发现,常有公司自己或公司股东,为某种利益提起适用公司法人格否认法理之请求的情况。例如,美国的明尼苏达州法院就在一系列案件中支持了由股东或者公司提起揭开公司面纱的诉讼请求,并对其支持的理由进行了阐释。而这些判例还对其他州法院产生影响。[38] 笔者认为,美国作为

---

[38] 在 1981 年的 Roepke v. Western National Mutual Insurance 一案中,该公司董事会主席,也是公司的唯一股东在一次交通事故中死亡。公司对该董事会主席事故中驾驶的汽车以及其他 5 辆汽车拥有所有权。根据汽车保险协议,公司已经就 6 辆车分别向保险公司支付了保险金。保单将公司作为唯一被保险人,并为事故幸存者提供每辆车最高 10000 美元的保险金。该案争议的核心问题是根据明尼苏达州无过错法案,死者的妻子是否应该被允许累计每辆车的保险金从而获得高达 60000 美元的保险金,还是仅可就发生事故的那一辆车获得 10000 美元的保险金。法院认为经对事实认定并参考其他州的判例,支持了死者妻子的请求,揭开了公司面纱。法院认为:本案中,(1)死者是公司的董事长和唯一股东;(2)死者将投保的汽车视作自己的财产,并作为家用,无论是死者本人还是其他家庭成员都不拥有此外的其他汽车;(3)在本案中,没有股东或者债权人会因为揭开公司面纱而受到不利影响;(4)明尼苏达州无过错保险法案的目的将会通过揭开公司面纱,将死者作为保险合同的被保险人而获得实现。参见 Gregory S. Crespi, *The Reverse Pierce Doctrine: Applying Appropriate Standards*, Journal of Corporation Law, Fall, 1990, p. 38。

普通法国家,其衡平法理念就是追求个案中当事人的利益平衡,只要没有人因本案判决遭受不利影响,法官们就会根据诚实信用和公平、公正原则进行判决。但是,我国不具备如此灵活运用基本原则的判例司法环境,加之法官知识背景、自我约束以及外部监控的条件不够完备,一旦不加严格限制,扩大公司法人格否认规则的适用范围和场合,将更易产生该规则被滥用的概率。而且,就公司而言,公司提起法人格否认法理之请求,就意味着公司在主张自己不是"人",这无论从法理上还是从逻辑上都难以说通。就股东而言,公司之独立人格和股东之有限责任制度,使他们成为最大的受益人,但不排除公司制度对其要求的法定负担,如公司税赋,甚至不排除公司形式有时置利用者于不利之境地。但既然股东选择了以公司形态进行经营,依公平、正义之目标,股东就必须在享受公司制度带来好处的同时,承担相应的负担,接受公司作为独立法律主体的一切法律后果,包括对其不利之后果,而不能为股东个人利益主张公司法人格否认法理的适用排除对之不利的后果。否则,有失于公司法人制度的公平、正义的价值目标。[39]所以,除公司的债权人,包括自愿和非自愿债权人,代表公共利益的政府之外,不允许公司自身或者公司股东为了某种利益申请揭开公司面纱之诉。同样,公司小股东因大股东滥用公司人格而利益受到损害,应当通过直接诉讼或者股东代表诉讼寻求救济,也不可利用揭开公司面纱之诉维护自己的利益。

4. 公司法人格否认的判决效力

公司的法人格被否认,是从实体法的角度将该公司和股东视为同一体,而且仅在本次案件中适用。司法实践中应当防止仅在执行阶段,直接将公司判决的既判力及执行力扩张至股东。或者说,法院判决公司法人格否认,是为了解决公司被股东操控而逃避公司债务之不

[39] 参见朱慈蕴:《公司法人格否认法理研究》,法律出版社 1998 年版,第 155—156 页。

公平、不正义的现象,但是,未经公司法人格否认之审判,在执行阶段时发现公司无力偿债或者难以偿债,或者发现公司在诉讼阶段有转移财产的嫌疑,而直接以公司与股东被视为同一体为由,执行股东的财产,应当被严格禁止。因为公司法人格否认规则的运用,将对滥用公司独立人格的股东"苛以责任",当然应当给予其为自己作无滥用公司独立人格之事实的辩护机会,这对防止滥用该规则意义重大。

第二节　“资本显著不足”的适用*

2013 年的公司资本制度改革取消了最低注册资本限额,并实施完全认缴制,导致了两种极端公司类型的出现,一种是“无赖公司”,另一种是“侏儒公司”。“无赖公司”是指注册资本极大,但实缴资本较少,且注册资本实缴期限极长的一类公司。而“侏儒公司”的注册资本又过少,明显不能满足公司的经营需要。[①] 这两类公司都可能因“资本显著不足”而被揭开公司面纱,业已引起理论界的重视。[②]

一、迷雾中的“资本显著不足”

揭开公司面纱是公司法实践和理论中的难点。在学者的笔触下,揭开公司面纱制度的理论基础“模糊且虚幻”,司法适用就像是处在一片“泥沼”之中。[③] 在美国,

---

* 本节与梁泽宇合作。

① 参见甘培忠:《论公司资本制度颠覆性改革的环境与逻辑缺陷及制度补救》,载《科技与法律》2014 年第 3 期。

② 参见石少侠、卢政宜:《认缴制下公司资本制度的补救与完善》,载《国家检察官学院学报》2019 年第 5 期;罗培新:《论资本制度变革背景下股东出资法律制度之完善》,载《法学评论》2016 年第 4 期。

③ See Stephen B. Presser, Piercing the Corporate Veil, §1. 1 (Westlaw, September 2020 Update).

揭开公司面纱的理由主要包括：工具说、另一自我理论、欺诈理论、代理理论、傀儡说、交织说、缺乏独立说、"资本显著不足"(undercapitalization)说、形骸化、重叠说、支配与控制等。④ 在德国，典型的揭开公司面纱的类型有：资产混同、法律主体混同、资本过低、康采恩责任、毁灭公司生存责任以及一般民法意义上的穿透责任等。⑤ 笔者在吸收域外经验并调研我国司法实践的基础上，将揭开公司面纱的情形总结归纳为四类："资本显著不足"、人格混同、过度控制和公司形骸化。⑥ 2019 年发布的《全国法院民商事审判工作会议纪要》(以下简称《九民纪要》)将揭开公司面纱的事由进一步归纳为人格混同、过度支配与控制、"资本显著不足"等三种。⑦ 由此可见无论中外，"资本显著不足"都是揭开公司面纱的重要因素之一。

但是在某种程度上，"资本显著不足"的适用和判断仍处在一片"迷雾"之中。《九民纪要》就指出，"资本显著不足"的判断标准有很大的模糊性……因此在适用时要十分谨慎，应当与其他因素结合起来综合判断。目前，理论上的困难主要体现在以下两个方面。

一是"资本显著不足"能否单独适用存在争议。在美国，有的法院持"独立适用说"，即"资本显著不足"作为唯一要素，就能够揭开公司面纱。在 Minton v. Cavaney 案中，公司租用了一家游泳池开展营业，结果原告的女儿溺死其中，但公司没有足够资产赔偿。该案中，加利福尼亚州最高法院判决，公司初始投资不足，资产与业务的风险相比

④ See Robert B. Thompson, *Piercing The Corporate Veil: An Empirical Study*, 76 Cornell L. Rev. 1036, 1064 (1991).

⑤ 参见高旭军：《我国公司人格否认制度适用研究——以与德国比较为视角》，法律出版社 2014 年版，第 107 页以下。另参见朱慈蕴：《公司法人格否认制度理论与实践》，人民法院出版社 2009 年版，第 12—15 页。

⑥ 参见朱慈蕴：《公司法人格否认制度理论与实践》，人民法院出版社 2009 年版，第 73 页以下。

⑦ 2019 年《全国法院民商事审判工作会议纪要》第 10—12 条。

微不足道,因而揭开了公司面纱。[8] 美国联邦第九巡回法庭根据此案认为:“加利福尼亚州最高法院认为单独一个‘资本显著不足’就能够揭开公司面纱。”[9]

另一些法院则持不同观点。例如,威斯康星州明确实行“多要件说”。在 Consumer's Co-op 案中,该州法院指出无论是“资本显著不足”还是没有遵守公司程式,都不足以揭开公司面纱。[10] 在纽约州上诉法院审理的 Walkovszky v. Carlton 案中,被告人故意注册 10 家出租车公司,而每家公司名下都只有 2 辆出租车,且每辆出租车仅投保了最低数额的法定机动车保险。其中一家公司的出租车撞伤了原告,且无法全额赔偿原告损失。法庭多数派认为,仅仅因为股东“组建、经营、统治、控制”了这些公司,就要其承担无限责任,并不合适;也不能因为公司的资产加上所买的意外伤害保险不足以补偿原告就揭开公司面纱。[11]

还有法院持“必要条件说”,认为“资本显著不足”不是独立要件,而是所有类型揭开公司面纱之诉的必要前提条件。换言之,“资本显著不足”是揭开公司面纱的必要条件,但不是充分条件。例如,在 Truckweld v. Olson 案中,华盛顿州上诉法院认为,揭开公司面纱案件的本质特征就是公司缺乏足够的资本来满足债权人的要求。因而,该院认为资本不足(inadequate capitalization)仅仅是潜在的欺诈行为

---

⑧ See Minton v. Cavaney 56 Cal. 2d 576,579 – 581 (1961).

⑨ See Nilsson, Robbins, Dalgarn, Berliner, Carson & Wurst v. Louisiana Hydrolec, 854 F. 2d 1538, 1544, 11 Fed. R. Serv. 3d 1219(9th Cir. 1988). 第九巡回法庭的看法是否准确,还有争议。例如,哈佛大学法学院前院长 Clark 教授就专门纠正了该法庭的看法:“至少在近年来,‘资本显著不足’并不当然地导致加利福尼亚州法院揭开公司面纱,法院运用这个规则是非常严格的。”Robert C. Clark, Corporate Law, Little, Brown, 1986, p. 81, n. 10.

⑩ See Consumer's Co-op. of Walworth County v. Olsen, 142 Wis. 2d 465, 419 N. W. 2d 211, 216(1988).

⑪ See Walkovszky v. Carlton, 18 N. Y. 2d 414, 420 (1966).

(underlying fraud) 的进一步证据。[12]

二是“资本显著不足”的判断存在诸多困难。第一,何谓这里的“资本”历来存在争议,我国 2013 年的公司资本制度改革更加剧了这方面的争议。有学者认为,“资本”指注册资本,不仅包括实缴资本,而且包括待缴资本。[13] 有学者提议应当以“实收资本”作为判断“资本显著不足”的标准。[14] 还有学者认为“资本”应包括实缴资本和公司积累的其他资产。[15] 还有学者提出了双重测试标准,即“资本显著不足”既要考察认缴资本是否充足,还要考察公司资产的变化是否合理。[16] 第二,“资本显著不足”的判断时点存在争议。有学者强调:“当公司成立时,拥有充足的资本,但在经营过程中因经营失败导致公司资本减少不能偿还债务,属于竞争或经营不善而导致的,是正常的商业风险,不应认定为滥用情形。”[17]相反的观点则认为,股东在公司经营过程中抽逃出资、扩大经营范围的,亦可能造成公司“资本显著不足”。[18] 第三,“资本显著不足”的标准十分模糊。“资本显著不足”法理面临的基本矛盾是:一方面,公司有限责任的基本目标之一就是鼓励投资创业,允许股东们“以小博大”;另一方面,“以小博大”会产生负外部性,有损于他人利益或社会公共利益。为调和这两方面的矛盾,应当为

---

⑫ See Truckweld Equipment Co., Inc. v. Olson, 26 Wash. App. 638, 618 P. 2d 1017, 1022 (Div. 2 1980).

⑬ 参见胡改蓉:《“资本显著不足”情形下公司法人格否认制度的适用》,载《法学评论》2015 年第 3 期。

⑭ 参见薛波、刘浩然:《“资本显著不足”情形下公司法人格否认制度适用之变革》,载《行政与法》2015 年第 12 期。

⑮ 参见俞巍、陈克:《公司资本登记制度改革后股东责任适法思路的变与不变》,载《法律适用》2014 年第 11 期。

⑯ 参见陈群峰:《“资本显著不足”情形下公司法人格否认制度完善研究》,载《法学杂志》2020 年第 11 期。

⑰ 参见马齐林:《美国法院“刺破公司面纱”考量因素之实证研究及其对我国的启示》,载《法治研究》2013 年第 6 期。

⑱ 同前注⑬,胡改蓉文。

“以小博大”设定一个合理的限度，这项工作对法官来说是极大的挑战，因为法官是法律专家而非商业专家。

二、“资本显著不足”的法理探析

欲解决以上两个方面的难题，回到问题的原点——为什么“资本显著不足”能或者不能揭开公司面纱是有益的。目前，相关的基础理论主要如下。

1. “公司特权理论”（Privilege Theory）

该理论由已故的美国公司法学者 Maurice Wormser 教授提出：“公司的独立人格是由法律赋予的非凡特权……因此必须被用于合法的商业目的，而不得被扭曲……因此，就像黑夜紧跟着白昼，法院有权否认这种虚拟人格，当‘它的使用动机或目的超出其合理理由和政策目标’时。”[19]已故公司法学者 Henry Winthrop Ballantine 教授将公司特权理论适用到“资本显著不足”情境中，他指出：“股东应当为了公司的经营不受阻碍，而善意地投入充足的资本以应对公司可能的责任。如果公司的资本与公司计划进行的业务、损失的风险相比，是虚幻的或是微不足道的，那么否定独立人格之特权就是有道理的。”[20]

2. “公司基础形式理论”（Model of Corporateness）

该理论明显受到了公司特权理论的影响，笔者认为在某种程度上可以视为是前一理论的变体。该理论的提出者是 Jonathan M. Landers 教授，他认为：“公司基础形式是法律授予公司法人格的内核，

---

⑲ See M. Wormser, *Disregard of the Corporate Fiction and Allied Corporation Problems*, New York: Baker, Voorhis and Co., 1927, p. 8 – 9, cited from Stephen B. Presser, Piercing the Corporate Veil, § 1. 5 (Westlaw, September 2020 Update).

⑳ See H. Ballantine, Corporations 303 (Rev. ed. 1946), cited from Stephen B. Presser, Piercing the Corporate Veil, § 1. 5 (Westlaw, September 2020 Update). Ballantine 教授的观点也直接被称为“资本显著不足”理论。

明显偏离该内核的，会导致公司性的丧失，也就是丧失有限责任。”[21] 那么，什么是“公司基础形式”？他认为，公司基础形式“既要求经济可行性，还要求特定的程式”。[22] 至于经济可行性，他认为最重要的就是公司必须有足够的资本来开展其计划的业务。[23]

3.“市场行为理论”

这一名称是笔者对波斯纳法官《关联公司的债权人权利》一文核心思想的概括。在该文中，波斯纳法官运用经济学方法，论证了何以自愿债权人难以揭开公司面纱的原因。他指出自愿债权人能够轻易地调查公司的资本状况，有方法降低风险，还可以根据风险程度调节借款利率，因此他们能够保护自己的利益。[24]

4.“负外部性理论”

伊斯特布鲁克和费希尔在《有限责任与公司》中专门讨论了“资本显著不足”问题。他们认为，以“资本显著不足”为理由揭开公司面纱，理由很清楚：公司资本额越少，从事过度冒险行为的激励就越大。他们进一步指出，公司资本总额在涉及非自愿债权人时最为重要。[25]

更为激进的观点是由哈佛大学法学院的 Henry Hansmann 教授和 Reinier Kraakman 教授在《走向公司侵权的无限责任》中提出的。这篇文章大胆地主张，股东应当为侵权债权人承担无限责任。他们的理由在于：有限责任是不效率的，因为其鼓励股东（或是董事）进行风险更大的行为，使得很多侵权债权人不能得到受偿。股东通过有限责任，

---

[21] See Jonathan M. Landers, *A Unified Approach to Parent, Subsidiary, and Affiliate Questions in Bankruptcy*, 42 U. Chi. L. Rev. 589, 621 (1975).

[22] See Jonathan M. Landers, *A Unified Approach to Parent, Subsidiary, and Affiliate Questions in Bankruptcy*, 42 U. Chi. L. Rev. 589, 621 (1975).

[23] 同上注。

[24] See Richard A. Posner, *The Rights of Creditors of Affiliated Corporations*, 43 U. Chi. L. Rev. 499, 503 (1976).

[25] See Frank H. Easterbrook & Daniel R. Fischel, *Limited Liability and the Corporation*, 52 U. Chi. L. Rev. 89, 113 (1985).

外部化了他们经营的风险，股东获取了高额利润，但这是以损害社会利益为代价的。㉖

5．“公共政策目标理论”（public policy goals）

该理论是耶鲁大学法学院 Jonathan Macey 教授等于 2014 年提出的观点。他认为，揭开公司面纱的真正依据来源于三个公共政策目标：（1）满足现行法律或规制的目的；（2）阻止股东通过欺诈获取信用；（3）实现有序、效率的破产财产清算，提升破产价值。㉗ 他们用实证的方法验证后发现，以上三个目标是法院真正认可的揭开公司面纱的法理依据，而“资本显著不足”在法庭上与揭开公司面纱的关联度并不高，因此基本不能够作为单独的因素揭开公司面纱。㉘

就我国的学术研究现状来看，我国学者兼容并蓄了前四种理论，但是各位学者仍有各自的侧重。例如，胡改蓉教授主张，“资本显著不足”的适用应当区分自愿债权的场合和非自愿债权的场合。㉙ 这显然是试图在市场行为理论以及公司特权理论、公司基础形式理论、负外部性理论之中寻求一个均衡点。陈群峰教授的观点比较偏重市场行为理论，认为在我国取消最低注册资本限额的背景下，应否认“资本显著不足”作为法人格否认的一项事由。㉚ 笔者认为，我们可以在已有理论成果的基础之上，进一步协调各种理论学说之间的关系，更精准地划定不同理论学说的适用范围，进而提出更为完善的理论体系以指导司法实践。在做这项工作之前，笔者对我国的司法实践进行了深入调研，以此汲取法官们的智慧，并保证理论是服务于我国实际国情的。

㉖ See Henry Hansmann & Reinier Kraakman, *Toward Unlimited Shareholder Liability for Corporate Torts*, 100 Yale L. J. 1879, 1880 – 1881, 1883（1991）.

㉗ See Jonathan Macey & Joshua Mitts, *Finding Order in the Morass: The Three Real Justifications for Piercing the Corporate Veil*, 100 Cornell L. Rev. 99, 102（2014）.

㉘ 同上注。

㉙ 同前注⑬，胡改蓉文。

㉚ 同前注⑯，陈群峰文。

三、我国法院适用“资本显著不足”的实证研究

1. 实证数据

笔者通过北大法宝，以“本院认为”中出现的“资本显著不足”为搜索条件，收集到案例 212 件。笔者逐份阅读后，排除重复的以及明显与本部分研究不相关的案例，共得到有效研究样本 97 件。在具体分析中，笔者重点考察了以下四个要素：“资本显著不足”事由是否为单独适用、债务性质、经营时间以及是否为一人公司。㉛ 实证研究结果如表 2－1 所示。

表 2－1　“资本显著不足”揭开公司面纱的判决结果

	总计	是否单独适用		债务性质		经营时间		是否一人公司	
		是	否	合同	侵权	3 年以下	3 年以上	是	否
案例数量（件）	97	15	82	94	3	56	41	11	86
揭开数量（件）	42	11	31	42	0	23	19	10	32
揭开比例	43.3%	73.3%	37.8%	44.7%	0	41.1%	46.3%	90.9%	37.2%

对于表 2－1 所呈现的数据特点，笔者简要描述和解释如下。

第一，观察“是否单独适用”项下数据，可以得出结论：“资本显著不足”是揭开公司面纱重要的因素，有时“资本显著不足”需要配合其他因素一起才能够揭开公司面纱，有时则能够作为单独因素揭开公司面纱。单独适用“资本显著不足”要素揭开率高达 73.3%，而且这些

㉛　根据债的设定及其内容是否允许当事人以自由意思决定，债可以分为自愿之债与非自愿之债。自愿之债主要包括的类型为合同之债；非自愿之债则主要包括侵权行为之债、不当得利之债、无因管理之债及缔约过失之债等。这里的经营时间按照从公司设立起到发生债务纠纷止计算。

揭开的案例还都是自愿之债,这超出了理论的预设。笔者对此进行了进一步研究,调查发现在这揭开的11个案例中,有5例的债务人为空壳公司;[32]另外6例的债务人则为一人公司。[33] 这一数据的意义将在后文详述。以"资本显著不足"为单一诉讼理由的案件中,揭开公司面纱的案例无一例外的都是经营时间短于3年的公司。

第二,与理论预期不符的是,因非自愿之债而起诉的案件非常少。[34] 由于案件数量太少,所以揭开的比例也就没有参考意义。对于非自愿之债案件数量稀少的原因,笔者猜测可能有以下四个。一是基数少。由于公司是商业组织,其存在的目的就是生产和交易商品或服务,因此公司的合同行为要远大于侵权行为的数量。相应地,自愿之债案件的数量也要远大于非自愿之债案件。二是非自愿之债的债务数额较低。在起诉的三个案件中,最低的债务总额为50648元,且已经支付了40000元;[35]最高的为347040元,这是一起工伤致死案件,应当说已经代表了大多数非自愿之债可能达到的最高额度。[36] 而30多万元对于公司而言,不是一笔不能承受的数字。三是偿付意愿高。公

---

[32] 空壳公司一般指没有任何资产的公司。但在本部分语境中,空壳公司特指仅有认缴资本且其认缴期限极长,在与相对人进行交易时没有实缴资本的公司。例如,广州市广善美投资有限公司、甘彩银建设工程施工合同纠纷民事判决书(2020)粤01民终2454号。

[33] 参见叶发奇与丰小兵、朱圣彪股东损害公司债权人利益责任纠纷民事判决书(2019)粤0106民初9566号。

[34] 域外的实证研究也表明,以非自愿之债主张揭开公司面纱的案例总数较自愿之债为少,与理论预期不能完全吻合。See Robert B. Thompson, *Piercing The Corporate Veil: An Empirical Study*, 76 Cornell L. Rev. 1036, 1058 (1991); John H. Matheson, *The Modern Law of Corporate Groups: An Empirical Study of Piercing the Corporate Veil in The Parent-Subsidiary Context*, 87 N. C. L. Rev. 1091, 1122 (2009); Peter B. Oh, Veil-Piercing, 89 Tex. L. Rev. 81, 124 (2010). 黄辉教授于2012年关于我国公司法人格否认制度适用的一份实证研究亦表明,以合同之债为由主张揭开公司面纱案件的数量(68件)远大于侵权之债(7件)。黄辉:《中国公司法人格否认制度实证研究》,载《法学研究》2012年第1期。

[35] 参见鲁仁光与益阳市赫山区胜阳洲砂石有限公司、陈小三提供劳务者受害责任纠纷民事判决书(2019)湘0903民初2158号。

[36] 参见王某诉施某某等公司法人独立地位和股东有限责任赔偿纠纷案(2011)宝民二(商)初字第69号。

司侵犯他人生命或身体健康的,公司和股东承受着较大的道德和舆论压力,相比于自愿之债,更有意愿偿付非自愿之债。四是原告收集证据的难度大。在我国,法院倾向于采“多要件说”,例如《九民纪要》专门强调“适用(‘资本显著不足’)时要十分谨慎,应当与其他因素结合起来综合判断”。而非自愿债权人是被动地与公司发生法律关系,之前没有与公司接触过,因此难以收集到公司人格混同、公司被过度支配与控制的证据。由此可能导致非自愿债权人因证据不足被迫放弃起诉,或是起诉不被受理,或是起诉被驳回等情况的发生。

第三,从经营时间来看,初设公司和经营一段时间之后的公司,被揭开公司面纱的概率相似。但是,如果只考虑以“资本显著不足”为单一诉讼理由的案件,二者就有很大区别。这类案件共有 15 件,全部是针对成立时间不足 3 年的公司,且揭开率为 73.33%,这一比例远高于其他类型的案件。

第四,如果是一人公司的,揭开率高达 90.9%。这是因为 2013 年《公司法》第 63 条设置了一人公司举证责任倒置规则。除了一个例外,[37]绝大多数一人公司的股东,都不能证明公司财产独立于自己的财产。因此,一旦公司不能偿还债务,法院就会推定这是由于股东出资不足造成的。典型的判决如下:由于股东“不能提供真实有效的证据以证明出资情况,这表明股东实际投入公司的‘资本显著不足’”。[38]

此外,“资本显著不足”与虚假出资、抽逃出资关系密切,在全部样本中,共有 26 个本质上处理的是虚假出资、抽逃出资问题,判决情况如表 2-2 所示。

2013 年《公司法》改革之后,实务中经常出现公司无法偿还到期

---

[37] 参见自贡新德运输贸易有限公司与四川洪雅西南水泥有限公司、四川西南水泥有限公司运输合同纠纷民事判决书(2018)川 1423 民初 1446 号。

[38] 参见季岐声、烟台市三固混凝土有限公司买卖合同纠纷民事判决书(2020)鲁 06 民终 491 号。

债务,但股东出资尚未届出资期限的情况。[39] 针对这种情况,也有原告以“资本显著不足”为由请求否认公司法人格。在全部样本中,共有19件涉及该问题,判决情况如表2-3所示。

表2-2 虚假出资、抽逃出资的判决结果

<table>
<tr><td colspan="2">判决结果</td><td>案例数量(件)</td><td>比例</td></tr>
<tr><td colspan="2">不成立虚假出资、抽逃出资</td><td>9</td><td>34.6%</td></tr>
<tr><td rowspan="2">成立虚假出资、抽逃出资</td><td>揭开公司面纱</td><td>5</td><td>19.2%</td></tr>
<tr><td>在虚假出资、抽逃出资的范围内承担补充责任</td><td>12</td><td>46.2%</td></tr>
<tr><td colspan="2">总计</td><td>26</td><td>100%</td></tr>
</table>

表2-3 股东出资未届出资期限而“资本显著不足”的判决结果

判决结果	案例数量(件)	比例
揭开公司面纱	6	31.6%
加速到期	5	26.3%
股东期限利益保护	8	42.1%
总计	19	100%

从表2-2和表2-3中可以看出,我国法院普遍能够认识到,揭开公司面纱是“最后救济手段”,因此使用频率较低。

2. 司法观点的归纳

案例中,法官支持以“资本显著不足”揭开公司面纱的情形如下。

第一,经营规模明显大于公司资本。在高雪诉和德公司案中,和德公司的资本仅为15万元,而和德公司系从事汽车及配件销售等业务的公司,从事了多笔汽车销售业务,故法院认定:该公司股东实际投入和公司的资本数额与和德汽车贸易公司经营所隐含的风险相比明

[39] 《九民纪要》第6条规定,原则上股东对未届出资期限的出资享有期限利益,例外情况下才能加速到期。表2-3中“股东期限利益保护”是指,公司虽然不能清偿到期债务,但法院既不揭开公司面纱也不判决加速到期,而选择保护股东期限利益。

显不匹配……其股东利用较少资本从事力所不及的经营，表明其没有从事和德汽车贸易公司经营的诚意，实质是恶意利用公司独立人格和股东有限责任把投资风险转嫁给债权人。[40]

第二，股东没有实缴资本，导致公司沦为空壳公司的。在昊凌公司案中，昊凌公司是一个认缴出资2000万元的建筑行业公司，但在承揽工程时没有实缴资本，被法院认定为空壳公司，法院据此认定公司“资本显著不足”而揭开公司面纱。[41]

第三，违反国务院相关规定的。在谷志萍诉吕冰案中，鑫海公司为房地产开发企业，注册资本为200万元，另有600万元注册资本被认定为虚假出资。该公司使用了近百倍的杠杆，违反了国务院关于固定资产投资资本金比例为2∶8的限制。因此法院认定该公司“资本显著不足”。[42]

第四，“资本显著不足”且无法证明公司财产独立的。在陈丽容诉富艺公司案中，被告佛山富艺公司向开发商购买涉讼商铺所在的物业时，涉及过亿元资金，而该公司仅由被告广东富艺公司、宝轮公司各出资50万元成立。法院认为，在存在如此巨额资金出入的情况下，三被告完全有可能也有义务提供被告佛山富艺公司的财务账册用以查核被告广东富艺公司、宝轮公司与被告佛山富艺公司的财产是否混同，以厘清上述两股东的法律责任，但三被告在诉讼中未能提供，三被告对此应承担举证不能的法律责任。[43]

司法观点中认为不构成“资本显著不足”，或虽然资本不足但是拒

---

[40] 参见高雪、襄阳和德汽车贸易有限公司买卖合同纠纷民事判决书（2019）鄂06民终2802号。

[41] 参见广州市昊凌建筑工程有限公司、王云涛装饰装修合同纠纷民事判决书（2020）粤01民终7959号。

[42] 参见谷志萍等与吕冰等民间借贷纠纷上诉案（2017）豫11民终828号。

[43] 参见陈丽容、谢泳兴与佛山市富艺置业有限公司商品房销售合同纠纷民事判决书（2019）粤0605民初14211号。

绝揭开公司面纱的理由则有以下几类。

第一,公司"以小博大"的方式进行经营并不违法。在程峰公司诉凯瑟薇庭公司案中,程峰公司仅以康扬庄公司注册资本为500万元,低于系争施工合同约定的工程造价,且尚未出资到位为由,主张康扬庄公司"资本显著不足"。该案法官指出,公司对外承担债务的财产并非以注册资本为唯一来源,公司"以小博大"的方式进行经营并不违法,因此法院拒绝揭开公司面纱。㊹

第二,公司注册资本与经营风险相匹配。在苗清平案中,金叁盈公司注册资本额仅为人民币3万元,负债却高达170.43万元。法院认为,金叁盈公司经营范围属于咨询服务类活动,并非主要依赖于密集资本投入。因而仅从其登记的注册资本金额,尚不足以证实金叁盈公司存在股东投入资本数额与公司经营隐含风险存在明显不匹配的情形。㊺

第三,正常经营亏损。在昌浩公司诉中铝公司案中,法院查明北京意科公司的实缴注册资本陆续增至6900万元。北京意科公司虽已申请破产,且债权人申报破产债权远高于公司注册资本,但此结果系企业正常经营问题,并无证据显示此结果与其"资本显著不足"存在关联关系。㊻ 在瑞唯斯公司诉快达公司案中,快达公司成立于2002年,两股东已履行出资义务,而快达公司至2019年11月才以其现资产20万元、负债260万元,已属资不抵债为由申请破产清算。法院指出,即使快达公司的资本数额与负债数额相差甚大,但快达公司是在正常经营了近20年后才申请破产的,结合公司的成立时间、股东的实缴出资

㊹ 参见上海程峰建设工程有限公司等与上海凯瑟薇庭实业有限公司等装饰装修合同纠纷民事判决书(2019)沪01民终15745号。

㊺ 参见苗清平、左红影委托合同纠纷民事判决书(2020)粤01民终4103号。

㊻ 参见温州昌浩光伏科技有限公司等与中铝宁夏能源集团有限公司股东损害公司债权人利益责任纠纷民事判决书(2020)京01民终3005号。

时间、负债时长、经营范围及市场环境等因素考虑，若要求公司股东在经营中随时根据负债情况而增加资本，会增加股东的投资风险，也不利于保证公司的运营效率，亦违背公司独立人格原则。[47]

第四，股东已经采取了相关降低风险的措施。在鲁仁光诉砂石公司案中，原告在提供劳务的过程中受伤，在未获得全额赔偿的情况下主张被告砂石公司注册"资本显著不足"。法院认为，被告砂石公司在成立后经营状况良好，且股东也投资采购了相关的设备并雇请了相关人员，因而原告并未提供确切的证据证实股东恶意利用公司独立人格和股东有限责任转嫁风险。[48]

第五，公司信息已完成披露。在陈金花诉新汇公司案中，法院指出，新汇公司已通过企业信息公示平台的方式，如实将其出资状况向债权人披露，债权人仍决定与该公司从事该交易的，即使存在"资本显著不足"的情形，亦不能以此为由要求股东对公司债务承担责任。[49]

四、对"资本显著不足"司法判断规则的再审视

从上面关于"资本显著不足"在揭开公司面纱制度司法适用中的实证分析来看，法院在面对债权人揭开公司面纱之诉时，应如何判断"资本显著不足"这一要件时，还是存在一些判断标准不清、认识模糊、类案不类判的问题。我们应该坚持公司独立人格和股东有限责任是公司制度的两大基石，揭开公司面纱制度具有模糊性，一方面要从严且准确把握适用要件；另一方面应将揭开公司面纱作为债权人的最后

---

[47] 参见广州市瑞唯斯电声电器有限公司与中山市快达电子有限公司、刘汉远、张善初等买卖合同纠纷民事判决书(2019)粤2071民初28998号。

[48] 参见鲁仁光与益阳市赫山区胜阳洲砂石有限公司、陈小三提供劳务者受害责任纠纷民事判决书(2019)湘0903民初2158号。

[49] 参见陈金花与内蒙古新汇商业管理有限公司、内蒙古维多利商业(集团)有限公司等房屋租赁合同纠纷民事判决书(2018)内0105民初3069号。

救济手段,尽可能在穷尽各种手段之后使用。[50]

在讨论资本显著不足如何判断之前,还应该特别强调,2013 年的公司资本制度改革取消了最低注册资本限额制度,这会不会导致“资本显著不足”制度的消亡呢?笔者认为不会。赵旭东教授指出,法律上没有最低资本要求,不意味着从事特定营业活动的公司没有最低资本的经营需求。[51] 从美国经验看,自 20 世纪 30 年代起,美国大多数州就陆续取消了法定最低资本制度,然而这并不妨碍“很多法院(在审理揭开公司面纱案件时)将‘资本显著不足’纳入考量范围”。[52] 在 Salem v. Schmidt 案中,俄勒冈州上诉法院明确指出:“俄勒冈州没有法定最低资本制度,但是公司必须在设立时即拥有充足的资本,以覆盖其应当合理预计到的债务,要考量的因素包括:公司业务的性质和规模,特定事业所伴随的风险以及正常的运营成本。”[53]

1. 完全认缴制下“资本”的内涵

我国公司法上,资本有两种可能的含义:一是指注册资本;二是指实缴资本。笔者认为,“资本显著不足”中的“资本”应指注册资本。实践中,有法院将“资本”理解为实缴资本,认为实缴资本“显著不足”就构成了“资本显著不足”。[54] 笔者认为,在实缴“资本显著不足”的情形下,法院应当首先根据《九民纪要》第 6 条的有关规定处理,只有当注册资本亦显著不足的情形下,法院方能考虑揭开公司面纱以救济债权人。在实证研究中我们发现,我国法院以“资本显著不足”为唯一事

---

[50] 参见朱慈蕴:《公司法人格否认:从法条跃入实践》,载《清华法学》2007 年第 2 期;石少侠:《公司人格否认制度的司法适用》,载《当代法学》2006 年第 5 期。

[51] 参见赵旭东:《资本制度变革下的资本法律责任——公司法修改的理性解读》,载《法学研究》2014 年第 5 期。

[52] See Robert C. Clark, *Corporate Law*, Little, Brown, 1986, p. 74.

[53] See Salem Tent & Awning Co. v. Schmidt, 79 Or. App. 475, 719 P. 2d 899, 904 (1986).

[54] 参见广州市昊凌建筑工程有限公司、王云涛装饰装修合同纠纷民事判决书(2020)粤 01 民终 7959 号。

由揭开公司面纱的比例(73.3%)明显高于理论预期。这一比例畸高的重要原因就在于,法院习惯于认为,若实缴资本数额很小,与注册资本差距很大,或认缴期限过长的,则公司就是空壳公司,那么就应当揭开公司面纱。[55] 应该说,实缴资本数额通常不作为"资本显著不足"的对照标准,因为认缴不等于不缴,股东应当于章程所规定的期限内实缴其注册资本。即便认缴期限很长,在公司不能偿债的特定情况下,债权人可以通过申请法院要求该股东出资加速到期,进而由公司偿还相关债务。特别是如果将实缴资本数额作为"资本显著不足"的判断标准,实际上等于抹杀了我国2013年《公司法》允许全面认缴制而给予股东的期限利益之红利。

同理,实践中有法院混淆了揭开公司面纱制度与股东瑕疵出资责任,认为股东虚假出资或抽逃出资的,也构成"资本显著不足"因而应当揭开公司面纱。[56] 其实,股东虚假出资、抽逃出资,或是未履行、未全面履行出资义务的,法院应当首先根据《公司法司法解释(三)》第13条的规定,要求股东全面履行出资义务并承担瑕疵出资责任。股东全面履行出资义务之后,公司的注册资本依然构成显著不足时,法院方能考虑揭开公司面纱制度的适用。例如,在坤超公司诉郭驯案中,法院认定被告的行为构成抽逃出资行为,原告主张被告对债务人所负债务承担无限连带偿还责任依据不足,但被告应当在抽逃出资的范围内承担补充赔偿责任。[57]

2."资本显著不足"判断的时点

"资本显著不足"考察的两个变量是资本数额与公司经营风险,因

---

[55] 参见广州市昊凌建筑工程有限公司、王云涛装饰装修合同纠纷民事判决书(2020)粤01民终7959号。

[56] 参见柯育池与江门市汇成地产代理有限公司等合同纠纷上诉案(2015)江中法民二终字第49号。

[57] 安徽省涡阳县坤超塑料再生有限公司诉郭驯等公司债权人利益责任纠纷案(2015)安民初字第6388号。

此判断的时点应当设定为这两个变量出现和剧烈变化的时间节点。具体而言,可以分为以下三种情形。

第一,公司设立之初。这是最没有争议的判断时点。[58] 威斯康星州最高法院指出:“资本是否充足应当以公司成立之初为标准进行衡量。有限责任下法律已要求股东为公司注入充足的资本,既然股东已资本到位,就无须为以后超出其原始资本的损失注入资金。因此,在成立之初拥有充足资本的公司不会再在以后被认定为资本不足,更不会仅凭商业损失而让股东承担个人责任。”[59]

第二,注册资本增加、减少后的判断。[60] 增加或减少注册资本,必然会对公司预防、化解风险的能力产生直接影响。即便初始注册资本相比于经营风险而言显著不足,但若股东增加注册资本,且增加后的注册资本不再明显不足的,那么就不能突破有限责任。反之,即便初始注册资本相比于经营风险并非显著不足,但若股东减少注册资本,导致减少后的注册“资本显著不足”的,此时应当认定为“资本显著不足”。

第三,公司经营范围、经营模式、经营方针进行重大变动后的判断。[61] 绝大多数公司业务的发展都是循序渐进的过程,经营的规模会随着时间的推移而逐渐放大,经营范围也可能会随之不断放宽,这是企业生命的必然阶段,是企业正常发展的必经过程。因此,只要公司

---

[58] See William P. Hackney & Tracey G. Benson, *Shareholder Liability for Inadequate Capital*, 43 U. Pitt. L. Rev. 837,898 (1982);朱慈蕴:《公司法人格否认制度理论与实践》,人民法院出版社 2009 年版,第 76 页;胡改蓉:《“资本显著不足”情形下公司法人格否认制度的适用》,载《法学评论》2015 年第 3 期。

[59] See Consumer's Co-op. of Walworth County v. Olsen, 142 Wis. 2d 465, 419 N. W. 2d 211, 216 (1988).

[60] 参见朱慈蕴:《公司法人格否认制度理论与实践》,人民法院出版社 2009 年版,第 75 页。

[61] 参见朱慈蕴:《公司法人格否认制度理论与实践》,人民法院出版社 2009 年版,第 75 页;胡改蓉:《“资本显著不足”情形下公司法人格否认制度的适用》,载《法学评论》2015 年第 3 期。

经营范围、模式、方针不是陡然地发生巨变，原则上就不应当要求注册资本随之发生变化。反之，若公司经营范围、模式、方针发生剧变，这意味着公司的经营风险被人为地急剧放大，此时在判断资本是否充足时，应当以变化后的公司经营风险与注册资本进行比较。

3. “资本显著不足”的测试公式

《九民纪要》指出，“资本显著不足”的判断标准有很大的模糊性，特别是要与公司采取“以小博大”的正常经营方式相区分。但如何具体区分，最高人民法院也没有给出明确的标准。这导致实践中不同法院的观点差异很大。例如，在前述高雪诉和德公司案中，和德公司的资本为 15 万元，从事多笔汽车销售业务，法院据此认为股东系恶意利用公司独立人格和股东有限责任。[62] 而在苗清平案中，金叁盈公司注册资本额为人民币 3 万元，负债高达 170.43 万元。法院依然不认为构成“资本显著不足”。[63]

针对这种情况，我国学者在借鉴美国经验的基础上，开出的药方为对比测试法，即将被告公司与其所在同行业、同地区、同规模的公司资本水平相比，进而判断公司资本是否充实。与此同时，他们还建议参考美国“熟练的金融分析师”标准，重视专家证言的作用。[64]

除此之外，Clark 教授提出的揭开公司面纱的汉德公式法也是比较有影响力的方法。[65] 在该汉德公式 中，B 是额外增加的股本的贴现现值；L 为公司经营失败情况下，自愿债权人和非自愿债权人将要承

---

[62] 参见高雪、襄阳和德汽车贸易有限公司买卖合同纠纷民事判决书(2019)鄂 06 民终 2802 号。

[63] 苗清平、左红影委托合同纠纷民事判决书(2020)粤 01 民终 4103 号。

[64] 同前注⑬，胡改蓉文；前注⑯，陈群峰文。

[65] 汉德公式(B < PL)是由 Learned Hand 法官在 Carroll Towing 案提出的。其中 B 是指预防事故的成本；L 是指一旦发生事故所造成的实际损失；P 是指事故发生的概率；故而 PL 是指(事先来看)事故的预期损失。汉德公式表明，只有在潜在的致害者预防未来事故的成本小于预期事故的可能性乘预期事故损失时，他才负过失侵权责任。United States v. Carroll Towing Co., 159 F. 2d 169, 173 (2d Cir. 1947).

担的损失;P 为公司因股本增加而使经营失败概率减少的部分;故而 PL 为公司增加所相应减少的债权人损失。如果 $B < PL$,则面纱将被揭开。[66]

汉德公式的优点在于,可以较为准确地测算出公司承担侵权责任的风险。对很多行业而言(尤其是交通运输业、建筑行业、化工业等公司侵权行为较为多发的行业),事故发生概率与事故损失都是易于确定的。我们以交通运输业为例进行说明。假设甲成立一个出租车承运公司,该公司面临的风险主要为交通事故。一个地区出现交通事故的概率是易于确定的,只需要计算该地一段时间内的交通事故总数,然后再除以该地区所有车辆在这一段时间内的行驶总里程即可。我们假设,该地区在某一年份内,机动车行驶每 30 万千米平均而言就会发生 1 起致人死亡和 2 起致人重伤的事故。而该出租车公司一共有 6 台出租车,在该年份一共行驶了 60 万千米。所以该公司面临的经营风险为一年内 2 起死亡事故及 4 起重伤事故。此外,特定地区在特定的几年间,死亡事故和重伤事故的平均赔偿数额也是相对固定的。我们假设每起死亡事故的赔偿额为 50 万元,每起重伤事故的赔偿额为 20 万元。因此该公司预期于一年内面临的赔偿总额为 140 万元。同时,该公司一年的利润也是确定的,我们假设为 100 万元。因此,在公司设立的第一年,只要该公司的注册资本大于 40 万元,就足以保证在正常经营的情况下,公司不会无法偿还债务,也不会因此而破产。在此后的年份中,只要公司分配利润的政策符合《公司法》的规定,没有抽逃出资、违法分红等行为,那么也可以推定公司的注册资本是充足的。

相比较而言,对比测试法侧重考察企业经营的整体性风险,既包

---

[66] See Robert C. Clark, *The Duties of the Corporate Debtor to Its Creditors*, 90 Harv. L. Rev. 505, 546 (1977).

括合同风险，也包括侵权风险、劳动风险、违法风险等非自愿之债的风险。而汉德公式更侧重考察非自愿之债发生的概率与损失。这两种方法都是可行的，法官可以根据具体案情的需要而择一或一并使用。

五、“资本显著不足”在自愿之债和非自愿之债中应区别适用

1. 自愿之债情形中“资本显著不足”原则上应当与其他因素配合适用

一般而言，自愿债权人不得单独以“资本显著不足”为由揭开公司面纱。公司“以小博大”的方式进行经营本身并不违法，甚至是主流的经营模式。现代公司的融资途径主要有两条：一为股权融资；二为债权融资。仅仅靠股权融资，企业的资金规模较小，发展较慢。但是通过举债“加杠杆”之后，企业掌握的资金可以是股权资本的若干倍，这有利于企业快速发展、扩张，迅速做大做强。根据国家金融与发展实验室公布的数据，我国实体经济部门的宏观杠杆率为 270.1%（2020 年 9 月数据）。[67] 这意味着，宏观地看我国实体企业的负债为股权资本的约 2.7 倍。由此可以推知，大多数公司在一定程度上要通过借新还旧的方式维持资金链的运行，“以小博大”是经济的常态。倘若法院扩大“资本显著不足”的适用范围，由于股东会担心自己的个人财产遭到公司经营失败的牵连，必然会导致经济上杠杆率的快速下降，这不符合现代化的经营模式，会极大地降低投资率和经济活力，对宏观经济的运营造成巨大的系统性影响，乃至有触发经济危机的可能性。这也是《九民纪要》强调公司人格否认要“审慎适用”的原因。

倘若说“以小博大”会对非自愿债权人的利益产生负外部性的话，

---

[67] 数据来源：中国社会科学院国家金融与发展实验室网站，http://114.115.232.154:8080/，2021 年 1 月 12 日访问。

对自愿债权人而言,特别是对“大型机构投资者”(large institutional holders)而言则不存在。这是因为自愿债权人能够在交易前对公司的资本状况和资产状况进行调查,可以决定是否与公司进行交易,也可以设计或采取相应预防措施。同时,自愿债权人还可以提高价格,以此来补偿公司资本不足所可能引发的风险。[68] 因此,“以小博大”的负外部性已经被市场消化了,已经转换为内部成本,被包含到公司与自愿债权人的交易成本之中。当然,在自愿债权人能够举证公司存在人格混同、过度支配与控制的情形下,“资本显著不足”可以作为辅助性要素,促成公司面纱的揭开。

要特别指出的是,在某些特定情况下,自愿债权人的“自愿”程度是不足的,此时应增加“资本显著不足”在揭开公司面纱中的权益,以便更好地保护自愿债权人。这些情况如下。

第一,股东提供了虚假的资本信息或资产信息欺诈债权人的。[69] 在这一情形下,债权人虽然表面上是“自愿地”作出意思表示,但由于其主观上受到欺诈,在实际效果上其地位完全等同于非自愿债权人。在柯育池诉汇成公司案中,被告公司明知征地已无法进行,仍以公司名义实施欺诈,骗取原告签订合同。公司成立后,除收取投资者的投资款外,没有其他经营业务。本案的法院指出,此时公司人格成为股东欺诈的工具,其行为实际上是利用公司法人格实施侵权的行为,已构成对公司法人格的滥用。[70] 在陈金花诉新汇公司案中,新汇公司如实将其出资状况向债权人披露,债权人能够据此评估自己的投资风

---

[68] See Richard A. Posner, *The Rights of Creditors of Affiliated Corporations*, 43 U. Chi. L. Rev. 499, 503 (1976); Frank H. Easterbrook & Daniel R. Fischel, *Limited Liability and the Corporation*, 52 U. Chi. L. Rev. 89, 100 (1985); 朱慈蕴:《公司法人格否认制度理论与实践》,人民法院出版社 2009 年版,第 97—98 页。

[69] 同前注⑯,陈群峰文。

[70] 参见柯育池与江门市汇成地产代理有限公司等合同纠纷上诉案(2015)江中法民二终字第 49 号。

险,因此“资本显著不足”不能揭开公司面纱。[71] 反之,倘若公司和股东没有披露,或没有如实披露,则自愿债权人无法正确评估自己的投资风险,因而“资本显著不足”就可以适用非自愿之债的揭开公司面纱制度。以上两案的判决也体现了“公共政策目标理论”的基本法理,即揭开公司面纱的作用之一在于阻止股东通过欺诈获取信用。[72]

第二,劳动之债。[73] 虽然职工与公司签订有劳动合同,表面上职工亦属于自愿债权人。但是,职工往往是没有商业经验的人,很多职工在入职之前不会或没有能力对公司的资本状况进行详尽调查。而且职工为求职者,绝大多数职工在与公司的谈判中处于明显不利的地位,没有办法通过增加工资等手段补偿他们可能遇到的风险。一旦遭遇工伤等损害,若公司“资本显著不足”,则职工利益受损甚巨,明显不公,且对于社会稳定、社会总体福利都是巨大危害。此外,职工的经济实力一般而言都较弱,在遇到损害时,也难以聘请优秀的律师或专家支持自己。[74] 有鉴于此,职工对工作单位享有的债权应当被视为非自愿债权。

第三,公司的资本状况不满足法律、行政法规或监管部门之监管规定的。“公共政策目标理论”指出,可以为了满足现行法律或规制的目的而揭开公司面纱。[75] 这在我国已有实例。例如,国务院对固定资产投资项目的资本金管理有着明确规定,“实行资本金制度,合理确定

---

[71] 陈金花与内蒙古新汇商业管理有限公司、内蒙古维多利商业(集团)有限公司等房屋租赁合同纠纷民事判决书(2018)内0105民初3069号。

[72] 同前注[27],Jonathan Macey & Joshua Mitts文。

[73] 参见朱慈蕴:《公司法人格否认制度理论与实践》,人民法院出版社2009年版,第100页。

[74] 有学者认为,侵权债权人经济实力较弱,可能就非自愿债权人起诉数量较少的原因。See John H. Matheson, *The Modern Law of Corporate Groups: An Empirical Study of Piercing the Corporate Veil in The Parent – Subsidiary Context*, 87 N. C. L. Rev. 1091, 1122 (2009).

[75] Jonathan Macey & Joshua Mitts, *Finding Order in the Morass: The Three Real Justifications for Piercing the Corporate Veil*, 100 Cornell L. Rev. 99, 115 (2014).

并适时调整资本金比例,是促进有效投资、防范风险的重要政策工具”。[76] 股东资产投资公司有义务满足国务院对资本金比例的监管要求,不满足者显然构成“资本显著不足”。[77]

此外,我国还保留了部分公司的最低注册资本限额。[78] 这些公司的注册资本没有满足最低注册资本限额的,当然构成“资本显著不足”。[79] 当然,对这些公司而言,即便达到了最低注册资本限额,也不一定就“资本充足”。这是因为,法定最低注册资本只是对于整个行业或公司类型的最低规定,每个公司的经营规模是一样的,面临的经营风险也大小有别。法定最低注册资本额,与特定公司的经营风险,没有必然联系。[80]

第四,债务人为一人公司,且股东不能证明公司财产独立于股东自己财产的。面对这一类型的公司,资本的证明十分重要,依据为2013年《公司法》第63条。其法理为:一人公司的治理结果相对简单,容易形成公司法人格滥用的局面。[81] 从我国的司法实践看,一人公司的股东无法证明公司与股东财产独立,且公司无法偿还到期债务的,因“资本显著不足”而被揭开的概率为100%。

---

[76] 最新规定为《国务院关于加强固定资产投资项目资本金管理的通知》(国发〔2019〕26号)。

[77] 参见谷志萍等与吕冰等民间借贷纠纷上诉案(2017)豫11民终828号。

[78] 参见《国务院关于印发注册资本登记制度改革方案的通知》(国发〔2014〕7号)。

[79] 在取消最低注册资本限额制度之前,我国法院普遍认为只要公司资本低于法定注册资本最低限额,则公司一定构成“资本显著不足”,公司股东应对公司债务承担连带清偿责任。例如,陈某与上海甲广告有限公司等股东滥用公司法人独立地位和股东有限责任赔偿纠纷案(2010)沪一中民四(商)终字第1648号。

[80] 参见程雅涵:《论“资本显著不足”情形在公司法人人格否认中的相关适用》,清华大学2016年硕士学位论文。

[81] 参见朱慈蕴:《公司法人格否认制度理论与实践》,人民法院出版社2009年版,第44页。

2. 非自愿之债中“资本显著不足”应为揭开公司面纱的重要因素，甚至可以是唯一因素

理论界普遍认为，在公司“资本显著不足”的情况下，非自愿债权人能够主张揭开公司面纱。[82] 理由为：非自愿债权人是公司“以小博大”负外部性的受害者，且没有机会预防该损害的发生。在市场失灵的情况下，为了追求社会公共利益的最大化，合理的解决方案是将负外部性内在化。[83] 也就是由公司的实际控制者——积极股东或董事对侵权损失承担兜底性的补充责任。这一理论预设并不与我国的实证数据冲突。我国目前只有 3 件由非自愿债权人提起的“资本显著不足”型揭开公司面纱案例，案例数量过少，不足以说明非自愿之债情形下揭开率的高低。

进一步而言，鉴于非自愿债权人以“资本显著不足”提起揭开公司面纱之诉的数量尤为稀少，仅占全部诉讼数量的 3.09%（3/97），而举证困难当为诉讼数量稀少的重要原因。笔者认为应当强化“资本显著不足”事由在非自愿之债情形中的作用，甚至可以作为唯一要素揭开公司面纱。其理由在于：相比于自愿债权人，非自愿债权人的举证难度更大，因此败诉的风险更高。作为被动地与公司发生法律关系的非自愿债权人，基本不可能对公司经营、财产状况进行完全透彻的调查，无法有效掌握公司的经营状况和资本结构，提供有利于自身的证据。[84] 公司资本额是公开数据，资本额是否充足是非自愿债权人能够举证的少数证据之一。申言之，为保护非自愿债权人的利益，当公司资本额

[82] See William P. Hackney & Tracey G. Benson, *Shareholder Liability for Inadequate Capital*, 43 U. Pitt. L. Rev. 837, 860 – 869 (1982); Frank H. Easterbrook & Daniel R. Fischel, *Limited Liability and the Corporation*, 52 U. Chi. L. Rev. 89, 113 (1985)；胡改蓉：《“资本显著不足”情形下公司法人格否认制度的适用》，载《法学评论》2015 年第 3 期。

[83] 参见[美]曼昆：《经济学原理》（第 7 版），梁小民、梁砾译，北京大学出版社 2015 年版，第 214 页。

[84] 参见程雅涵：《论“资本显著不足”情形在公司法人人格否认中的相关适用》，清华大学 2016 年硕士学位论文。

与非自愿债权人所遭受风险极度悬殊时,法院可以采“独立适用说”,将“资本显著不足”作为单一要件揭开公司面纱。如若要求非自愿债权人于“资本显著不足”之外,再补充其他证据以证明公司独立人格被滥用,将对非自愿债权人过于严苛。

六、结论

在处理“资本显著不足”型揭开公司面纱案件时,法院应当区分非自愿之债情形和自愿之债情形。在前者中,“资本显著不足”是揭开公司面纱的重要因素,甚至可以成为唯一要素。而在后者中,“资本显著不足”原则上只能作为辅助性因素而存在;但在例外情况下,即股东欺诈、劳动之债、公司资本不满足监管要求、一人公司无法证明公司与股东财产独立时,自愿之债可以准用非自愿之债的揭开规则。“资本显著不足”中的“资本”,指的是公司的注册资本,不仅包括实缴资本,也包括待缴资本。存在股东出资尚未到期或股东瑕疵出资情形的,应当首先适用一般性规则。股东完全履行其出资义务,但注册资本仍“显著不足”的,方才考虑法人格否认制度的适用。“资本显著不足”判断的时点,既包括公司设立之初,又包括增加、减少注册资本之后,还包括股东对公司经营范围、经营模式、经营方针进行重大变动之后。在“资本显著不足”的判断方面,法院可以采用对比测试法、汉德公式法等具体方法。

第三节　公司社会责任的实践

传统的经济学理论和公司法理念认为,公司的营利性特征决定了公司只需全力为追求股东利益最大化服务,公司如果能尽可能高效率地使用资源以生产社会需要的产品和服务,并以消费者愿意支付的价格销售它们,公司就尽到了自己的社会责任。进入 20 世纪以后,随着工业化的迅猛发展和现代大公司的蓬勃兴起,一系列社会问题的出现导致了人们对前述理念的质疑。从 20 世纪初的 Berle – Dodd 论战开始,无数智慧被投入到对公司社会责任理论的研究中。可以说,公司的社会责任理念改变了对公司本质的认识,它甚至已经无可逆转地改变了我们对于人类的理解。①

一、公司社会责任的界定

对于公司社会责任,国内外学界始终未能形成一个普遍接受的明确定义。学者们只是提出问题,指出解决问题的方向,“描绘寻找上帝之城的蓝图”。尽管公司社会责任的内容、范围、性质并不彻底清晰,但它在公司及经济领域

---

① ［法］弗朗索瓦·多斯:《从结构到解构》,季广茂译,中国编译出版社 2004 年版,第 11 页。

中的作用毋庸置疑。[②]

从社会思潮的角度来看,公司社会责任的定位主要经过了以下四个阶段。20 世纪 70 年代,公司社会回应(Corporate Society Responsiveness)的概念被引入到公司社会责任理论的视域内。该理论认为,将企业置于社会领域中,以公司的社会责任为理念,以企业创造性的社会决策为过程,其社会决策导致社会行动即社会回应功能的运行,最终达到社会更加有效的理想结果。公司社会责任正是这个序列的开端。[③] 20 世纪 80 年代,公司社会表现(Corporate Society Performance)的概念再次丰富了公司社会责任理念。该理论认为,公司社会表现指公司行为的结果,反映了公司社会责任准则、社会回应过程和用于解决社会问题的政策之间的相互作用。[④] 20 世纪 90 年代,相关利益者理论逐渐独立出来并系统化,成为这一时期公司社会责任的主流思潮。相关利益者理论明确了公司社会责任中"社会"一词的范畴,解决了公司应对谁负责的问题;同时,该理论发展出了衡量公司社会责任的计量方法,即用多重利益相关者的效用加权来表示公司社会责任的执行效果。[⑤] 进入 21 世纪后,公司公民(Corporate Citizenship)概念也被学者用来诠释公司的社会责任,强调对有关社会问题和利益相关者的广泛关注,强调社区的地位和基于"回馈"的慈善。但总的来说,公司公民理念仍是植根于相关利益者理论的,该理

---

② Sheikh Saleem, *Corporate Society Responsibility*: *Law and Practice*, London: Cavendish Publishing Limited,1996, p.15.

③ Davis Keith,L. Blomstorm Robert, *Business Society and Environment*, McGraw-Hill Book Company,1971, p.91.

④ L. Wartick Steven L. and Cochran Philip, *The Evolution of the Corporate Society Performance Model*, Academy of Management Review, Vol. 10(4), p.758.

⑤ 美国学者 Ruf、Muralidhar 等将该思想函数化为 $CSP = \sum w_j \times a_j$。See M. Raf Bernadette, Muralidhar Krishnamurty and Paul Karen, *An Empirical Examination of the Relationship Between Corporate Social Responsibility and Profitability*, Academy of Management Journal, Vol. 28(2),1998,p.446-463.

论被认为是用于评估公司社会责任的最为密切相关的理论体系。⑥

从界定方式的角度来看,公司社会责任的界定有外延式和内涵式两种方法。一方面,英美学者一般不注重给社会责任下定义,多采取外延列举式的方法罗列所谓"负责任的行为"。如美国经济发展委员会在《商事公司的社会责任》的报告中列举了多达58种要求公司付诸实践的、旨在促进社会的进步的行为,涉及了10个领域。同时,他们又将这些数量众多、范围宽泛的社会责任行为分为两类:一是自愿性的行为,由公司主动实施并由公司在其实施中发挥主导作用;二是非自愿的行为,这些行为由政府借助激励机制引导,或者通过法律法规的强行约束来落实。⑦ 另一方面,偏重于采用内涵式界定法的英美学者又大致分为两派,一派在公司的责任项下讨论公司的社会责任,将公司的责任分为四种,即公司的经济责任、公司的法律责任、公司的道德责任和公司的社会责任,并首先对公司的经济、法律、道德责任进行分析和界定,然后采用对比的方法对公司的社会责任作出说明;另一派则将公司社会责任看作涵盖了经济责任、法律责任、道德责任因而几乎与公司责任相类似的概念。⑧

在大陆法系,许多研究公司社会责任的学者也从不同角度勾画出了公司社会责任的基本面貌。有学者将公司的社会责任与个人的社会责任相类比,作为个人有权在社会中追求幸福快乐,实现个人利益的最大化,但其行为仍然必须符合社会行为规范的要求。同样地,公司虽然以营利为目的,但公司的营利性行为也必须符合"社会性的负

---

⑥ J. Wood Donna and E. Jones Raymond, *Stakeholder Mismatching, A Theoretical Problem in Empirical Research on Corporate Society Performance*, International Journal of Organizational Analysis, Vol. 3 (3), p. 229.

⑦ Social Responsibilities of Business Corporations, *A Statement on National Policy by the Research and Policy Committee of the Committee for Economic Development*, June 1971, p. 36 – 40.

⑧ 卢代富:《企业社会责任的经济学与法学分析》,法律出版社2002年版,第71—77页。

责行为”(socially responsible conduct)这样一个标准。因而,公司的社会责任,是指营利性的公司,在其决策机关确认某一事项为社会上多数人所希望后,该营利性公司便应放弃营利性意图,以符合多数人对该公司的期望。[9] 有学者认为,所谓公司的社会责任,是指公司不能仅以最大限度地为股东们营利或赚钱为自己的存在目的,而应当最大限度地增进股东之外的其他所有社会利益。这种社会利益的主体是非常广泛的,从雇员到债权人再到整个社会的公共利益,但主要包括与公司存在和运营密切相关的股东之外的利害关系人。[10] 还有学者将企业的社会责任,概括为企业在谋求利润最大化之外所负有的维护和增进社会利益的义务。[11]

总的来说,公司的社会责任是指公司应对股东这一利益群体以外的,与公司发生各种联系的其他相关利益群体和政府代表的公共利益负有的一定责任,主要是指对公司债权人、雇员、供应商、用户、消费者、当地住民以及政府代表的税收利益等。

二、法律责任是公司社会责任的底线

公司社会责任概念的发展是在与传统的崇尚公司以追求股东利益最大化这一公司经营理念相对抗的过程中慢慢发展起来的,是对公司利润最大化这一原则的修正和补充。但是,公司的社会责任怎样体现,怎样实现,有没有具体标准或者具体义务?这些问题摆在我们面前。20 世纪 70 年代,日本曾经开展过一场从法学角度探讨公司社会责任的讨论,形成了如下三种观点:[12]第一种观点将公司的社会责任解释为法律上的一种责任,从社会义务、法的责任意义、法概念、反独占

---

⑨ 刘连煜:《公司治理与公司社会责任》,中国政法大学出版社 2001 年版,第 66 页。

⑩ 刘俊海:《公司的社会责任》,法律出版社 1999 年版,第 7 页。

⑪ 见前注⑧,卢代富书,第 96 页。

⑫ 朱慈蕴:《公司法人格否认法理》,法律出版社 1998 年版,第 302—305 页。

的法理等多角度阐述了公司的社会责任;第二种观点则认为,公司社会责任并不是法律上的责任,公司履行社会责任只是尽企业道义上的义务,但这属于公司自律性的责任;第三种观点否认社会责任的概念是一个独立的法概念,而认为只是一种"手段"或"调节机能"。时至今日,应该说,第三种观点的谬误已经不证自明,而第一种观点和第二种观点仍有现实意义。笔者认为,虽然道德准则在公司社会责任理念中至关重要,但是,公司社会责任的首要内容应当是法律责任。而法律责任通过以下方式表现。

第一,以原则性立法确立公司的社会责任。公司社会责任原则性立法的主旨虽然带有宣示性作用,但毕竟表明的是法律的态度。自20世纪中叶以来,公司社会责任立法化趋势明显。公司法中体现公司社会责任的规定,最早可见于1937年的德国《股份公司法》,其中规定公司董事"必须追求股东的利益、公司雇员的利益和公共利益"。英国也在1980年修改公司法时,规定董事必须考虑雇员的利益。最为引人注目的是美国法律研究所在1984年4月提供了一份关于《公司治理原则:分析与劝告》的建议,其中第2.01条关于"公司的目的与行动"的规定,显然扩大了公司的目的,使公司不仅具有追逐公司利润和股东利益的经济目的,而且要对社会负有一定的责任。⑬ 公司在追求公司利润与股东收益这个经济目标的同时,也必须同时兼顾其社会使命,公司以及公司的管理人可以为符合社会需求"合法地"为一定行为,从而承担其社会责任。我国2018年《公司法》第5条亦明确规定公司应当承担社会责任。虽然就法条本身而言,该项规定表现为一种宣示性条款,但已充分体现我国通过成文法的方式落实公司社会责任

⑬ 该草案第2.01条规定,商业公司从事商业行为,应以提升公司的利润和股东收益为目标。唯有下述情形之一者,则不问公司利润与股东收益是否因此提升;(1)应与自然人在同一程度内,受法律的约束而为行为;(2)得考虑一般认为适当的伦理因素,以从事负责任的营业行为;(3)得为公共福利、人道主义、教育和慈善目的,捐献合理数目的公司资源。

的一种努力。

第二,与时俱进地将日益明确的社会责任具体内容通过立法的方式予以颁布,强制公司执行,一旦违法要受到严厉的法律制裁。这是运用法律强制手段规管公司履行社会责任的硬约束。当然,公司的社会责任之法律规范,并不意味着只体现在公司法中,而是需要多种法律机制的配合,在整个法律体系中贯穿这一公共政策。比如,就保护消费者利益而言,有效的法律措施恐怕是管制产品安全,强化产品责任的损害赔偿和强制披露产品成分和性能,而不是让消费者代表进入公司董事会;至于环境保护、强制性法律措施比公司监管和自我约束要可靠得多。[14] 因此,充分利用现有法律资源,对之加以整合,共同解决公司社会责任不失为一条可行的途径。

我们不可否认,立法化不等于强制性,但立法化对公司履行社会责任的约束性依然强于一般的道德约束。以美国应对公司间"恶意收购"时公司董事应将其他利害关系人利益予以考虑之立法为例,在20世纪80年代,美国发生恶意收购浪潮,大量公司职工被解雇,使得被收购公司的小股东、职工、债权人乃至社区都会受到影响。在这种情况下,1983年年底,美国宾州(Pennsylvania)首创以制定法的方式,特别授权公司董事在公司收购之决策时,得考虑股东以外之团体的利益。后各州群起仿效。尽管这些"其他利害关系人"条款,除了康涅狄格州,均非采取"强制"形式,股东以外之利害关系人可否以公司董事未将其利害关系纳入决策考量而请求董事损害赔偿,亦不确定,[15]但毕竟在公司实践中,无论是相关利益者还是司法机关,都可以尝试运用这样的法律条文,进行股东利益和相关利益者利益的权衡。

借助法律手段落实公司社会责任无疑是一种极为直接的约束方

---

⑭ 见前注⑨,刘连煜书,序言第3页。

⑮ 见前注⑨,刘连煜书,第161页。

式。但是,公司社会责任立法化似乎也面临着一个普遍的棘手问题,就是这种责任在法律上往往难以完全细化,即法律对公司社会责任的规定多为原则性规定。因此,要有效落实公司的社会责任,必须借助道德准则来填补法律规定的空缺。

三、道德准则是公司社会责任的理想

道德准则对公司的社会责任之内涵相当重要,道德标准反映了公司社会责任的价值追求。从公司社会责任兴起的思想制度背景来看,公司社会责任实质上就是对公司角色的伦理反思。亚当·斯密在《国富论》中的经典描述刻画了20世纪以前社会对于公司角色的基本定位。这一经典描述无非是说,公司只要实现了自身利润最大化,社会利益的目标便自然可以实现,公司也就恰当地履行了其之于社会的全部责任。在这一时期,商业道德对公司社会责任的要求仅言尽于此。然而,20世纪以来,随着社会经济的发展,公司规模和影响力的扩大,公司的公共性维度显著增加,公司行为及其效果已经超出了个体行为的范畴而开始辐射社会和利益相关群体,具有了"权力"的色彩和特质。"权力—责任模型"在公司法领域的构建和成熟更新了此期的商业道德,从而对公司社会责任提出了全新的要求。公司在获得这种社会权力的同时也就意味着它们必须向社会承担相应的责任。一个拥有权力的组织必须对权力拥有者之外的意见承担责任。[16] 既然公司以更为强有力的权力行使者的姿态影响了社会经济生活(甚至政治生活),那么它也必须以更为积极的姿态来承担因权力行使而产生的社会责任。只有如此架构,才能为现代公司行为重塑合理性,才是符合现代商业道德原则之伦理规范的合理安排。

---

⑯ Hurst James Willard, *The Legitimacy of the Business Corporation in the Law of the United States*, University of Virginia Press, Charlottesville, 1970, p. 58.

其实,公司追求更高的道德准则的动因在于公司作为社会组织体自身。这是因为,公司首先是一种经济体,追求经济利益最大化不仅是股东的愿望,也是来自经济体自身的内在追求;但是,公司还是一种社会组织体,这种社会组织体有两方面的意义。其一,它生产的商品或者提供的服务不是也不可能是为自己需要而生产,而必须是社会需要的,符合社会公共利益要求的。如质量上乘、成本低廉、无毒无害、无任何其他负外部效应等,而这恰恰是公司社会责任的所要实现的理想。所以,从这个意义上讲,公司追求经济利益最大化的目标和实现社会责任的目标是一致的。其二,公司作为社会体是区别于自然人的一种社团,因此,围绕着公司形成内外两种关系。就外部关系而言,主要是市场交换行为,规范这一交易的是"市场的伦理",即商业道德。在市场伦理体系中,"遵守合同"被认为是美德,鼓励诚实的商业行为。但是,市场伦理的终极目标在于追求自己的利益,所以它不可能鼓励自我牺牲的行为。而内部关系强调的是公司作为共同体进行内部管理,它所遵循的是"管理的伦理"。在管理的伦理体系中,最终的目标不是单个个人,而是其所属的组织获得成果。为了使成员自发地作出自我牺牲,就需要有赞赏自我牺牲的伦理规范,让成员把公司看作宁愿牺牲自己也必须维护的某种崇高的价值体现。如果说企业存在的理由就是使金钱利益最大化,职员就不会认为这是牺牲自己也要维护的价值。对职员来说,公司必须是超越金钱利益的存在。因此,公司必须提倡"管理的伦理"以调动员工的积极性,而这需要以股东利益与职工利益的平衡为前提。

概言之,一方面,公司社会责任是一种法律责任,各国法律大多明确规定了公司需向社会承担的责任和履行的义务,反映了一定社会对公司基本社会责任范围的设定以及以法律制度来落实公司社会责任的预期;另一方面,公司社会责任本身的意义更在于道德准则,这在不同学者的语境中又多样化为伦理责任、慈善责任等。道德准则一般不直接规定于法律之中，故而它的落实主要依靠市场、舆论、风俗、习惯等法律之外的非正式的制度安排。

四、公司社会责任在法律责任与道德准则的融合中落实

理论上对公司社会责任的阐述，终究是为了在实践中能够执行。公司社会责任的落实，既离不开法律责任的“硬约束”，也离不开道德准则的“软约束”，在某些领域内，法律责任和道德准则的融合趋势已初见端倪。我们需要有责任感的经济原则，我们必须用法律发展这种原则，并将它植根于我们的商业伦理之中。[17] 但是违反道德准则也会带来一定的不利后果，只不过这种不利往往不如法律责任所导致的不利那样直接和确定，它是凭个人良心和社会舆论保证实现的“软约束”。正是在这一意义上，被称为“公司社会责任之父”的美国学者Howard R. Bowen 在其 1953 年发表的划时代著作《商人的社会责任》中指出，公司社会责任从属于自愿原则。道德准则的软性特征使得其在约束公司责任问题上具有较大的弹性，能够将法律责任难以明确在内的内容作为道德性要求进行倡导；但自愿原则支配之下的公司社会责任由于缺乏强制性措施保障，更容易沦为一纸空文。“公司控制媒体、影响政府，其权力如此强大，影响如此广泛，以至于自愿原则已经不能有效地约束公司”，公司社会责任的有效性应该建立在“社会控制公司”的基础上。[18] 而社会控制公司的最有力手段就是法律。道德准则能够法定化为法律责任的，就通过国家力量保障某些道德标准的实施；道德准则无法法定化的，则可作为补充责任，为法律责任所未能规定的要求兜底。

---

⑰ Clark J. Maurice, *The Changing Basis of Economic Responsibility*, Journal of Political Economic, Vol. 24(3), 1916, p. 210.

⑱ Epstein Edwin, *Rationality, Legitimacy, Responsibility: Search for New Directions in Business and Society*, California: Goodyear Publishing Company, Inc., Santa Monica, p. 122.

那么,怎样在法律责任与道德准则之间架构一座桥梁以便公司的社会责任得以落实?

首先,完善公司治理是落实公司社会责任的关键。我们知道,法律责任和道德准则在约束公司社会责任问题上面临着共同的困境。一方面,道德准则的内容难以成文化,使其作为约束公司社会责任的手段时具有"软约束"特性,可谓先天不足;另一方面,虽然法律责任将公司社会责任的内容成文化并且"硬约束",但成文化的立法所无法避免的法律漏洞、挂一漏万以及滞后性的不足,可谓后天缺陷。因此,尽管程度有所不同,法律责任和道德准则在约束公司社会责任时都具有一定的模糊性,而规范的模糊性决定了法律责任和道德准则都必须强调人的主观能动性。公司治理者在进行商业决策时,应按照法律规定考虑利害关系人利益,并应按照道德准则的要求行事。第一,以倡导利润最优化(profit optimization)或满足利润(satisfice opti-mization)来取代利润最大化作为现代化的公司治理目标。⑲ 在利润最优化的治理目标下,公司治理层不必再以最大化股东利益为公司治理的唯一目的,而应通过增加收入并追求对社会有直接影响的非金钱目标来优化公司利益。第二,应使公司治理层认识到,短期利润最大化的行为可能会损害长期生存,认同社会责任可以使得公司被社会接纳,这是公司持续经营所必需的。⑳ 第三,公司承担社会责任未必就必然损害股东的利益。一方面,在分散化持股的当代社会,股东能从公司的非自利行为中获取更为广泛的利益。另一方面,如果公司治理层能够带领公司按照社会的利益行事,那么就可以避免滥用自由经济,也可以免

---

⑲ Sheikh Saleem, *Corporate Society Responsibility*: *Law and Practice*, London: Cavendish Publishing Limited, 1996, p. 21.

⑳ G. Manne Henry, C. Wallich Henry, *The Modern Corporation and Social Responsibility*, Washington D. C.: American Enterprise for Public Policy Research, 1972, p. 52 – 55.

除政府过度管制的危险，这自然是有利于股东投资利益的。

其次，通过第三方认证方式推进公司履行社会责任。在此值得一提的是 SA8000 社会道德责任标准，该标准是法律责任与道德准则的最好融合。2001 年，社会责任国际咨询委员会负责起草社会责任国际标准，该机构从第三方认证的角度出发，设计了 SA8000 标准和认证体系，确定了九个主要内容。诸如企业不应使用或支持使用童工；企业不得使用和支持使用强迫性劳动；企业应提供安全、健康的工作环境；企业应尊重结社自由和集体谈判权；企业不得从事或支持对劳工的各种歧视；企业不得从事或支持对劳工的惩戒性措施；企业应遵守工作时间的规定；企业应保证达到当地的最低工资标准；企业应制定有关社会责任和劳动条件的政策等。[21] 随着对 SA8000 的不断修订和完善，该标准最终将会发展成为一个覆盖道德、社会和环境等范围很广的标准。SA8000 不仅大量使用了强制性的法律语言，比如“不得”“应当”，更为重要的是提供了一致性的审核标准。在公司将 SA8000 纳入其日常管理规范，并将其行为表现测定结果向有关各方公开之后，才能够确认公司正在实施该标准。当然，SA8000 并未规定违反这些标准的法律后果，但其运用第三方认证的方式，使其在保障有关各方的权益和辅助管理方面起到了推动作用。

最后，通过社会契约的方式落实公司的社会责任。比如，为鼓励公司将其赢利的一部分回馈社会，可以通过签订捐赠合同约束公司对社会捐赠行为的承诺。还有一些公共产品或者公共服务的提供，亦可通过社会契约方式，由公司承担。采用合同方式的优势在于，当公司违反合同，即使是单方合同，也可以通过追究其违约责任的方式“强制”其社会责任的履行。

㉑ 参见 Social Accountability 8000。

五、结论

总的来说,公司社会责任首先是一种法律责任,法律责任为公司社会责任设定了最低标准;同时,公司社会责任的意义更在于道德准则,道德准则反映了公司社会责任的价值追求。公司社会责任的落实,既离不开法律责任的“硬约束”,也离不开道德准则的“软约束”,其基本联结点在于公司治理层。这是因为,法律责任的“硬约束”和道德准则的“软约束”都必须通过对公司行为的规范来实现,而引领公司行为、进行商业决策的主体正是公司治理层。因此,公司治理层能否按照法律规定和商业伦理为决策行为,最终决定了公司的社会责任能否真正落实。当然,还可辅之以第三方认证方式,“强化”公司治理层积极实施公司的社会责任。如果公司治理层能够引导公司从一个更大的系统中看待问题,就可以促进人与人之间、人与环境之间的和谐。[22]

---

[22] Davis Keith, *Five Propositions for Social Responsibility*, Business Horizon, June, 1975, p. 24.

第三章

公司资本制度的改革

第一节 股东出资义务

一、问题的提出

众所周知，公司是拟制法人，其与自然人的最大不同在于其人格的构成需要基于公司的资本。没有与公司所从事的业务性质及规模相匹配的资本，其独立人格无法有效形成。当公司具备必需的资本而有效成立并合规经营时，其独立人格就将出资人（股东）的风险责任锁定在其出资范围内，而不会因公司经营失败让股东承担更多责任。股东不承担出资以外的责任，并不意味着这些损失自动消失，事实上它们将由公司的债权人来承担。对公司债权人而言，来自出资人投入公司的资本将成为债权人利益保护的基本气垫（cushion），超出这个气垫范围的风险将由自愿与公司进行交易的债权人买单。这就是公司独立人格制度的真谛所在。

然而，综观全球公司制度的演进，我们发现，公司法一直以鼓励投资人设立公司为出发点，因为只有参与市场经济活动的公司增多，市场交易才可能活跃。我国公司法制的历史虽然较短，但回顾其发展轨迹亦如此。主要表现如下。一是一再降低法定最低资本额的门槛，直至将门槛取消而彻底放弃最低资本额。如我国 1993 年《公司法》分门别类地规定公司法定最低资本额,2005 年《公司法》则从有限公司入手,将法定最低资本额降到对于商人而言几乎可以忽略不计的 3 万元。2013 年配合工商登记制度改革的需要,无论是有限公司还是股份公司,都彻底放弃法定最低资本的要求,这意味着 1 元资本也可以设立公司。二是出资的类型从价值十分明确且估值稳定的种类,如现金、机器、厂房、设备、土地使用权等,逐渐向价值不稳定、估值波动剧烈的种类扩张,如知识产权、股权、债权等权益类资产。1993 年《公司法》规定股东可以用货币出资,也可以用实物、工业产权、非专利技术、土地使用权作价出资,到 2005 年《公司法》,不仅将工业产权、非专利技术合并为知识产权这一可涵盖更为广泛的与技术相关的无形资产,还引入了概括性概念,为未列举的出资类型预留了广阔的空间。三是对股东的出资时限从全部实缴到部分实缴部分认缴,再到全面认缴。如 1993 年《公司法》要求出资人只有在全部出资到位后才能成立公司,2005 年《公司法》则给予出资人只要缴纳 20% 就可以设立公司,其余部分在公司成立后 2 年内缴清的优惠,2013 年时则彻底放开,允许出资者在仅对公司承诺未来缴资的状态下设立公司,并未对认缴期限进行任何限制,出资人可以在全部认缴的状态下先获得公司的营业执照从事经营,此被称为全面认缴制。

没有法定最低资本额要求的公司资本形成制度,已将公司资本置于可有可无的境地。而全面认缴制的推出,似乎给了出资人(股东)更大的利益空间。若缺乏相应的约束机制,不良出资人不仅会将出资优惠政策用到极致,不兑现出资承诺,还可能会竭尽全力利用股东的控制权对公司利益(财产)进行腾挪,将公司掏空,最终损害债权人利益。2013 年以后的公司实践表明,全面认缴制并未比部分认缴制有更突出的优势,却将认缴制的弊害若干倍放大。如巨额注册资本的公司纷纷诞生,超长认缴期限如百年后缴资的承诺也不少见,最终通过股权转让逃之夭夭的出资人更是不在少数,甚至还出现了利用各种关联交易制造的空壳公司。司法实践中因公司出资而引发的纠纷更是数量激增,无限放大了债权人的交易风险。[①] 这一切不得不让我们反思,公司资本作为公司独立人格的要素之一应当如何确立,股东出资义务之法定性的真正含义为何,股东出资义务之约定可否推翻法定性义务,未缴资等瑕疵股权转让可否缺失公司的同意,以及公司在维护财产安全中的地位如何等。鉴于本部分篇幅所限,本部分将结合股东出资义务的性质分析,重点探讨认缴制的完善与瑕疵股权转让中公司同意权的意义。如果不能正确认识股东出资义务的性质,公司资本制度的完善只能是一种美好的愿望罢了。

二、回归本源:股东出资义务之性质的再探讨

公司成立与正常经营,需要通过两个方面的融资渠道获得财产:一是股权融资,二是债权融资。这两条融资渠道恰好是公司运营的两只财产轮子,虽然它们在公司中的功能、作用不同,从而两类投资主体在公司中的地位也不同,但两只轮子之间的平衡是必须的,否则公司的大厦将顷刻瓦解。通过股权融资进入公司的财产属于公司股本,是构成公司独立人格的要素,亦是公司独立承担责任的物质基础。除非公司解体,公司股本不得收回。公司经股权融资获得相应财产,同时给予出资人以股权为对价,持有人称为股东。股东是公司的成员,享有公司重大事项的决策权。如果公司获利,股东们享有分红权。而通过债权融资进入公司的财产属于公司负债,与公司独立人格的构成无关,债权持有人称为公司的债权人。债权人的收益并不与公司盈利挂钩,其需根据合同约定,通过公司的还本付息收回自己的债权投资。

---

① 北大法宝法律数据库的检索显示:“股东出资纠纷”案由下的案件数量于 2013 年后出现了大幅提升,2013 年股东出资纠纷案件共 376 件,2014 年共 1014 件,此后该案由下案件数量呈逐年增长的趋势,2020 年达到 3316 件,但 2021 年案件数量有所下降。最后检索时间为 2022 年 1 月 20 日。

在公司清算时,债权人享有优先权利,只有债权人获得全部清偿后,股东才能收回投资。若公司亏损,不能清偿全部债务,股东将承担损失。其中,公司股本就是分界岭。有学者形象地将公司股本称为吸收债务风险的垫子,[②]只要股本这垫子还存在,不仅债权人的权益回收有保障,甚至股东还有机会回本。当垫子越来越薄时,股东回收股本的希望渐渐渺茫,直至垫子全部消失。此刻意味着股东的股本已经全部消耗完毕。但若损失继续扩大,则与股东无关,接下来就是债权人买单了。可见,与公司进行交易的债权人,虽然享有清偿的优先权,但当股本消耗完毕时,债权人的风险依然会无限扩展。加之债权人在公司中没有控制和主导的机会,还处于信息劣势地位,所以,债权人对公司的期望就是股东投入公司的股本数额越大越好,即公司吸收债务风险的垫子越厚越好。但从公司资本形成角度来看,全球公司法都以鼓励投资人设立公司为目的,不断软化资本管制,给予投资人越来越多的优惠。于是,股东们越来越倾向于少出资甚至不出资,近乎空手套白狼。那么,怎样平衡债权人这只轮子呢?显然,目前的主要平衡手段不在公司法,而在合同法或者担保制度,但这是交易成本较高的手段与路径。因此,公司法需要为债权人利益保护确定制度通道,即确保公司资本能有效形成并能防止被股东不当侵蚀,其机制就在于股东出资义务的性质是法定性与约定性的双元融合,虽然约定性的范围不断扩大,但法定性是根基,不能动摇。

1. 股东出资义务之法定性:基于公司独立人格与独立责任的需要

股东出资义务具有法定性,顾名思义,就是强调股东的出资义务具有公司法上的强制性,除非公司法上另有规定,否则该义务不得免除。

---

② 参见刘燕:《公司法资本制度改革的逻辑与路径——基于商业实践视角的观察》,载《法学研究》2014 年第 5 期。

其一,股东出资义务的法定性是公司得以成就法人独立人格的基础。由股东出资构成的公司资本在公司存在及运营的整个过程中扮演着极其重要的角色,它既是公司得以运营和发展的物质基础,也是公司获取独立人格的必备要件。[③] 有学者强调,公司独立财产与管理人制度塑造着公司人格,前者是公司人格最核心的物质要素,后者则是公司人格得以彰显并实现的实施者。[④] 可见,如无股东出资,则具有独立性的公司人格无从确立。从公司创设的角度考虑,无最低资本额限制,意味着商人登记可以设立1元公司,但是决不允许商人登记设立无资本的0元公司。股东出资所形成的初始资本是公司发展的原点,公司的人事、资产、经营等无不由此展开,若无资本则该“公司”无异于空中楼阁。从公司团体人格的形成来看,首先要实现股东出资财产的集合,在此基础上通过目的化和组织化的过程,汇聚货币、物质、知识、劳动等社会资源,由此形成股东、经营者、职工等不同特质群体之间复杂的利益关系结构。[⑤] 从公司经营的角度考虑,“有恒产者有恒心”,市场交易中的各类法律关系的目的均在财产流转。倘若公司欠缺由股东出资所构成的基础资产,则更近似于我国传统社会中的“肆、坊、铺、号”,并不享有独立人格,其存在无非为了东家经营宣传时的便利。只有股东出资构成了公司独立所有的财产,公司才具有自己的独立利益,据此与不具有独立人格的民事合伙等组织相区分。因此,没有股东出资则公司独立人格不会产生,因为独立人格的表现在于其能够独立承担责任,而独立承担责任的物质基础在于股东出资形成的公司财产。所以,股东出资义务的法定性是来自公司独立人格的

③ 参见朱慈蕴:《公司法原论》,清华大学出版社2011年版,第183页。

④ 参见徐强胜:《我国公司人格的基本制度再造——以公司资本制度与董事会地位为核心》,载《环球法律评论》2020年第3期。

⑤ 参见冯果:《整体主义视角下公司法的理念调适与体系重塑》,载《中国法学》2021年第2期。

构筑之需要。

其二,股东出资义务的法定性是公司对外责任能力的保障,表现为不得通过股东之间的协商予以豁免。认缴制下,无论是在设立公司时还是在增资时,股东出资义务的内容均取决于股东的自由意志,或是发起人一起签署的设立协议,或是增资股东签订的增资协议。虽然当事人可以自由设置出资义务的数额与期限,但出资义务一旦设立,就基于组织法特性而被附加了强制性的因素,该出资义务即脱离当事人之间合意的控制范围。有论者指出,当资本被注册或者股东认购的出资额被登记或记载后,股东的出资义务即转变为法定义务和强制义务,转换的合理依据在于注册资本应有的公示效力。⑥ 公司的登记注册固然赋予了股东出资义务法定性,但是公司股东会仍然有权决议公司注册资本的增加与减少、股东出资期限的展期或提前,决议在某种程度上仍能够体现股东自治,故公司注册登记并未彻底磨灭出资义务的约定属性。但是这一自治范围是被公司法限制的,股东无法仅通过股东之间的协商豁免自己的出资义务,因为该出资义务不仅涉及公司的经营,而且涉及公司的责任能力之改变,涉及外部债权人的保护。故公司法规定,股东只能够通过法定程序消灭自己的出资义务,譬如减资程序要求公司通知公告债权人并应债权人要求提供清偿或担保。股东出资额一旦被工商登记确认即非经法定程序不得变更,世界各国公司法对这一问题均持该立场,⑦这就体现了以资本不变原则的法定性和强制性约束股东出资义务的自治属性。

其三,股东出资义务的法定性,还意味着不允许股东出资义务与其享有的对公司债权相抵销。股东一旦认缴出资,该出资义务多被视

⑥ 参见赵旭东:《资本制度变革下的资本法律责任——公司法修改的理性解读》,载《法学研究》2014 年第 5 期。

⑦ 参见石冠彬:《认缴登记制改革视野下的股东瑕疵出资责任:理论、规范与判例》,载《江汉论坛》2017 年第 12 期。

为公司对股东所享有的债权,[8]但是这一债权并非民法中普通的债权,因为公司对股东所享有的出资债权与股东对公司所享有的债权不具有对称性,其典型体现即股东无法通过主张《民法典》第568条所规定的债务抵销规则,免除自己对公司所负的出资义务。一方面,这将有违债权的实质平等。股东对公司所享有的债权本应与公司其他债权人对公司所享有的债权处于同等地位,但如此一来,股东可以利用其在公司中的控制权,随时"制造"出对公司的债权。而后再援引民法要件进行债权债务抵销,股东的出资义务即可不费吹灰之力便得以免除。尤其在全面认缴制下,倘若允许股东以其享有的对公司债权与自己的出资义务相抵销,那么所有股东都可以只认缴但不实缴,而是将与认缴金额等同的资金借给公司用以经营,此时所有股东对公司的出资义务与其享有的对公司债权数额是相同的。倘若股东意欲退出公司而主张抵销,其法律后果是股东所享有的债权全部获得了清偿,但是其他债权人的债权则可能面临清偿危机,这严重违背了债权的平等性。为了防止股东滥用债权债务抵销规则而不当获利,美国在司法审判中发展出了"深石原则",使股东的债权在特定情形下劣后于其他债权人的债权。另一方面,公司制度理应保证与公司交往主体的交易安全,公司债权人的债权安全倚仗公司对股东享有的出资债权,该出资义务一经登记,非通过法定途径不能消灭,履行债权人保护程序仅是该出资义务消灭的必要条件,举重以明轻,未经债权人保护程序的股东单独意思表示更无法满足出资债务消灭的要件。此外,抵销要求"债务的标的物种类、品质相同",出资债务一经注册登记公示即具有

---

⑧　参见钱玉林:《股东出资加速到期的理论证成》,载《法学研究》2020年第6期;袁碧华:《"认"与"缴"二分视角下公司催缴出资制度研究》,载《中国法学》2019年第2期;彭真明:《论资本认缴制下的股东出资责任——兼评"上海香通公司诉昊跃公司等股权转让纠纷案"》,载《法商研究》2018年第6期;丁勇:《认缴制后公司法资本规则的革新》,载《法学研究》2018年第2期。

对世效力,而股东所享有的对公司债权则具有隐蔽性,债务“品质”完全不同,如果允许抵销无疑大大提升了公司破产需要股东履行其出资义务时内部人倒签合同的道德风险。

其实,境外公司理论亦多采如此主张。如德国通说认为,股东未缴付的出资是有限责任公司对股东享有的债权,[9]该债权的权能在组织法视域下于多方面得到了加强,不仅无法通过当事人的协商予以豁免,债务人亦不能主张对该债务的抵销。除此之外,该债权还不受诉讼时效的限制,由此展现了股东出资义务的强制性与法定性。

综上所述,股东的出资对于公司独立人格的形成和独立责任的承担至关重要,没有股东出资,则无公司之产生,这是公司组织法的要义,是股东不得推卸的法定责任。理论上讲,无论股东出资多少,只有股东向公司出资了,才可从公司获得对价之股权,才能享有对公司的股东权利。至于出资多少、怎样出资与何时出资,将涉及公司对外从事经营的交易条件。能否成就交易,将由债权人自行判断。

2. 股东出资义务之约定性:基于股东自治与公司自治的需要

股东出资虽然对公司独立人格和独立责任的造就具有重大意义,但该项义务在市场自由化的发展下逐渐展现了其约定性的一面,即在出资种类、出资估值、出资期限、出资比例等方面,公司法越来越放弃强制性统一要求,转而让股东们自行约定。而放松对股东出资义务的管制即意味着扩大股东出资义务的自治范围。

资本制度规制的放松具有坚实的理论基础和实践需求,因为千篇一律地统一强制性规则不能针对所有公司行业和规模,在实践中无法达到保护债权人的预期目的,理论上也被证明既不符合市场自由的诉

---

⑨ 参见[德]温德比西勒、怀克:《德国公司法》(第21版),殷盛译,法律出版社2010年版,第362页。

求,也无客观效果,甚至是无效的。[10] 由此,全球不同法域的公司资本制度都经历着或多或少的革新。从法律制度生长和发展的历史逻辑来看,理性的法总是同一国的经济条件、政治体制、风俗习惯等因素之间相互促进和相互钳制的,[11]放松出资管制顺应了我国商业发展的现实需求,更灵活的出资安排意味着更多的投资机会,越广阔的自治范围孕育着越多种类型的商业交易可能。公司的股东得以轻装上阵,避免了法律强制性安排所造成的资源浪费,大大提升了原本可能在公司闲置的资金的利用效率,不同领域、不同地域的股东可以根据公司资金需求预期灵活约定出资义务。社会分工精细化、产业经营多元化的必然结果就是公司类型的多元化,公司类型多元化对出资所提出的多样性要求由立法予以固定既不经济、也不现实,交由市场自治是最理想的选择,故股东出资义务的约定性越来越重要,是商业社会发展的必然结果。

全面认缴制赋予了股东对出资义务广泛的自决权,股东可以就出资义务的数额、标的、期限等内容自由约定。股东的出资协议属于组织性契约,[12]故该出资协议不仅体现为股东与股东之间的约定,而且体现为股东与公司之间的约定。

股东出资义务起源于股东与股东之间的约定。为创设公司,发起人需共同签订发起人协议,发起人协议中最重要的内容是各股东的具体出资约定以及获得的相应股权比例,即便这一协议的主要内容可能被公司章程吸收,但该协议中所记载的其他内容对发起人而言仍具有约束力,属于发起人之间合法有效的约定,受合同法的保护。一旦股

---

⑩ See Bayless Manning & James J. Hanks, Jr., *Legal Capital*, 4th Edition, Foundation Press, 2013, p. 91.

⑪ 参见[法]孟德斯鸠:《论法的精神》,许明龙译,商务印书馆2012年版,第15页。

⑫ 参见蒋大兴:《"合同法"的局限:资本认缴制下的责任约束——股东私人出资承诺之公开履行》,载《现代法学》2015年第5期。

东之间违反出资义务,相关股东当然可以依据发起人协议提起诉讼。同样,公司成立后的增资协议一旦达成,无论是老股东还是新股东,都必须遵守各方达成的出资约定,对违约之股东应按照合同法的规则予以责任追究。

股东出资协议还表现为股东与公司之间的约定。公司的注册资本所要承担的基本功能就在于固定股东对公司作出了何种承诺。[13] 创设公司时,公司一经登记设立即取得法人资格,全面继受设立中公司所享有的权利义务,其中就包括发起人的出资义务,该义务将发起人之间的约定转变为股东与新设公司之间的约定。同时,股东出资义务亦载入公司章程,按照公司契约论,章程亦可视为股东与公司之间的约定。股东应依照公司章程的规定向公司交付出资标的的财产,同时对公司享有出资期限尚未届至的抗辩。[14] 已经成立的公司以增资方式增加新股东时,公司的股东会通过的增资决议,不仅是全体股东的意思表示,该意思还因公司决议之法定程序而成为公司独立意思的体现,新股东与公司达成合意并将其出资义务固化在增资协议当中。股东的出资义务均最终表现为股东与公司之间的约定,股东负担对公司的出资债务,公司享有对股东的出资债权。

3. 股东出资义务法定性与约定性的关系:核心是股东利益与债权人利益的平衡

2013 年以来,我国公司法采取了全面认缴制,这意味着股东出资义务的约定性被放大到极致,在世界公司法史上都十分独特。在全面认缴制下,股东出资义务几乎没有了强制约束,出资协议或增资协议等自治性文件在契约自由的旗号下,成为股东逃逸出资义务的保护

---

⑬ 参见邹海林:《我国司法实务应对公司注册资本制度改革的路径选择》,载《法律适用》2014 年第 5 期。

⑭ 参见前注⑧,钱玉林文,第 114 页。

伞,也引发了学界、实务界对认缴制的批判与担忧。[15] 但认缴制的本质并非将股东出资义务完全推向市场自治,因为股东之间的出资契约仍然是在公司组织体之内的,公司法对股东出资义务的强制性要求应当属于对股东出资安排之意思自治的限制。[16] 简而言之,认缴制下的股东出资义务虽然具有较强的约定性,但法定性的底色永远存在,且无法也不得被更改。全面认缴制下的股东出资义务展现了一体两面的特征,形式上看展现了放任股东自由约定的面向,但是其内核仍然坚守公司资本的强制性,这一特征主要表现在三个方面。

其一,股东出资义务中认缴的金额、期限两项主要内容可以不受限制的任意约定,但是获取股东身份的底线是必须负担一定的出资义务。早在市场经济建立初期,我国就已经认识到初始资金对开办公司的重要意义,将自有资金作为公司成立的核心要件。[17] 全面认缴制并不否定当事人设置远超自己资产能力的认缴金额,亦未直接否认远超自然人寿命的认缴期限,"天价公司"与"认缴期限超百年"的场景在实践中也屡见不鲜。然而,股东获得股东资格的逻辑前提,是必须负担一定的出资义务,虽然其内容已经全面自由化,但这一基础要求构成了出资义务法定性的底线。拜尔教授亦犀利地指出,资本缴纳是股份公司的本质特点,为了使债权人的利益得到切实保障,在商业登记簿上展现的基本资本必须被缴纳,这一原则在欧洲法律传统上是不可放弃的。[18]

---

⑮ 对认缴制的相关批判见陈甦:《实缴资本的多重效用及其保障措施》,载《法学杂志》2014 年第 12 期;甘培忠:《论公司资本制度颠覆性改革的环境与逻辑缺陷及制度补救》,载《科技与法律》2014 年第 3 期。

⑯ 参见蒋大兴:《公司法中的合同空间——从契约法到组织法的逻辑》,载《法学》2017 年第 4 期。

⑰ 参见《国务院关于进一步清理和整顿公司的通知》(国发〔1985〕102 号)。

⑱ Vgl. Walter Bayer, Münchener Kommentar zum Aktiengesetz, 4. Aufl., 2016, § 5 Rn. 1. 转引自王萍:《公司抽逃出资法律问题研究——以德国法为主要参考系》,载《德国研究》2016 年第 4 期。

其二,股东出资义务可以经由股东会决议这一法律行为进行相应调整,但是这种调整的边界是不得损害公司债权人的债权安全。股东和公司管理者掌控着公司资本的运作,债权人作为外部人难以监控公司内部人的行为。[19] 股东出资义务无论是否届期,都可以经由股东会决议调整出资金额与出资期限。在调整出资金额时,若增资则股东的认缴承诺将增加公司的财产内容,自不待言有利于债权人保护,但减资则无论是否届期都必须履行法定的减资程序,减资程序目的即确保债权人的债权优先分配顺位。在调整出资期限时,缩短出资期限使公司获得了期限利益,亦有利于债权人保护,但延长出资期限则受到《九民纪要》的规范,可能会适用加速到期规则以优先实现债权人的债权。

其三,股东出资义务已届期则视为公司对股东享有的债权,但是在组织法框架下的股东出资债务不适用《民法典》中的诸多债法规则。如前所述,即使是股东对公司享有债权,亦不能够主张自己的出资义务与公司对自己的债务相互抵销;即使是股东出资义务已届期满3年,亦不能够对公司的请求权主张诉讼时效的抗辩;[20]即使是股东与公司和第三人就出资义务约定了免责的债务承担,亦不能够对抗公司债权人在破产情形下对股东的追索权,不一而足。股东出资义务的自治范围亦应当尊重组织法的限制。

如图3-1所示,从实缴制发展到部分认缴再到全面认缴,股东出资义务的可约定范围不断拓展,但无论何种缴资制度,均需坚守一定出资底线的法定性要求。在全球范围内,虽然公司法制度改革与发展均以强化股东的私法自治为桥梁,以增加公司组织体的结构柔性为方向,[21]但债权人保护的要求会限制股东出资义务的约定范围,组织法规

---

[19] 参见朱慈蕴、皮正德:《公司资本制度的后端改革与偿债能力测试的借鉴》,载《法学研究》2021年第1期。

[20] 参见《公司法司法解释(三)》第19条。

[21] 参见邹海林:《关于公司法修改的几点思考》,载《法律适用》2020年第1期。

则亦会剥离部分出资债权的可约定属性。全面认缴制进一步拓展了股东出资义务的可约定范围,但并没有改变出资义务的法定性本质,自治范围依然受限于法定资本制的强制性要求。

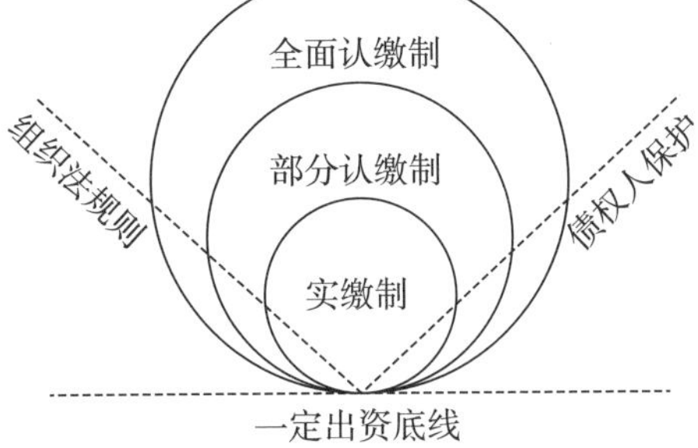

图3－1 认缴制的拓展与限制

综上所述,股东的出资义务交由股东自治,由股东在创设公司时或增资时自由选设实际缴纳出资的数量与时点,这是公司资本制度对市场自由化需求的现实回应,并不意味着股东出资义务失其法定性。出资义务的法定性并非仅体现在出资期限、最低出资额、出资形式等表面的法定要求上,更重要的是体现在构筑公司人格基础、控制公司内部风险外部性等方面。

三、公司法草案对认缴制的重构体现了股东出资义务双重性的平衡

认缴制作为我国商事登记制度改革的重要成果,无论是部分认缴制还是全面认缴制,都体现了公司资本形成制度的灵活性和公司自治的需要。但由于现行公司法一味地强调股东出资义务的约定性,没有建立防止认缴制被滥用的约束机制,反而导致对认缴制的批评声浪。而《公司法(修订草案)》兼顾了股东出资义务的双重性,在完善认缴制方面作出了重大改进,意义重大。

1. 公司法应明确鼓励投资人实缴出资设立封闭型公司,以创造诚

实守信的商业环境

由于我国公司法已经全面取消了设立公司法定最低资本额的门槛,投资人可以用很少的钱设立公司,甚至可以用1元注册。公司股东能够以较少的资金创立公司以避免资金冗余的浪费,这无疑为经营业务规模较小的公司打开了方便之门。同时,封闭型公司通常股东人数较少,召集股东会较为便利,公司需要资金时随时可以召开股东会决议增资,使得投资人有广泛的自治空间以应对多变的商业环境。此时,公司法就应当鼓励投资人实缴出资。

公司法鼓励投资人实缴出资设立,并不是限制其自治安排,主要是考虑全面认缴制下公司法难以确立有效制约的配套制度,公司资本的弹性之主导权并非归属公司,反而掌握在出资股东手里。股东出资期限的自治反而导致了债权人保护不足与公司资金需求不畅。[22] 鉴于实践中"认"而不"缴"的不诚信情形频频发生,公司法对封闭型公司应以鼓励实缴出资为主,以克服认缴制的弊端。

其一,鼓励投资者全面实缴或者部分实缴,不仅是债权人保护与组织法规则层面的要求,而且是商业道德层面的考量。《公司法》第5条规定,"公司从事经营活动,必须遵守法律、行政法规,遵守社会公德、商业道德,诚实守信……",对认缴期限的安排虽然完全属于私法自治领域,但是这一期限应当受到《公司法》所倡导的商业道德与《民法典》所倡导的诚信原则的约束。商业理性不同于民法中一般人理性,应当允许商人安排超越普通民事合同期限的出资期限,但是这一出资期限应当遵从商业道德,恪守诚信。例如市级大型工业园区的建设规划可能是20年甚至更长,出资人没有必要一次将建设所需所有资金出资到位,可以随着工程的开展分批次缴纳。但如果仅仅是以租

---

[22] 参见王文宇:《简政繁权——评注册资本认缴制》,载朱慈蕴主编:《商事法论集》第27卷,法律出版社2016年版,第61页。

赁场地的方式经营瓜果蔬菜，还设置 20 年的认缴期限，那可能就有违商业道德。又如设置 100 年的认缴期限，远超自然人的正常寿命，在《民法典》有限继承的原则下，公司的出资债权极可能化为泡影。在资本市场较为成熟的英国，股款通常在分配股份不久后就全部缴清。[23]我国社会信用状况不佳已是客观环境，恶意违约、民事欺诈等有违市场信用的行为屡见不鲜，而作为社会信用支撑的社会征信体系远未臻至圆满。[24] 因此，应当营造符合商业道德规范的习惯，对股东自行约定的出资期限设置两方面的限制，一方面是该公司经营事项的性质；另一方面是自然人的正常寿命或者是法人的平均生存年限，以防止不合理的长认缴期限破坏商业道德。同时，可以参考英国政府所提供的模范章程，在声明资本制下要求所有私人公司股份全部实缴，[25]此外，还应当求诸董事及时催缴，[26]在我国全面认缴制下，亦应当鼓励投资人全面实缴或者部分实缴。例如，如果我们通过公司立法来改变长期以来始终将股东表决权行使基础表述为语焉不清的出资比例的现状，将其明确为实缴比例，而非认缴比例，既公平合理，又能正向鼓励股东及早出资、全面出资。

其二，公司资本的信号功能应当重新强化，有效市场的基石是信息披露的充分与及时。公司资本主要有两大功能：一是以股东出资担保公司偿债能力，二是以资本信息的披露传递关于偿债能力的信号，如果能够发挥资本的这两个功能，则可以降低信息不对称带来的金融代理成本，提高经济效率。[27] 此前学界研究多集中于公司资本的担保

---

[23] 参见［英］丹尼斯·吉南：《公司法》，朱羿锟等译，法律出版社 2005 年版，第 181 页。

[24] 参见赵万一：《资本三原则的功能更新与价值定位》，载《法学评论》2017 年第 1 期。

[25] See Model Articles for Private Companies Limited by Shares (Updated 18 September 2018), Article 21.

[26] 参见吕成龙：《上市公司董事监督义务的制度构建》，载《环球法律评论》2021 年第 2 期。

[27] 参见黄辉：《公司资本制度改革的正当性：基于债权人保护功能的法经济学分析》，载《中国法学》2015 年第 6 期。

功能,对其信号功能鲜有关注。而此前工商登记机关仅强制公示公司的认缴资本(注册资本),具体的认缴期限与已经实际缴纳的资本均由企业自主选择是否进行公示,对市场中的交易对手来说,几乎难以通过企业登记信息系统判断其资力情况。信用应着重指离债务到期时点最近的公司现实资产的状况而非相差甚远的形式资本,㉘公司资本公示的核心目的在于对外界展示企业出资的实际情况而非企业设立时刻股东的认缴数额。早在1988年,英国公司法修改小组的意见就显示:在实践中,现如今的债权人和潜在的债权人在决定是否与公司进行交易时,都已经不会再考虑公司的注册资本,㉙认缴注册资本已经形同具文。如果企业主动公开认缴期限与实缴情况等信息,自然有助于彰显企业财力,降低市场中的信息不对称程度,但企业若选择不披露则会妨碍市场透明度,就会提升金融代理成本。

认缴期限与实缴情况并不涉及公司的商业秘密与个人隐私,应当强制规定公司在企业信用信息公示系统中披露公司的实缴资本与认缴期限。值得欣慰的是,《公司法(修订草案)》第35条明确规定"有限责任公司股东认缴和实缴的出资额、出资时间、出资方式,股份有限公司发起人认购的股份数"等信息,这有助于发挥公司资本的信号功能,大大提升交易相对人对公司资本状况了解的效率,促进商事交易的活跃。

2. 加速到期规则是防止投资人滥用认缴制的利器

股东尚未届期的出资义务在公司无法偿债时是否应当加速到期是全面认缴制改革后争议激烈的焦点之一,支持者与反对者各执一词,双方主要围绕着法律解释适用与裁判社会效益展开了广泛的

㉘ 参见高晋康、黄丽娟、蒋和伶:《法定公司资本制初始理念的局限性》,载《财经科学》2005年第6期。

㉙ See UK Company Law Review Steering Group, Modern Company Law for a Competitive Economy: The Strategic Framework (5.4.3).

论战。

支持者主张,若因股东未缴纳出资或未足额缴纳出资导致公司清偿不能,债权人可以进而主张相关股东按其认缴承诺补足缺口,无论其出资期限是否届期。[30] 支持者的理由可以归纳为两大类。一类是试图通过现行法律规范解释出加速到期制度,如通过《公司法》第3条第2款"有限责任公司的股东以其认缴的出资额为限对公司承担责任;股份有限公司的股东以其认购的股份为限对公司承担责任。"[31]或通过对《公司法司法解释(三)》第13条的扩张解释,将未届履行期纳入"未履行或者未全面履行"的文义中;[32]或试图将破产法法理拓展到公司法中,赋予公司债权人要求股东提前履行出资义务的权利;[33]除商法规范外,回归民法规范甚至求诸执行规范者也大有人在。比如,通过解释民法中债权人代位权对出资债权的特殊适用;[34]或视股东的出资义务为当事人之间的约定,股东享有的期限利益属于债权关系内部的利益,因而不能对抗外部第三人;[35]或通过担保路径,将股东出资义务

㉚ 参见刘燕:《公司法资本制度改革的逻辑与路径——基于商业实践视角的观察》,载《法学研究》2014年第5期。

㉛ 参见前注⑧,钱玉林文,第114页;郭富青:《资本认缴登记制下出资缴纳约束机制研究》,载《法律科学》2017年第6期。

㉜ 参见前注⑦,石冠彬文,第124页;冯果、南玉梅:《论股东补充赔偿责任及发起人的资本充实责任——以公司法司法解释(三)第13条的解释和适用为中心》,载《人民司法(应用)》2016年第4期;梁上上:《未出资股东对公司债权人的补充赔偿责任》,载《中外法学》2015年第3期。

㉝ 参见前注㉔,赵万一文,第95页;石冠彬:《注册资本认缴制改革与债权人权益保护——一个解释论视角》,载《法商研究》2016年第3期;同前注⑥,赵旭东文,第23页。

㉞ 参见周珺:《论公司债权人对未履行出资义务股东的直接请求权》,载《政治与法律》2016年第5期。

㉟ 参见前注㉜,梁上上文,第662页;蒋大兴:《论股东出资义务之"加速到期"——认可"非破产加速"之功能价值》,载《社会科学》2019年第2期;李志刚:《公司资本制度的三维视角及其法律意义——注册资本制的修改与股东的出资责任》,载《法律适用》2014年第7期。

视为对公司承担的一种出资范围内的担保责任;㊱亦有侵权路径论,指出股东认缴而未实缴出资实际上减少了公司责任财产,此时可解释为股东的出资行为侵害了公司债权人利益;㊲甚至求诸最高人民法院有关强制执行的规范,以强制执行规定解释合同权利滥用时的"非破产加速"。㊳ 另一类是试图从法律原则、法律价值或社会收益等角度论证加速到期的合理性,比如通过外观主义,指出公司股东作出的在一定期限内缴纳(或增加)出资的承诺应备案在工商登记资料中,对外具有公示效力,该承诺对股东具有约束力,对债权人也会产生一定的预期;㊴或通过公平正义理念,认为加速到期能够使债权人与股东的权益达到一种平衡状态;㊵还有论者比较"破产加速"与"非破产加速"的成本,指出"非破产加速"具有救济成本低、效益高之优势。㊶ 此外,比较法经验亦显示,境外法官、律师与法学家将股东的出资责任解释为法定债务,提出在法令中已经包含了债权人直接追索未实缴出资的股东的权利,股东出资义务的底线是至少保证不危及与公司从事正常交易的债权人的合法权益。㊷

反对者则主张,出资期限尚未届满时,即使公司经营管理遇到严重困难,需要股东提前履行出资义务,股东也有权拒绝公司关于提前

㊱ 参见王涌:《论公司债权人对未实缴出资的股东的请求权》,载《公司法评论》2014年第2辑(总第25辑),人民法院出版社2015年版;同前注⑧,袁碧华文,第206页;郭富青:《论公司债权人对未出资股东及利害关系人的求偿权》,载《北方法学》2016年第4期;李建伟:《认缴制下股东出资责任加速到期研究》,载《人民司法(应用)》2015年第9期。

㊲ 参见张磊:《认缴制下公司存续中股东出资加速到期责任研究》,载《政治与法律》2018年第5期。

㊳ 参见前注㉟,蒋大兴文,第98页。

㊴ 参见甘培忠、徐可:《认缴制下的资本违法责任及其困境——以财产混同为视角》,载《北京大学学报(哲学社会科学版)》2015年第6期;安徽省合肥市中级人民法院(2017)皖01民终字第6212号民事判决书。

㊵ 参见石少侠、卢政宜:《认缴制下公司资本制度的补救与完善》,载《国家检察官学院学报》2019年第5期。

㊶ 参见前注㉟,蒋大兴文,第110页。

㊷ 参见前注㊱,李建伟文,第55页。

缴纳出资的请求。[43] 反对者多为司法实务工作者，其理由可以分为与支持理由针锋相对的两类。一类是对破产法原则与规则的坚守。持该论者指出破产程序是唯一具有法律依据的在出资未届期情形下实现债权人救济的手段，[44]单个的债权追及诉讼不尽符合《企业破产法》第31条、第32条的精神，债权人应当申请债务人破产后再按照《企业破产法》第35条使股东出资义务加速到期，最终在真正意义上保护全体债权人利益。[45] 应当认清破产法与公司法的界限，使股东未届期出资提前到期规则的制度环境是公司法无力提供而仅由破产法予以设计的。破产法之所以确立股东未届期出资提前到期的规则，并非基于债务人出现了偿债不能的情形，而是由于债务人进入了概括偿债的程序。[46] 虽然破产费时、费力，为使债权人诉求获得满足会造成公司主体资格的消灭，于社会、股东、法院皆无益处，但法律既已作出的规定不能因便宜各方而走捷径，对程序正义造成损害。[47] 亦有论证否认《公司法》第3条这一原则性规定作为请求权基础的可能性，[48]否认加速到期与债权代位理论的契合度。[49] 另一类理由亦来源于理念与社会效益层面，如认为若债权人动辄向股东直接追索有违法律创设公司制度确立其独立人格的初衷；[50]或认为加速到期可能导致鼓励万众创业之立

---

[43] 参见叶林：《公司股东出资义务研究》，载《河南社会科学》2008年第4期。

[44] 参见王建文：《再论股东未届期出资义务的履行》，载《法学》2017年第9期；林晓镍、韩天岚、何伟：《公司资本制度改革下股东出资义务的司法认定》，载《法律适用》2014年第12期。

[45] 参见杨临萍：《当前商事审判工作中的若干具体问题》，载《人民司法(应用)》2016年第4期。

[46] 参见陆晓燕：《公司资本制改革后破产审判的应对机制》，载《人民司法(应用)》2015年第9期。

[47] 参见前注⑮，甘培忠文，第512页。

[48] 参见黄耀文：《认缴资本制度下的债权人利益保护》，载《政法论坛》2015年第1期。

[49] 参见前注⑬，邹海林文，第21页。

[50] 参见俞巍、陈克：《公司资本登记制度改革后股东责任适法思路的变与不变》，载《法律适用》2014年第11期。

法目的落空、未尽注意义务的债权人转嫁风险等消极影响,同时指出可以相对积极地发掘法人格否认等其他制度的功能。[51]

支持加速到期的理由秉持着尽可能平衡股东与债权人双方利益的理念,但对法律的解释略显牵强,反对加速到期的理由恪守《公司法》与《企业破产法》规范的文义射程,却置债权人于等待股东出资到期或申请破产的尴尬境地。正值《公司法》修订之际,应当从立法论角度重新审视全面认缴制所造成的弊端,并提出针对性的解决方案。

通常情况下,公司不得要求股东提前缴付出资,除非在出资期限届期之前公司陷入破产清算或者出现其他法定情形。[52] 但在没有任何期限约束的全面认缴制下,当公司无法偿还已到期债务时,则应当允许公司或债权人主张未届期股东出资债务的加速到期。核心理由有二,均与笔者前述出资义务的性质息息相关。第一,全面认缴仅拓展了股东出资的可约定范围,特别是在实际缴资期限上的选择权利。但是,这种预期并未改变出资义务法定性的底色,债权人保护仍然是横亘在资本制度之上的"达摩克利斯之剑",当公司债权人债权遭遇清偿危机时,股东应以其出资额为限对公司承担责任。理论上讲,理性投资人对认缴期限的选择应与其对公司发展依赖于资本的渐进需求判断相关,而非任意行为。若为非理性选择认缴期,应为不当甚至无效的约定;即使是理性预期,也不得不承认该出资人对公司需求资本的预期是失败的,导致出资义务的法定性对其约定性进行约束,以便实现公司以其全部资产对公司债务承担责任。第二,组织法规则亦是限制股东出资可约定范围的藩篱。组织法基本要求是公司具有独立的法人格,当债权人债权无法获得清偿时,公司作为独立法人必然首先寻求自我保全而非进入破产程序被动"毁灭"。此时股东个人所享有

---

[51] 参见江苏高院课题组:《破解审判难题　统一司法尺度——江苏高院关于公司纠纷案件的调研报告》,载《人民法院报》2016 年 7 月 7 日,第 008 版。

[52] 参见前注③,朱慈蕴书,第 183 页。

的期限利益就应当让位于公司组织的整体利益,这也是股东作为团体成员应当尊重团体人格的基本要求。很显然,股东出资义务的约定性主要受合同法调整,这一点只是在全面认缴制下凸显出来;而股东出资又是公司独立人格形成的核心要素,是公司法上的法定义务。当公司不能清偿公司债务时,法定义务的强制性便来源于公司法作为特别法的优先使用地位。

在此,本部分还想就反对引入加速到期规则的最大障碍进行专门讨论,即公司因股东未届缴资期满不能偿债时,是否属于公司破产的场景?若属于,是否应当禁止对个别债权人的个别清偿?其实,从最高人民法院颁布的《九民纪要》就可以看出,虽然最高人民法院注意到,自2013年实施全面认缴制后,债权人利益保护的危机剧增,需要引入加速到期规则予以衡平,但相关规定却“犹抱琵琶半遮面”,充分显现了受到公司已近乎破产观念的纠结。该规则强调股东享有的期限利益,仅在具备破产原因但不申请破产与恶意延长出资期限两种情形下允许加速到期,其中关于“人民法院穷尽执行措施无财产可供执行,已具备破产原因”的规定,与《关于适用〈中华人民共和国企业破产法〉若干问题的规定(一)》[以下简称《企业破产法司法解释(一)》]第4条所列情形较为相似。[53] 故在司法实践中,法官对加速到期的适用往往参照破产法的标准。有法官提出,加速到期是专属于破产法的制度,不应当在非破产状态下适用加速到期制度。[54] 对此,本部分认为这是一种“重大误解”,因为在股东未真实缴资而致公司不能清

---

[53] 2007年的《企业破产法》第35条和《最高人民法院关于适用〈中华人民共和国公司法〉若干问题的规定(二)》第22条分别解决了在公司破产清算和解散清算情形下如何加速股东出资义务的问题。《最高人民法院关于适用〈中华人民共和国民事诉讼法〉的解释》第513条解决了在公司执行不能的情形下,如何通过申请执行人或被执行人的同意,转为破产清算程序从而加速股东出资义务。

[54] 如时任最高人民法院民二庭庭长的杨临萍即持此观点,参见前注㊺,杨临萍文,第26页。

偿到期债务时,并不是“已具备破产原因”,此时的加速到期也并非破产法中特有的债务清缴制度。从逻辑上讲,加速到期只是与认缴制相伴而生的公司法制度,如果缺乏了加速到期制度,全面认缴制只能被视为“半成品”。

其一,根据公司法的规定,公司的注册资本为全体股东认缴的出资额之和。当股东出资义务未届期公司无法偿还到期债务时,资产负债表上包含的未届期之认缴资本,事实上属于公司的财产范围,但却是不能变现的股东之远期承诺的债权。可见,此时公司无法偿债并非因经营不善而导致的资不抵债,而仅仅是因股东对出资义务进行约定时的有限理性,无法预见商业市场的变化,或者股东有意约定过长的缴资期限必然会导致的“假破产”后果,即并不属于公司已经面临破产境地。若有加速到期规则,就能敦促股东及时实缴出资,公司不能偿债的局面就会打破,公司就能恢复正常经营。也就是说,此时的公司并不满足破产条件,不应套用破产法中的规则。

其二,退一步讲,既然已经认定公司无法偿还债务为公司已达破产,但又允许无人提出破产申请时,就应当允许债权人的个别清偿,那将真的违反了破产程序中“全体债权人公平受偿”的帝王规则。也就是说,如果认定公司不能清偿即为破产,那就只能按照破产程序禁止对个别债权人提前清偿,不应当存在例外,否则就会产生对其他债权人不公的结果。

其三,根据商法中的企业维持理念,公司法一方面将全面认缴制给予投资人以鼓励投资设立公司;另一方面也需要在公司因未届缴资期限而不能偿债时引入加速到期规则破解“僵局”,而非直奔破产程序。有法谚云:“法律不保护在权利上睡觉的人。”当债权人债权无法得到清偿时,鉴于破产程序的长周期与低清偿率,其个人理性亦会指导其主张加速到期而非企业破产。即使公司嗣后真陷入破产境地,破产法中的撤销制度等亦能够追回这笔“个别清偿”,保障债权的公平受偿。这亦是企业维持理念的体现,企业维持能够显著节约资源重新组合的经济成本,亦有助于社会稳定。这也是在公司法中引入加速到期的经济理性诉求。

全面认缴制改革打破了股东和债权人之间原有的利益分配结构,赋予了股东更多的政策红利,债权人在市场中所受保护水平被削弱了。从公司法人格独立的角度出发,股东作为公司团体内部成员有义务维护公司独立人格,公司独立人格的重要表现就在于其独立的责任能力,其能够以自身财产偿还到期负债。当公司独立人格因无法偿还负债而岌岌可危时,股东出资义务即使未届期,也应当服从公司团体的整体利益,这也是系统论所提出的基础要求。[55] 故此时期限利益让位于独立人格利益,公司与债权人均有权利向出资义务未届期的股东要求提前缴纳出资。我们非常高兴地看到,《公司法(修订草案)》引入了加速到期规则,而且不再强调任何除外条件,[56]在没有改变全面认缴制给予股东最大优惠的同时,又为防止全面认缴制的滥用提供了利器,是非常正确的选择。

四、股东出资义务法定性决定了公司在维持资本安全中的重要地位

股东投资公司形成股权,股权属于股东所有。一般而言,股东转让股权属于对自己财产的处分,与公司无关。但若是封闭公司,股东转让股权至少需要公司的配合,诸如企业信息系统的变更登记,公司股东名册的变更以及向股东签发出资证明书(股单)。如果转让股权的股东还未完成对公司的出资,包括到期未缴出资、未届认缴期未缴

---

[55] See Tamara Belinfanti & Lynn Stout, *Contested Visions: The Value of Systems Theory for Corporate Law*, 166 University of Pennsylvania Law Review 579, 601 - 603 (2018).

[56] 《公司法(修订草案)》第 48 条规定,公司不能清偿到期债务,且明显缺乏清偿能力的,公司或者债权人有权要求已认缴出资但未届缴资期限的股东提前缴纳出资。

出资、非现金出资估值过高掺水、出资后又抽逃出资等瑕疵出资的情景(相对应的股权也应称为瑕疵股权),此时应不仅是告知公司,而且须征得公司同意。如果不能明确公司在股权转让中的重要地位,就很难解决公司实践中大量的股权转让将成为股东逃避出资义务的又一管道,直接威胁到公司的资本安全的问题。

由于司法实践经常区分未届期和已届期的出资义务未(全面)履行,对后者的股权转让通常都认为出让人要承担对公司补足出资的债务责任,受让人在明知时承担连带责任。[57] 但对前者认识并不一致,盖因对股东的期限利益的理解不同。有强调未届出资期限的股东享有期限利益的保护,转让股权行为不违反任何强制性法律法规,不属于未依法履行出资义务的情形。[58] 亦有通过判断股权转让行为是否出于恶意,如经公司同意转让股权,视为善意;或者将股权转让时点与公司是否存在债务危机结合考虑,认为未届期股权转让时公司的债务还未形成,法院对债权人追索未届期的转让股东不予支持,[59]但在公司已经陷入债权人追索时转让股权,具有恶意。[60] 在现实中还出现了公司面临巨额到期债务时,未届出资期限股东纷纷将自己的股权转让出去的案例,最高人民法院最终裁定不予追究原股东的相应责任。[61] 这无疑会成为未届出资期限出资股东逃避出资义务的通道,如公司经营不善,未届出资期限股东可以将自己的股份转让给"穷亲戚"以逃避债务,这会严重损害市场交易安全。

未届期股权转让问题不仅涉及买卖双方的利益,而且会影响公司利益甚至公司债权人利益。当司法实践将公司的主体利益完全置之

---

[57] 参见《公司法司法解释(三)》第18条第1款。

[58] 参见北京市高级人民法院(2019)京民终字第359号案。

[59] 参见上海市第一中级人民法院(2020)沪01执异字第19号案。

[60] 参见四川省高级人民法院(2019)川民终字第277号案;北京市第三中级人民法院(2020)京03民终字第3634号案。

[61] 参见最高人民法院(2020)最高法民申字第133号民事裁定书。

度外，就会出现未届期股权转让的未来缴资义务归属出让方还是受让方的两难选择问题，这也是全面认缴制改革的遗留问题，《公司法》及其司法解释都未对这一问题有所规定。有观点认为出让人转让后即无须承担补足出资义务，因为股东的出资义务与公司股权的转让属于不同性质的法律事实，产生不同的权利义务关系，出资义务源自股东的认缴出资，即出资义务粘合在公司注册资本（股权）上，[62]未到期时该义务并不具有债务属性。[63] 同时，受让人是对外公示的公司股东，故应当由受让人承担相应的出资义务。亦有论者指出，可以参考债务承担理论，股权转让的完成必然要经过股东会的同意以及其他股东对优先购买权的放弃，此为债权人同意。转让全部未实缴出资股权的，属于免责的债务承担，全部出资义务由受让人承担；转让部分未实缴出资股权的，属于并存的债务承担，由出让人和受让人共同承担出资义务。[64] 这些观点均有一定道理，但是由于未能通盘考虑股权转让所涉及的各方利益而有所偏颇。股权转让中公司并非旁观者，尤其是瑕疵股权转让，可能会对公司利益产生重大影响，此时还应当考虑公司的独立意志与独立人格。

商事法律关系中主体的典型形态是公司这种组织团体，在尚未进行交易之前就已经牵扯多方法律关系和多方利益，这种团体法规范结构上的特殊性要求它在漏洞填补时必须经过利益衡量来妥善取舍。[65]在瑕疵股权转让法律关系中，不仅包括转让方与受让方，而且包括享有未届期出资债权的公司，或者已届期的各种瑕疵出资的股东对公司形成的债务。为彰显公司的主体人格和独立意思，保障公司资本安

[62] 参见前注⑬，邹海林文，第20页。

[63] 参见王东光：《论股权转让人对公司债权人的补充责任》，载《法律科学》2020年第2期。

[64] 参见刘敏：《论未实缴出资股权转让后的出资责任》，载《法商研究》2019年第6期。

[65] 参见于莹：《民法基本原则与商法漏洞填补》，载《中国法学》2019年第4期。

全,在股权转让中引入公司知晓特别是公司同意规则十分重要。

1. 公司同意权的直接法理依据依然是源于股东出资义务的法定性

如前所述,股东出资义务的法定性是创设公司拟制独立人格的核心要素,即使股东对其出资的选择性权限很大,都不得对抗必须向公司履行的法定出资义务。从这个意义出发,公司可以接受股东之间根据自己的财产状况和公司发展的需要所做的各种自治、自主安排,但一切均以公司可以维持正常经营为前提。换言之,根据《公司法》第3条的规定,公司需要以其全部财产对公司债务承担责任。公司作为独立人格,不应当被动接受股东出资到公司的财产,而是应当以独立法人的身份主动审查股东的出资是否及时、足额和有效,包括接受股东对公司出资的远期承诺。此时股东已获得了完整的股权,但因为该股权还负担对公司的出资义务,故称为瑕疵股权。当瑕疵股权被转让时,附着其上的债务也一并转让。即使是认缴股东的股权转让,也不仅是一种权利的转让,在认缴期限届满前转让的,实际上也包括对出资义务的债务转移。[66] 债务人转让债务需要征得债权人同意,是民法的一般规则,这一规则在公司法中如若得以贯彻,股东转让瑕疵股权,岂有不经公司债权人同意的道理?将公司作为股东出资义务所对应的债权人,适用民法中债务承担的规则,除当事人达成合意外,还需要获得公司同意后才允许转让。[67] 如前所述,股东出资义务并未脱离公司法所赋予其的法定性底色,如果单纯按照民法规则处理而缺乏商事特别法的考虑,必然会造成商法体系的不合逻辑性,也将难以充分圆

---

[66] 参见李志刚等:《认缴资本制语境下的股权转让与出资责任》,载《人民司法(应用)》2017年第13期。

[67] 参见前注㊹,王建文文,第88页;同前注㊿,俞巍、陈克文,第20页;同前注⑧,彭真明文,第96页;董惠江、王梦薇:《股东出资期限利益之否定——以权利外观理论为基础》,载《安徽师范大学学报(人文社会科学版)》2021年第1期。

满地实现商法所追求的价值。[68] 因此,需要在公司法中明确规定股权转让中的公司同意权。

2. 股东出资协议作为纯正的为第三人利益合同加持了公司在股权转让中的主体地位

我们还可以换另外一个角度来看,即股东出资协议是典型的为第三人利益的合同。在民法上,所谓为第三人利益合同,是指合同当事人在合同中为第三人设定了权利的合同。根据第三人对合同中的债务人是否享有以给付为内容的独立请求权,为第三人利益合同分为不纯正的为第三人利益合同与纯正的为第三人利益合同。[69] 1999 年《合同法》第 64 条未赋予第三人对合同中的债务人享有以给付为内容的独立请求权,为不纯正的为第三人利益合同,司法实践对于第三人权利的保护也比较保守。《民法典》承认纯正的为第三人利益合同,其第 522 条第 2 款中规定,“法律规定或者当事人约定第三人可以直接请求债务人向其履行债务,第三人未在合理期限内明确拒绝,债务人未向第三人履行债务或者履行债务不符合约定的,第三人可以请求债务人承担违约责任”,赋予第三人直接请求债务人承担违约责任的权利。这是为第三人利益合同理论的重大突破。可见在民法上,第三人的独立请求权来自法律规定或者合同约定。

商法中的公司设立协议、发起人协议或增资协议(统称“出资协议”)属于为第三人利益合同。设立时的股东或者发起人之间签订协议,承诺向公司出资,为公司设定了权利。那它是否属于纯正的为第三人利益合同呢?首先,要看出资协议中是否约定公司对出资人有请求出资的权利;如果有约定,则出资协议为纯正的为第三人利益合同。

---

[68] 参见钱玉林:《商法漏洞的特别法属性及其填补规则》,载《中国社会科学》2018 年第 12 期。

[69] 参见崔建远:《论为第三人利益的合同》,载《吉林大学社会科学学报》2022 年第 1 期。

其次,即便没有约定作为受益人的公司的独立请求权,由于公司法的若干规定,出资协议应属于纯正的为第三人利益合同。公司对出资协议中的出资人具有法定的独立请求权。《公司法司法解释(三)》第13条第1款规定:“股东未履行或者未全面履行出资义务,公司……请求其向公司依法全面履行出资义务的,人民法院应予支持。”《公司法(修订草案)》第46条第1款规定“公司……应当对股东的出资情况进行核查,发现股东未按期足额缴纳出资,或者作为出资的非货币财产的实际价额显著低于所认缴的出资额的,应当向该股东发出书面催缴书,催缴出资”。催缴是公司的一种权利,确立公司对于出资协议中的出资人的催缴权。对于依然不全面履行出资义务的,根据《公司法(修订草案)》第46条第2款,公司可以向该股东发出失权通知。

事实上,相比民事的为第三人利益合同,作为为第三人利益合同中的第三人,公司在出资协议中的角色、地位更加具有独立性。如果缺少公司的配合,出资协议失去存在的意义,这表现在若干方面:一是出资协议的目的是设立公司,[70]如果公司不能设立,属于合同目的不能实现,出资协议可解除。[71] 二是出资协议中的当事人出资义务所对应的权利是取得公司的出资份额或者公司发行的股份。不论出资份额还是股份,出资人权利(包括获得权利、行使财产权与表决权等)的享有、行使均依赖于公司。出资协议中的权利义务取决于公司的配合。三是在公司增资中,公司首先召开股东会作出增资决议,然后原股东或新股东认缴或者认购,股东的认缴或认购协议不仅有股东之间权利结构的重新安排,而且包含对公司出资的承诺。出资义务更是直接指向公司,公司当然享有对认缴或认购股东的独立请求权。

因此,出资协议属于纯正的为第三人利益合同,作为第三人的公

---

[70] 参见朱慈蕴:《股东违反出资义务应向谁承担违约责任》,载《北方法学》2014年第1期。

[71] 参见《民法典》第563条。

司享有独立的请求权。当瑕疵股权转让时,岂有不经公司债权人同意的道理?

3. 公司法应怎样构建股权转让中的公司主体地位:对《公司法(修订草案)》的一点评介

根据公司独立人格的团体地位,应当将瑕疵股权让与置于公司法框架下重新考察。由于瑕疵股权转让时其上仍有尚未缴付的债务,故此时股权转让当然不是股东与受让人能够决定之事,必须取得公司的同意。[72] 要特别强调的是,此时还需要完善瑕疵股权转让的程序性规范,不是简单的民法规则在公司法中的适用,而应是融入组织法层面的考量。

我们欣慰地注意到,《公司法(修订草案)》有两条填补漏洞的规定。一是第 87 条,规定了股东转让其股权的,应当书面通知公司,请求变更股东名册并向公司登记机关办理变更登记,公司无正当理由不得拒绝。公司拒绝或者在合理期限内不予答复的,转让人、受让人可以依法向人民法院提起诉讼。此规定有利于解决大量股权转让行为已经发生,但股东名册未变更,特别是企业信息登记系统中的股东未变更而引发的股权确认纠纷。根据这条规定,股东转让股权要主动通知公司,否则承担不利后果;同样,公司有义务及时办理各种变更手续,否则也将承担相应责任。二是第 89 条,两款内容都是针对瑕疵股权转让后的出资义务承担的问题:股东转让已认缴出资但未届缴资期限的股权的,由受让人承担缴纳该出资的义务;股东未按期足额缴纳出资或者作为出资的非货币财产的实际价额显著低于所认缴的出资额,即转让股权的,出资人的义务不能免除,但受让人知道或者应当知道存在上述情形的,在出资不足的范围内与该股东承担连带责任。显

---

[72] 参见朱慈蕴:《中国公司资本制度体系化再造之思考》,载《法律科学》2021 年第 3 期。

然,第 89 条除将《公司法司法解释(三)》第 18 条的内容提升至公司法中以外,还增加了认缴股东转让股权的债务承接者是受让人的规定。

但很明显,《公司法(修订草案)》新增的这两条规则,仍然没有从组织法的角度确立瑕疵股权转让中公司的重要地位,没有明确公司的同意权,实为遗憾。循此考虑,瑕疵股权转让时,除股东应遵守公司法中已有的程序性规制外,转让股东应当通知公司并经公司同意,其实还涉及瑕疵股权转让后的受让人是否具有对公司履行出资义务的能力。经公司同意,不仅是民法债务转让规则的要义,更是公司董事会作为公司"看门人"必须尽职的基本要求。所以,公司资本的安全直接关系到公司的持续经营,故瑕疵股权转让的同意权属于公司董事会而非股东会,这也能避免大股东利用其持股优势损害债权人利益。对股权转让的审查自然包括对出资义务安全的审查,特别是受让人的资质能力。股东出资义务不仅是合同上的义务,而且也是公司法上的义务。[73] 当然,在公司法框架下,还应当考虑到这种规则设置是否会产生闭锁效应,防止股东所持股权变得实际上无法转让。此时如果公司滥用同意权阻碍合理且合法的瑕疵股权转让,股东可以通过诉讼寻求救济。

总之,股权是一种特殊财产,在组织法下看股权转让,既是股东的私事,又是公司的公事,既可以由转让协议双方当事人自由约定,又不得不受制于公司资本安全的法定性约束,最终还是要妥善平衡股东、公司与债权人三方的利益。

五、结论

2013 年全面认缴资本制实施以来,围绕加速到期、未届认缴期的股权转让、瑕疵股权转让等问题众说纷纭。股东出资义务的性质是理

---

[73] 刘凯湘教授观点,参见前注[66],李志刚等文,第 110 页。

解与完善公司资本制度的钥匙。股东出资义务具有法定性与约定性双重属性,但法定性是股东出资义务的根本属性,它是公司得以享有法人独立人格的基础,是公司对外偿债能力的保障,是股东利益和债权人利益的最佳平衡点。我国的全面认缴制只是拓展了股东出资义务的可约定范围,并没有改变出资义务法定性的本质。从出资义务的法定性出发,诸多围绕全面认缴制的迷雾得以拨清。股东出资义务的法定性意味着不允许股东出资义务与其享有的对公司债权相抵销。公司法应明确鼓励投资人实缴出资设立公司,以创造诚实守信的商业环境。同时,也要强化公司资本的信号功能。修订草案所规定的加速到期制度是防止投资人滥用认缴制的重要补漏工具。正确理解草案中的加速到期制度,必须厘清公司法中的加速到期与破产法中的加速到期制度的截然不同,公司法中的加速到期制度与破产状态无涉,股东未真实缴资而导致公司不能清偿到期债务时,并不是“已具备破产原因”,此时的加速到期并非破产法中的债务清缴制度,将公司法与破产法混为一谈是对加速到期制度的重大误读。在动态方面,股东出资义务的法定性更有利于澄清公司在维持公司资本安全、充实方面的重要地位。修订草案应该更加明确公司在股权转让中的同意权,真正在公司资本充实方面塑造公司法的组织法属性。

第二节　无面额股*

根据有无票面金额的记载，股票被区分为面额股（par value stocks）和无面额股（non-par value stocks）。前者是指股票票面表示一定金额的股份；后者是指股票票面不表示一定金额的股份，这种股票的股份仅在股票票面上表示占公司全部资产或股本总额的比例。①

面额股制度曾经是世界上各国及地区公司资本制度的常例。② 但从目前看，越来越多的国家和地区的公司法改采无面额股制度，使得传统的面额股制度价值受到理论上的深刻检讨，并逐渐为立法者所扬弃。早在 1912 年，美国的纽约州就允许无面额股的发行。③ 自此之后，除个别州之外，大多数州采用了无面额股制度，只不过有些州彻底放弃面额股制度，仅采无面额股制度，而有些州则兼采面额股

---

* 本节与梁泽宇合作。

① 范健、王建文：《公司法》（第五版），法律出版社 2018 年版，第 315 页；官欣荣：《论我国无面额股制度之推行》，载《华南理工大学学报（社会科学版）》2013 年第 5 期。

② Stephen M. Bainbridge, *Corporate Law* (third edition), St. Paul: West Academic, 2015, p. 463.

③ N. Y. Sess. Laws 1912 C 351. See 11 Fletcher Cyc. Corp. § 5080. 60 (September 2020 Update).

制度与无面额股制度,形成了无面额股制度“赋权型”规制模式。[④] 作为大陆法系法定资本制渊薮的德国,于1998年修改股份法,允许股份有限公司发行无票面金额股票。[⑤] 欧盟二号公司法指令亦规定,公司股票既可以采用面额制,也可以采用无面额制。[⑥]日本于1950年就在其商法中引入无面额股制度,但并没有废除面额股制度,因此面额股和无面额股并存。至2001年,日本为促进资本市场的发展,修改商法彻底废除了面额股制度。[⑦] 2006年新加坡公司立法和规则架构委员会对公司法进行了修改,彻底废除了面额股制度。[⑧] 2012年,韩国修改公司法,引入了无面额制度。[⑨] 2014年,我国香港特别行政区公司法废除面额股制度,全面改采无面额股制度。[⑩] 我国台湾地区在2015年于“公司法”中引入“闭锁性股份有限公司”一节,并于其中的第356-6条规定:“公司发行股份,应择一采行票面金额股或无票面金额股。”由此可见,世界范围内无面额股制度取代面额股制度已经成为大势所趋。

目前,我国《公司法》正处于新一轮的修改周期,是否应当引入无面额股制度,以及如何引入该制度,应当得到学界的充分重视。

---

④ 11 Fletcher Cyc. Corp. § 5080. 60(September 2020 Update).

⑤ [德]托马斯·莱赛尔、吕迪格·法伊尔:《德国资合公司法》(第3版),高旭军等译,法律出版社2005年版,第65页。

⑥ Article 8 of Directive 2012/30/EU(Shares may not be issued at a price lower than their nominal value, or, where there is no nominal value, their accountable par).

⑦ 徐浩:《日本股份公司资本制度的演变分析——兼论我国股份公司资本制度的完善》,载《日本研究》2012年第1期。

⑧ 张末然:《新加坡〈公司法〉股票面额制度的废止研究及其中国借鉴》,载《市场周刊》2015年第2期。

⑨ 官欣荣:《论我国无面额股制度之推行》,载《华南理工大学学报(社会科学版)》2013年第5期。

⑩ 我国香港特别行政区《公司条例》第135条。

一、反思面额股的制度功能

我国《公司法》自1993年制定以来,一直采取股票面额制度。现行《公司法》第128条规定了我国股票发行的必要记载事项,其中包括"股票种类、票面金额及代表的股份数"。《公司法》第127条规定:"股票发行价格可以按票面金额,也可以超过票面金额,但不得低于票面金额。"

传统观点认为,面额股制度担负着以下三种功能:

一是债权人保护功能。面额股制度设计的逻辑是,通过确保公司所发行的每一份股份都为公司带来了足额的资本,进而保证公司整体资本的真实性。面额股制度通过明示股票票面金额、禁止折价发行确保了公司资本的下限,防止由发行"掺水股票"导致的资本不充足问题,由此来保证公司的资本是"货真价实"的。公司潜在的债权人能够依据公司的资本,判断公司的偿债能力,合理评估与公司进行交易的风险,进而采取恰当的手段维护自身利益。⑪

二是维护股东平等功能。面额股制度保证了所有股东在购买股票时出资都不少于票面所记载的金额,如此也就实现了"所有股东之间在认缴公司股份所支付对价方面的公允对待"。⑫

三是招徕投资者功能。在我国股票市场的发展初期,股票仍采取纸面形式,且投资者的投资知识相对匮乏。若股票上不标注金额,可能会失去潜在的投资者,因为没有经验的投资者可能误认为此类股票没有价值。与此同时,股票的面额还可以为股票的转让流通提供一定

---

⑪ Richard D. Freer, *The Law of Corporations in A Nutshell* (Seventh Edition), 2016, St. Paul: West Academic, p. 350.

⑫ 傅穹:《股票面额取舍之辩》,载《比较法研究》2004年第6期。另参见方嘉麒:《论资本充实原则——面额与财产出资规范模式的探讨》,载朱慈蕴主编:《商事法论集》第27卷,法律出版社2016年版,第168页。

的参考。

然而,我国《公司法》的立法历史已达 27 年,股票市场也历经了 31 年的发展,经济发展水平和投资者投资经验都有了很大提升,上述功能的法理依据是否充足应予以检讨。

1. 对债权人保护功能的检讨

立法者希望面额股制度能够杜绝折价发行,进而保证公司注册资本的充足度,以此来实现保护债权人的目的。但是,以上的逻辑推演似乎很难实现。

首先,公司的信用不仅仅取决于资本信用,运营中的公司更多地依赖于资产信用。完全依赖于公司注册资本对债权人的保护能力受到了诸多质疑。早在 20 世纪 90 年代,曼宁和汉克斯在他们的名著《法律资本制度》一文中已指出:"公司的'法律资本'纯粹就是个任意的数字,它同与债权人密切相关的企业经济状况毫无关联。"⑬2003 年,赵旭东教授指出:"撇开非由资本形成的公司资产不论,除在公司设立的某个瞬间外,公司资产纯粹由资本构成且资产本身未发生任何价值变化,会出现公司实际资产与注册资本完全一致的情形外,公司资产与资本的脱节是公司财产结构的永恒状态。"⑭人们越来越认识到,将债权人的利益保障完全寄托在公司的注册资本上,可能是一厢情愿。那么,为注册资本而服务的面额股又怎能担当保护债权人利益的功能呢?

其次,为了维系面额股制度,我国公司法杜绝"折价发行"。而股票是否按照票面金额发行,或者说是溢价发行还是折价发行,并不是债权人所关心的。相反,债权人更为关注的是,公司通过发行股份收到了多少实际资本。换言之,对债权人而言,公司股份按照何种价格

⑬ Bayless Manning & James J. Hanks Jr., *Legal Capital* (4th Edition), New York: Foundation Press, 1990, p. 91.

⑭ 赵旭东:《从资本信用到资产信用》,载《法学研究》2003 年第 5 期。

发行以及发行总量,比其股份的票面金额更重要。保护债权人利益的公司法最佳方案,一方面是如何约束未履行出资义务的股东履行其出资义务,另一方面是由全体发起人共同为公司资本的充足性提供连带担保责任。因为债权人作为公司外部人,很难了解股东们是否真实缴资,如实出资到位,其最优的诉讼策略甚至可能就是将所有的发起人列为被告。

最后,无面额股并不会导致股东随意支付对价,导致公司的资本不足。无面额股的发行与面额股一样,亦遵循公平交易、同股同价、同股同权、同股同利等股份发行的基本原则。一般来说,无面额股发行完毕后,公司会将所有的对价全部计入“股本”。[15] 因此,只要公司收到了全部发行股份的对价,那么,公司的实收资本一般就是注册资本,债权人将通过公司章程和登记资料获得公司资本信用的准确信息。

与之相反,倘若公司的新增股票是以溢价发行的,面额股制度还会阻碍债权人对股东的追索。假设 A 公司的股票面值为 1 元,现有股份 40 万股,公司的公允价值为 100 万元。现投资人甲希望通过认购新股的方式成为 A 公司的新股东,并持有 20% 的股份。故而,甲与 A 公司约定,甲向 A 公司出资 20(100 × 20%)万元,并获得 10 万股股份。此时,甲所持有的股票的票面总额为 10 万元,则另外的 10 万元被计入资本公积。公司不能清偿到期债务后,债权人发现甲仅支付了 15 万元认购款,另有 5 万元未付。此时,按照面额股制度,甲并没有折价购买股份,即便按 15 万元的总值计算,甲在每股上投入了 1.5 元,大于股票面值。所以理论上债权人不能追索甲的出资不实责任。如果我们跳出股票面值带来的陷阱,则会发现甲的出资责任为 20 万元,已缴 15 万元,还有 5 万元未缴纳,因此应当承担相应的出资不实责任。

---

[15] 刘燕:《会计法》(第二版),北京大学出版社 2009 年版,第 305 页。

总之,无论股票有无面额,股东都有义务足额缴纳其认缴的出资,面额股并不能保证股东出资更为真实。

(二)对股东平等功能的检讨

股东平等是指各股东按期拥有的出资额或所持股份的比例平等地享有权利、承担义务。股东平等主要是建立在股份平等的基础之上,因此这里的“平等”针对的是同种类、同批次的股份而言的。[16] 对于不同时期进入公司的股东,他们进入公司的对价可能是完全不同的。究其原因,公司股份的价值是以公司的估值为基础的。在公司的发展过程中,公司的估值会不断发生变化。与此相对应的,公司股票的价格也会随之发生变化。对一个企业而言,其创立之初的估值往往是最低的,因为此时公司面临的风险最大,而赚取利润或是获取市场的能力处于最弱阶段。随着公司经营蒸蒸日上,公司面临的风险逐渐减少,而带来正向现金流的能力则逐渐增强,因此公司的估值会逐渐提高。众所周知,企业在“天使轮”和“A 轮”融资中估值是最低的,而在此后的“B 轮”“C 轮”乃至“D 轮”融资中,估值会不断攀升。与此相对应的,新加入投资者为了获取相同比例的股份,要付出比前几轮融资更多的成本。反之,如果公司的经营逐渐衰退,公司的估值还会逐渐萎缩,此时新加入投资者就不愿意为同样的股份支付前几轮融资的价格。

以上这些交易,都应当交由市场来决定。创始人、老股东和新股东有能力对公司的股价展开充分的协商,各方都是自己利益的最佳捍卫者。由此看来,公司发行股份采票面金额还是无票面金额,与公司每一轮融资的发行价格并无关系。因此,面额股制度与是否能保证股东平等无关。

---

⑯ 朱慈蕴:《公司法原论》,清华大学出版社 2011 年版,第 241 页。

(三)对招徕投资者功能的检讨

自1993年年底起,我国就开始发行无纸化证券。到1996年年底,我国取消了证券交易所大厅。有学者认为2008年年底我国各种上市证券已实现全面无纸化。[17] 股票的现票交易已经彻底成为历史,股票面值已经不再具有流通转让的参考价值。目前,所有股票投资者所持有的股票,其价值都体现为账号上的一个数字(即即时的股价),我们在资本市场上经常看到股票的市场交易价格与股票的基本面额背离。在这种情况下,再为股票人为地设置一个面值已经没有必要。

另外,根据中国证券登记结算有限责任公司的公开数据显示,截至2020年10月,在A股和B股开立账户的自然人有17421.73万人。[18] 由此可以看出,股票交易已经具有浓厚的群众基础,股票的价值反映为股票的市值,与股票面值无关的观念已经深入人心。

二、无面额股制度的优势

1.低面额股制度—— 一个过渡状态

在我国股票市场的发展早期,股票面额有六种,包括1元、10元、20元、50元、100元、200元。这种情况造成了一定的混乱。时至今日,我国上市公司的股票面额已经长期被固定为"1"元(紫金矿业、洛阳钼业除外)。之所以面额被确定为"1"元,可能是受到1994年《国务院关于股份有限公司境外募集股份及上市的特别规定》和《到境外

---

⑰ 叶林:《无纸化证券的权利结构》,载《社会科学》2009年第3期。

⑱ 中国证券登记结算有限责任公司官方网站:http://www.chinaclear.cn/zdjs/tjyb1/center-tjbg.shtml,2020年12月16日访问。

上市公司章程必备条款》的影响。[19] 在境内证券交易步入正轨后,“1”元面额在境内交易市场逐渐形成惯例。这种股票面额远低于其发行价格的面额股制度,在理论上被称为“低面额股制度”。低面额股相比于高面额的优势是显而易见的。低面额可以降低每股交易价格,增强股票的流动性。由于我国不允许折价发行,如果公司股票采用高面额,例如200元,则初始发行价必须大于或等于200元,由此会极大地限制中小投资者的投资,而低面额就不存在这个问题。

在我国A股市场,所有的股票初次上市发行价都远高于“1”元,而且股票在二级市场上的流通价格在绝大多数时候高于票面价格,因而票面金额仅具符号意义。有人可能认为,低面额股制度和无面额股制度非常相近,在上市公司已经采取低面额制的背景下,无面额股制度没有引入的必要。笔者认为,低面额股仍然存在一定缺陷,不如一步到位,取消面额股制度。下文主要就无面额股相对于低面额股的优势展开分析。

2. 消除面额股带来的“股东投入资本”的非同质性

在面额股制度下,所有者投入的资本被分别计入两类会计科目——股本和股本溢价。其中股本为股票的面值与股份总数的乘积,股本等于注册资本。在溢价发行的情况下,所有者投入的资本中超出股票面额的部分被计入资本公积—股本溢价科目。[20] 原本都是来自投

---

[19] 《国务院关于股份有限公司境外募集股份及上市的特别规定》第3条规定:股份有限公司向境外投资人募集并在境外上市的股份(以下简称境外上市外资股),采取记名股票形式,以人民币标明面值,以外币认购。境外上市外资股在境外上市,可以采取境外存股证形式或者股票的其他派生形式。1994年国务院证券委、国家体改委《到境外上市公司章程必备条款》第12条规定:公司发行的股票,均为有面值股票,每股面值人民币1元。《国务院关于股份有限公司境外募集股份及上市的特别规定》第13条规定:国务院证券委员会会同国务院授权的公司审批部门,可以对公司章程必备条款作出规定。公司章程应当载明公司章程必备条款所要求的内容;公司不得擅自修改或者删除公司章程中有关公司章程必备条款的内容。

[20] 参见罗金明:《会计学》(第二版),高等教育出版社2020年版,第172页。

资者投入公司的财产，但因为股票的面额规定，不仅在会计科目上变为两个科目记载，还在法律上引起了混乱。

通常，公司法强调公司的注册资本，因为计入公司注册资本的是股票票面金额与股份总数的乘积。法律人士认为，公司的注册资本才是公司股本，溢价部分因为没有计入注册资本中，就不是公司股本。这个被称为公司法上的“美丽错误”，还容易导致司法实践中对公司财产分配基本原则的偏离。例如，有法院认为资本公积可以较为自由地返还给股东，而不需要像资本减少那样遵循严格的减资程序。在“硅谷天堂案”中，投资者共投入 4900 万元，其中 700 万元作为新增注册资本，另外 4200 万元被记作资本公积。法院一方面认为投资者无权要求公司回购其 700 万元的股权；另一方面认为公司应当返还给投资者 4200 万元的资本公积，同时应当支付利息。[21] 本案中，所有者投入的大部分资本被计入资本公积，而非注册资本。既然不是注册资本，当然应该不受公司股本不得返还的规则限制。这种处理方法颇具典型意义，但却是不恰当的。因为对投资人而言，其投入公司的全部财产都是其获得公司股份的对价，具有同质性。

我们知道，由于公司的成长期不同，企业创立初期资本风险大、利润率低，而企业正常经营后风险降低、资本利润率提高，因此，不同时期的公司成熟度不同，估值也不同。表现在股份发行上，就会出现后期出资比早期出资的价格高；表现在会计处理上，就是后加入的投资者之出资额往往不会全部计入股本，很可能是大部分被计入股本溢价。[22] 倘若按照前述法院的理解，那么大部分投资人投入的资本都可以较为自由地返还给投资者的，股东可以就资本公积部分获得与债权人等同的地位，甚至是优先地位。

---

[21] (2014)鲁商初字第 25 号民事判决书。

[22] 罗金明：《会计学》(第二版)，高等教育出版社 2020 年版，第 174 页。

在取消面额制度之后，股东为获取公司股票所缴纳给公司的款项应全数列为实收资本，计入公司股本（构成公司的注册资本），这样一来，不仅可以简化公司财务会计处理规则，也还原了投资者投入公司财产的同质性。在无面额资本制度下，会计科目设置上可以取消股本溢价—资本公积科目，不再区分为“注册资本”与“资本公积”两个科目进行核算，从而避免了股本与股本溢价两个账户的人为划分，避免对不具有财务分析能力的投资大众产生误导。[23] 当然，股本溢价的会计科目还可以保留，但不再成为法定的列入科目，而是根据公司投资人协议、股东协议或者公司章程的约定，自行确定实收资本中列入资本公积的比例，且需要通过法律明确资本公积的用途。

实际上，就所有者投入公司的财产而言，其就是投资人用于获取公司股份的对价，无论该部分财产是被计入股本或是资本公积，都不得任意返还给股东。《公司法》第 166 条规定，对股东进行的分配，只能以公司的利润作为财源，该规定暗含了资本公积不得变相分配。而《公司法》第 168 条的规定则明确了由股本溢价形成的资本公积只能用于扩大公司生产或转增股本，不能用于弥补亏损也不能作为利润进行分配。因而超过股票面额的部分虽然被记入资本公积，与公司股本记载的会计科目不同名，但除此之外，其来源、使用途径两者又无差别，由此导致概念不同引发的误解实无必要。

此外，我国企业普遍存在一定的求大心理，希望以高额的注册资本展示公司的实力。[24] 只要注册资本能够到位，这种心理是无可厚非的，客观上也有利于债权人迅速地评估公司的偿债水平。若采用面额股制度，大量的所有者投入资本会被记载为资本公积，不能直接体现在注册资本上，对公司的形象亦是不利的。

---

[23] 傅穹：《股票面额取舍之辩》，载《比较法研究》2004 年第 6 期。

[24] 施天涛：《公司资本制度改革：解读与辨析》，载《清华法学》2014 年第 5 期；蒋大兴：《质疑法定资本制之改革》，载《中国法学》2015 年第 6 期。

总之,股本溢价与股本一样,都是基于与出资的相关性而具有“资本”的属性,二者的性质及功能没有本质区别。㉕ 因此笔者认为,为了进一步突出“股东投入的资本”的同质性,在对公司资本进行分配时尊重股东劣后的基本法理,建议取消面额股制度,改行无面额股制度,将全部所有者投入的资本都计入股本,而不再另设资本公积—股本溢价科目。无面额股制度不会从根本上改变公司法中的重要原则——公司不得把资本优先返还给股东,而只是“改变在面额股体系下股本与股份溢价分设两个账目的复杂化计算方法,一般代之以单一包含所有认缴股本在内的单一科目”。㉖

3. 促进商事交易和投融资活动

(1)避免价格误导

股票票面金额通常并不表明股份会以什么价格发行给投资者,更无法表明股份在发行之后会以什么价格在市场中交易,充其量只不过是股票不得“折价发行”的法定发行底价。㉗ 在股票交易市场,股票的买卖都是按照当时的市场价值进行的,与股票的票面价值没有关系。但是,只要面额制度依然存在,就难免会导致一些没有经验的投资者对公司实际价值产生误解和疑虑。

(2)利于创始人掌控控制权

现代商业社会,创业企业投融资已经成为重要的商业活动。在此过程中,创始人向公司投入的可能是管理、知识产权甚至是创意,而投资人则投入资金。创新与资本的融合释放出巨大的生产力,二者共同构成推动互联网经济发展的双翼。创业企业投融资是一个双赢的过

㉕ 刘燕:《新〈公司法〉的资本公积补亏禁令评析》,载《法学研究》2006 年第 6 期;刘燕:《会计法》(第二版),北京大学出版社 2009 年版,第 305 页。

㉖ 官欣荣、李泫永:《公司法证券法诸改革与新探索》,人民法院出版社 2006 年版,第 282 页。

㉗ Paul L. Davies & Sarah Worthington, *Gower's Principles of Modern Company Law* (Tenth Edition), London: Sweet & Maxwell, 2016, p. 492.

程,创始人和企业获取生存和发展所必要的资金,代价是创始人让与一些企业的股权;而投资人则通过资本投入,获取企业的股权,进而分享企业发展壮大后产生的丰厚利益。目前,创业企业的发展都有一个重要特征,那就是创始人及其团队对企业的最终壮大有重要作用。因此,不仅创始人本人希望保持对企业的控制权,而投资人出于利润最大化的考虑,也希望创始人能够继续掌控企业,使企业走得好、走得远。[28] 就这一点而言,无面额股实际上给予了创始人既能融资又能保持自己的控制权的路径,因为无面额股与有限公司中的持股比例是一样的,即可以通过公司股份发行价格的不同,来解决创始人凭个人能力、才华等出资的难点问题。

举例来说,若创新企业发行 500 万份股票以筹集 500 万元注册资本,创始人和风险投资基金各认购 250 万股。若采用面额股制度,即便假设每股面额低至 1 元,则创始人仍需投入 250 万元进入公司。在无面额股制度下,创始人只需投入很少的资金,甚至只需投入象征性的资金即可获得其所需要的股份,风险投资基金则应补齐剩余的注册资本。这样,风险投资基金实际上是溢价购买了 250 万股,创始人则是折价购买了相同数量的股份,如此,创始人作为资金短缺的一方,既避免了股权被稀释,又获取了投资。总之,无面额股在公司资本构成和持股比例上释放了更多的弹性,实际上是增加了资本短缺一方人的谈判空间,因而对于创业企业是有利的,符合鼓励创新的大政方针。

(3)救助危困企业

在面额股制度下,当企业的股价已经低于其股票面额时,则会面临股权融资的困境。一方面,其股价已经低于股票面额,若以不低于股票面额的价格发行新股,必然少有人愿意认购;另一方面,此类企业

㉘ 方嘉麒:《论资本充实原则——面额与财产出资规范模式的探讨》,载朱慈蕴主编:《商事法论集》第 27 卷,法律出版社 2016 年版,第 169 页。

往往又是对新资金注入需求最为迫切,若不能从市场上及时融到资金,将面临破产的命运。然而,在股票市价跌破面值的公司中,亦不乏救助后即可“起死回生”的公司。若受制于不得“折价发行”之规定,这类企业既可能会因为无法增资而被迫破产,极大地折损社会整体福利。由此可见,就公司融资便捷和经济稳定而言,面额股制度无异于人为的“作茧自缚”,无法满足公司的效率化筹资需求,无面额股制度则无此负担。

(4)便于股份的细分与合并

面额股制度下,公司的资本严守以下公式:资本 = 股票面额 × 发行股份数量。那么,当公司细分或合并其发行股份时,必然会带来股份数量的相应增加或减少。如果保持股票面额不变,那就必然导致资本的增加或减少,这两者都会带来不必要的成本。

但是在无面额股制度下,就不存在上述问题。股票无票面金额意味着股票数量与公司的注册资本、实收资本没有直接关系。细分、合并股票只需在股票数量层面展开操作,而不会触及公司资本的变动。因此,理论上细分、合并股票也就无须经过股东大会决议,可以由董事会进行决议。这无论是对企业融资,还是对创始人的企业控制权,无疑都具有积极意义。

(5)便利公司发行股票股利

我国企业普遍喜欢以配发新股的方式分发股利。这一方面能够减低股价,增加股份的流动性;另一方面也可以锁定利润,避免公司现金的流失。在面额股制度下,配发新股意味着股本应当相应地增加,由此导致相应的成本增加。事实上,发行股票股利并不是严格意义上的分配,只是一项“纸面交易”(paper transaction),不会改变公司的财务状况,公司的资产没有减损,股东的财富亦未增加。在无面额股的环境下,公司可享有更大的灵活度,完全可以以“0”元的价格向全体股东派发股票股利。由此可见,公司除了流通股的数量变多了,股本、资产全都没有发生变化,很好地满足了各方主体的需求。

三、无面额股制度的引入与调适

1. 建议采用纯粹无面额股制度

理论上,根据公司章程有无股票最低发行价格的规定,无面额股被区分为记载式无面额股票和纯粹无面额股票两类。前者是指股票票面上并不记载股票金额,但公司章程内容规定有每股的最低发行价格的股票,后者不仅具备了无面额股的表面特征,而且在章程中亦不存在有关公司股票发行价格的规定,真正实现了股票的无面额、无限价。纯粹无面额股票价格的确定,由公司章程完全授权公司董事会根据股票市场情况以及公司自身筹资需要来决定。

国际上,采取记载式无面额股的立法国家是德国。《德国股份法》第 9 条第 1 款规定:"股票不得以……低于各无面值股划分的基本资本数额的价格发行。"[29]《德国股份法》第 23 条第 3 款第 4 项还规定公司章程必须明确规定公司发行股份的总数,因此每一份无面额股代表的公司资产仍是以公司的基本资本数额为基数计算的,所以记载式无面额股票仅是具备了无面额股票的表面特征,其本质上仍与面额股票无异,并非真正意义上的无面额股。[30]

记载式无面额股实则还是面额股,并不能发挥无面额股的制度优势,因此本部分认为,我国应借鉴美日等国的"纯粹无面额股"制度。

2. 面额股的存废与转换

从国际立法经验来看,引入无面额股制度,不代表面额股制度就

㉙ 本部分采用胡晓静、杨代雄对《德国股份法》的翻译。参见胡晓静、杨代雄:《德国商事公司法》,法律出版社 2014 年版,第 68 页。

㉚ [德]托马斯·莱赛尔、吕迪格·法伊尔:《德国资合公司法》(第 3 版),高旭军等译,法律出版社 2005 年版,第 65 页。另参见曾宛如:《低面额股与无面额股对台湾地区公司资本制度之冲击与影响》,载朱慈蕴主编:《商事法论集》第 27 卷,法律出版社 2016 年版,第 158 页。

被绝对废止。目前各国及地区立法例主要存在有以下两种规制模式:

模式一:无面额股制度与面额股制度并行,公司可以择一适用的赋权型模式。如美国《特拉华州公司法》仍然采用票面价值和声明资本的概念,同时也给公司以选择发行无票面价值的权利。[31] 如《德国股份法》第8条第1款规定:股票可以是额面股,也可以是无面值股。

模式二:强制性规则下的无面额股制度,典型的立法例有日本、中国香港特别行政区、新加坡等。例如,中国香港特别行政区《公司条例》第135条规定:(1)公司的股份没有面值。(2)本条适用于在本条的生效日期前发行的股份,亦适用于在该日期当日或之后发行的股份。

比较上述两种立法模式,每一类型均具有自身独特的优势与缺陷。"赋权型"的立法模式以法律授权公司自主选择发行"面额股"抑或"无面额股"为特点,其具有方式灵活与适用广泛、对现有制度冲击较小的优势,相应地可能会造成股票市场的混乱以及新制度难以推广的局面;"强制型"立法模式的特点则是法律强制公司发行股票一律不得记载票面金额,该模式的优点在于新制度推广简单,缺点则是制度转型的成本较高。对于立法者而言,无面额股制度引进路径与立法模式的选择,应当是在综合考虑制度成本、股票市场情况以及公司效率化融资需要等因素的基础上作出的相对较优决策。

笔者建议,可以采取"新公司新办法,老公司老办法"的思路解决,即现存公司可以继续采用面额股,也可改采无面额股,但倘若改采无面额股,则不得再改回面额股;新设公司则一律采用无面额股。

这样做的好处是,对于股票流动性较小的公司而言,其可以选择不予转换,这样其就完全不受相关法律规定的影响,不会产生转换成本。

---

[31] Delaware General Corporation Law §153.

此外,在股票面额制度双体系并行的情况下,《公司法》应当严格禁止同一公司既发行面额股,又发行无面额股的做法。原因在于,同一公司若是两类股票并存,会对公司股东的平等权益造成巨大破坏,同时也会加大投资者判断公司价值的复杂程度,不利于股票市场价格发行机制与价值发现机制的运作。

3. 对股本溢价的处理

无面额股票的发行价格中,可以由董事会设定或指定一部分或全部作为股票的价值,成为"设定价值",作为公司的资本,在"设定价值"之外的股票售价的其他部分,则作为公司"资本公积",也可以规定发行股票的所有价款全部归入公司资本。因此,公司发行无面额股,根据部分立法例,依然可能产生股本溢价问题。如《日本公司法》规定,股份有限公司的资本金额,为设立或股份发行之际成为股东的向公司缴纳的财产金额,该笔金额无须全部记为公司资本金,可以将不超过总数一半的金额记为资本公积金。[32]

根据我国香港特别行政区《公司条例》、《新加坡公司法》、美国《示范商事公司法》发行无面额股就不会出现股本溢价。我们可以从我国香港特别行政区《公司条例》附表 11 所规定的过渡性条文清晰地看到这一点。作为曾经采用面额股制度的法域,公司不可避免地会存在股本溢价。我国香港特别行政区《公司条例》要求,在面额股向无面额股转换的过程中,公司的股份溢价账的任何股份结余,都应当成为公司股本的一部分。[33]

从制度的简洁性来看,我国香港特别行政区《公司条例》、《新加坡公司法》、美国《示范商事公司法》的规定更具吸引力,可以有效地减少会计上长期存在的资本公积处理混乱问题,同时直接将原本计入

---

[32] 《日本公司法》第 445 条第 1 款、第 2 款。

[33] 我国香港特别行政区《公司条例》附表 11 – 第 4 部 – 第 2 分部 – 第 37 条。

资本公积的股东出资计入实收资本,契合“无盈利不分配”的利润分配原则,在理论上更加通畅,从根本上杜绝了以股本溢价弥补亏损的可能性。

当然,以上分析还仅停留于问题表面,更重要的是要分析股本溢价的作用和性质,由此才能决定股本溢价这一科目应当予以保留还是予以取消。在日本,股本溢价被计入公积金科目,而公积金是可以返还给股东的,且其程序相对宽松,只需经股东大会的普通决议决定即可,[34]章程亦可授权董事会为之。[35] 由于资本公积返还给股东较为自由,故日本允许股本溢价科目就有其合理性。

根据我国现行法,资本公积只能用于扩大生产或转增资本,不得用于弥补亏损,这也就意味着在理论上资本公积与资本一样,余额应当获得维持,亦不可返还给股东。故而,我国公司法上的资本公积实际上等价于资本,因此取消资本公积—股本溢价科目就不会产生会计处理上的不便。

总之,股本溢价在性质上仍属于股东投入公司的资本,是股东获得公司股权所支付对价的一部分,对公司发展有重要意义,应像资本一样被锁定在公司之内。股本溢价不是公司的经营所得,原则上不得分配,除非经由类似于减资的程序,否则不得退还给股东。

4. 法定盈余公积计提和盈余分配的调整

前文已经论证取消资本公积—股本溢价科目在我国具有理论上和实务上的可行性。但是取消之后,所有的股东出资就都会被计入资本,由此还会产生后续问题,相应法律制度必须进行调整。

我国《公司法》第166条规定,公司分配当年税后利润时,应当提取利润的10%列入公司法定公积金。公司法定公积金累计额为公司

---

[34] 《日本公司法》第449条第1款。

[35] 《日本公司法》第459条第1款第2项。另参见[日]山本为三郎:《日本公司法精解》,朱大明等译,法律出版社2015年版,第243页。

注册资本的50%以上的,可以不再提取。由于取消资本公积—股本溢价科目,往往意味着注册资本比之目前制度下要高,进而对股东利益产生负面影响。

举例而言,某公司的注册资本为100万元,股东共出资1000万元投入公司。在现行制度下,1000万元中的100万元计入实收资本,另外900万元计入资本公积。公司法定盈余公积计提到50万元(100×50%)即可停止计提,以后每一年所产生的税后利润(假定此后每一年公司都处于盈利状态),可以全部用以发放股利。但是若取消了股本溢价计入资本公积制度,则1000万元应全部计入注册资本和实收资本,则注册资本将从100万元涨到1000万元。在此情形下,公司的法定盈余公积必须计提到500万元(1000×50%)才能停止计提,可用于股东分配的盈余总额因此就减少了450万元(500－50),对于股东而言大为不利。

目前,国际上主要有两种解决模式可供我国参考。

第一种模式是美国《示范商事公司法》所采取的"双重偿债能力测试"模式。该示范法完全废弃了盈余公积的计提,采取了对股东最为友好的分配方式。质言之,双重偿债能力测试具体包括采取衡平偿债测试(equity insolvency test)和资产负债表测试(balance sheet test)两个测试,盈余分配必须同时符合前述两个测试,否则董事应当承担相应责任。衡平偿债测试要求公司于分派后,仍应具有清偿债务的能力,否则不得分配。[36]因而,董事会必须在分配股利前进行衡平测试,以保证股利分配后有充足的现金流来清偿即将到来的债务。[37]资产负债表标准要求公司资产总额不会低于负债总额,或者在公司发行了清算时能够有限受偿的权益(如优先股)时,资产总额不会低于负债与清算

[36] Model Bus. Corp. Act. §6. 40.

[37] Model Bus. Corp. Act. §6.40 cmt.2.

有限权益之和。[38]

第二种模式是适当调低法定盈余公积的计提比例和计提上限,以消除无面额股带来的影响。例如,日本规定公积金包括资本公积金和盈余公积金,实施盈余分配时,应当将依该盈余分配减少的余额乘以1/10得到的金额,计入公积金,[39]公积金的总额不得超过资本金的1/4。[40]

笔者认为,利润分配的前提条件是公司的经营活动赚取到利润。[41]而双重偿债能力测试只要求公司的净资产大于零,显然是将股东的出资也纳入了可分配的范围内,对“无利润不分配”的基本法理的突破过大。此外,之所以我国《公司法》要求计提盈余公积,是出于“以丰补歉”的考量,防止“寅吃卯粮”,仍有一定的可取之处。例如,英国虽然允许公司在回购、减资等事项上采取偿债能力测试,但是依然坚持在利润分配上采取传统模式,[42]其原因就在于,如果用偿债能力来衡量利润分配,很可能导致对长期债务的考虑不足。[43]

因此,我们主张对利润分配采取较为严格的事前规制。具体而言,可以采日本模式,要求公司从盈余中提取盈余公积,但是鉴于资本的数额相对膨胀,因此可以降低停止计提的比例,例如将目前的50%限额降低到25%。

四、结论

票面价值也不是“价值”,它不是发行价格,也非股票市价,充其量

---

[38] Model Bus. Corp. Act. §6.40.

[39] 《日本公司法》第445条第4款。

[40] 《日本公司法施行规则》第116条第9款;《日本公司计算规则》第22条。转引自[日]山本为三郎:《日本公司法精解》,朱大明等译,法律出版社2015年版,第241页。

[41] 朱慈蕴:《公司法原论》,清华大学出版社2011年版,第233页。

[42] 《英国2006年公司法》第643条、第709、第714条、第831条。

[43] Eilís Ferran, Revisiting Legal Capital, 20 Eur Bus Organ Law Re 521,535(2019).

是不得折价发行立法中的发行底价。立法者所希冀的股票面额能作为资产进出的标尺来维护公司债权人的利益、昭示股东之间的平等，本来就是一种形式上的、虚幻的空想。随着商业社会的发展，资本信用向资产信用观念的转变、债权人维权手段和意识的不断提高、创业企业特殊的融资需求等因素进一步消解了股票面额的合理性基础。

无面额股卸载了股票本不该承担的功能，还原了股份的真实面貌，有利于进一步释放市场活力。在我国引入无面额股必须注意与面额股的制度交接，并与相关制度进行调适。本部分提出，我国应引入纯粹无面额股，在新公司设立时强制其发行无面额股，在处理存量面额股时，应预留充分的过渡时间。取消资本公积—股本溢价科目是无面额股带来的重大革新，是对现行盈余分配制度的根本性变革。当然，本部分只探讨了引入无面额股可能直接引起的若干制度变革，还有许多更深远的影响值得理论界和实务界进一步探索。

第三节 类别股*

2011年，甘肃省高级人民法院认定私募股权投资者和公司之间签订的对赌协议无效，引发实务界的广泛反响。本案一审法院兰州市中级人民法院认为双方的约定不符合《中外合资经营企业法》关于企业净利润应根据合营各方注册资本的比例进行分配的规定，因此无效；二审法院甘肃省高级人民法院认为本案合同"名为联营，实为借贷"，不符合相关法律规定，确认合同无效。① 双方均不服，向最高人民法院申请再审。最高人民法院作出判决，确认海富投资与甘肃世恒之间的对赌条款无效，理由是该补偿条款损害了甘肃世恒的公司利益和债权人利益，但是对赌协议中甘肃世恒的大股东香港迪亚公司对甘肃世恒公司的担保条款合法有效。②

该案中的对赌条款具体为《增资协议》中的"业绩目标约定"和"回购约定"两个条款。对赌条款的实质为"估值调整机制"，它与私募股权投资常用的其他特殊投资条款，

---

* 本节与沈朝晖合作。

① 本案具体案情，请参见彭冰：《"对赌协议"第一案分析》，北京仲裁委员会编：《北京仲裁》第81辑，中国法制出版社2012年版，第197—198页。

② (2012)民提字第11号。

如反稀释条款、表决权分配条款、否决权条款等，反映了不同类型股东的投资偏好和不同需求。该案中的私募股权投资者对是否享有股份表决权并无太大兴趣，因为他只持有被投资对象 3.85% 的股份，影响不了控股股东对公司的控制力。但他特别偏好利润回报的安全性，因而通过协议特别约定业绩目标和回购权。这种合同交易结构设计的合法性与合理性都值得商榷。普通股将财产权和表决权捆绑在一起，无法满足投资者对财产权或表决权的特殊需求，而公司类别股恰好具有投资者放弃股权内容中的表决权，但相应获得稳定利润回报的功能。③

一、类别股：满足公司融资多样化与投资偏好差异

公司既是投融资与创造财富的工具，又是投资者的集合体。在前一个意义上，公司意味着融资来源、渠道、方式和工具的多样化，在债和股这两种基本融资渠道的基础上，衍生出一系列类似债券或者类似股份的融资工具，比如可转换证券、权证、类别股等。投资者的集合体则是指公司存在多种投资需要和不同层次的投资者，比如期待获得更多财产利益分配的投资者，或者希望对公司享有一定控制权的投资者。现代公司理论研究表明，股东“同质化”的假定不成立，而股东“异质化”表现为股东之间投资目的与认知的差异化。④ 就私募股权投资者而言，由于创业企业的信息不对称和营业进展的波动性，投资者和企业常常拟定一些特殊的投资条款，以保障私募股权投资的基本回报和投资安全。一般而言，私募股权投资者和创业企业有相互捆绑

---

③　由于信息、不确定性与激励等问题，私募股权投资者往往会采用优先股之类的特别安排来自我保护。（参见 Ronald J. Gilson, *Engineering a Venture Capital Market: Lessons from the American Experience*, Stanford Law Review, Vol. 55, No. 4, 2003, p. 1072）

④　参见汪青松、赵万一：《股份公司内部权力配置的结构性变革——以股东“同质化”假定到“异质化”现实的演进为视角》，载《现代法学》2011 年第 3 期。

的需求,防止彼此在未经己方同意的情况下擅自退出或转让股份;私募股权投资者往往对公司的控制权不十分在意,因为它的商业模式是在一定数量的创业企业中进行分散化投资。与这些私募股权投资者相对应的是企业的创始人与原股东,他们追求在引进股权投资的同时维持对企业的日常控制权,因此,企业创始人通常选择让渡一部分金钱利益,但要求维持董事会的多数席位和对企业的控制。

由于公司法没有特别规定,实践中往往通过投资者与公司或原始股东进行个别的合同约定,以满足投资者和公司各自的特别要求。通过合同进行特别约定的解决办法虽具有灵活性,但这种合同安排有较大的法律不确定性。在财产权(盈余分配权、剩余财产分配优先权)的特殊约定中,如果某些投资者享有优先清算权,则违反了我国公司法关于清算财产分配的强制规定;投资者与公司签订的股权估值调整协议,因损害公司利益与债权人利益,其效力争议较大;一票否决权与其他关于表决权分配的约定(如少数股东享有超级投票权),违背公司法关于股份公司的一股一权与资本多数决的原则;在营业进展不顺时,投资者根据合同约定要求公司回购股份,易触犯公司法关于股份回购的强制规定;等等。另外,合同个别约定的解决方式导致股权在内容上因受制于个别约定而造成股权的同质性、同值性下降,直接影响股份的流动性。而流动性是股权的重要价值,流动性的降低损害了股东和股东权的可转让性,增加了投资风险。

我国现行公司法中单一的普通股制度不能满足投资者的差异化需求。普通股将公司的财产利益和表决权进行份额切分和标准化,克服了合同转让的不便利性。但普通股的特征在于将股份中的财产权和投票权进行捆绑。如果法律只提供普通股这种将财产权与表决权捆绑的融资工具,公司融资将受到束缚,投资者的需求不得不通过“法外空间”来满足。假如公司只能采取普通股的融资方式,那么,敢于冒险的投资者和希望稳定回报的投资者不得不将双方的特殊需求通过缔结合同的方式实现。然而,如果公司股东人数众多,股东之间经常需要相互的分配权交易,由于众多股东之间两两缔结的合同具有相对性,股份标准化份额转移便利的优势将丧失殆尽。

面对我国现行公司立法仅采取单一的普通股类型,司法者对实践中不同类型的投资者通过合同进行类似于上述案例中表决或者财产分配不同的安排时,可能因缺少具体法律制度的支持而去借助一些不相关的法律规定来认定它们无效,难免铸成错判,这被学界批评为"'削足适履'的裁判思维"。[⑤]

类别股是可以将对财产收益权或表决控制权有不同偏好的投资者容纳到同一公司中的一种法律制度。它的属性与功能特别适合风险投资者解决在投资中小企业时所面临的信息不对称与不确定性问题。实践中私募股权投资的蓬勃发展和特殊投资条款的频频使用,使得我国引入类别股制度有着较强现实需求和一定的实践基础。

二、类别股的双重属性与融资功效

类别股是相对普通股而言的。普通股是指传统的、完整具有股权各项权能的股份,而类别股是指股东权利在某些方面有所扩张或限制的股份类型。其理论基础是股权的各项子权利可相互分离,重新组合。在 1971 年 Stroh v. Blackhawk Holding Corp. 一案中,伊利诺伊州禁止发行无投票权的普通股,公司为了规避该法律,发行了两种普通股:一种是完整权利的普通股,另一种是仅有投票权,但不拥有财产权的普通股。所有的第二种普通股由管理人员持有,它发行价格极低,这样管理人员可以极低的成本,达到控制公司的目的。法院认为第二种股份是正当的,并主张:股权中的参与公司管理和控制的权利、获得

---

⑤　参见彭冰:《"对赌协议"第一案分析》,载北京仲裁委员会编:《北京仲裁》第 81 辑,中国法制出版社 2012 年版,第 197—198 页。

经营盈余和利润的权利、取得分配资产的权利,三者可以分离,它们在一个股份中不必然是完整和对称的。⑥

类别股股东所享有的权利具有债权和股权的双重属性,其实质是在股权内容切割基础上的债权和股权的混合。一方面,类别股股东同样也要承担公司的经营风险和破产风险,不享有债权人的权利,如不能申请公司破产。另一方面,相比普通股,类别股的股东权利在某些方面会有所减损或扩张,甚至会附加一些不属于股权内容的权利,如回赎权。类别股的种类可以根据股份所包含的权利束进行划分。最具代表性的类别股有两类。第一类是在公司盈余分配或公司剩余财产分配方面有特殊安排的股份,如优先股、劣后股与普通股;第二类是在投票权方面有特殊安排的股份,较常见的是公司可创设双层普通股(dual class common stock):A 类普通股是一股一个表决权,B 类普通股是一股十个表决权("多投票权股")。

任何人侵害类别股股权时,股东可以行使请求权,以排除他人的侵害并恢复或者替代性恢复股权的应有状态。故股权的保护具有绝对性,可对抗一般人。类别股是当事人以契约或习惯创设的,类别股股权作为一种对世权、绝对权,将会涉及不确定的第三人利益。因此,类别股必须法定化,以确保其正当性。为了保证类别股的绝对性权利,使公司后加入的股东以及外部人能够及时、准确地了解类别股的存在,还应该将类别股进行公示。这也是股权的效力使然,股权的存在及变动不应仅仅存在于当事人之间。换言之,股权的内容、归属及现状如何,应有能从外部加以识别的表征,使股权关系透明化。从立法技术而言,股权只有通过法定才能明确其统一的内容与基本规则,便于公示。

公司法确认和保护股东对股份的支配与占有,表达的是社会财富

---

⑥ 参见邓峰:《普通公司法》,中国人民大学出版社 2009 年版,第 364—365 页。

的一种分配方式。当一个公司存在不同种类的类别股时,在相关利益群体之间有效地建立利益衡平体系十分复杂。不同国家和地区在不同历史发展阶段上,类别股的种类有所不同,而且经历了从简到繁的过程。我国在公司法发展初期,没有设置类别股制度的现实需求和制度基础。如今,市场经济充分发展,公司制度已成为人们投融资的基本工具。为有效实现各类投资者之间的利益平衡,明确管理层的信义义务,减少谈判或交易成本,实行类别股法定原则十分必要,即公司可以发行哪些内容的类别股,公司法应明确规定,并且禁止当事人在法定的种类之外发行类别股。

类别股的创设需要根据不同投资者之间的协商确认,并通过公司章程予以记载,且通常为公司法所规定的必要记载事项。这是因为公司的资本结构(债权、股权的比例)如何构成,关系到债权人和后续投资者的利益,需要在公司章程中公示。未经公示,创设的类别股不成立。公司章程公示类别股的相关信息,一方面是为了使有可能受其影响却无法参与公司决策的原始中小股东,有机会了解公司股权结构的变化,重新评估投资的风险及投资预期,甚至可能选择"用脚投票";另一方面是那些可能对公司具有投资意愿的新股东或债权人在作出投资决策时能获悉公司发行了哪些类别股,作出明确的风险判断,决定自己投资工具类别的选择。

优先股典型地体现了类别股的双重属性。优先股最突出的特点就是事先约定股东的固定回报率、优先分配、优先清算甚至优先回赎等优先权利。作为代价,优先股股东通常对公司一般事项没有表决权。优先股股东的权利是双层的,即优先权是公司章程创设的,只能通过合同法得到保护;而优先股股东也是股东,他与普通股股东共同享有的所有其他权利,同样受到公司法上信义义务的保护。⑦ 优先股股东有权利提起衍生诉讼,追究董事违反信义义务。同样,法律保护优先股股东免受控制股东的利益侵占。但优先股股东又显著区别于普通股股东,它的优先权范围在于公司章程赋予优先股股东相对于普通股股东的优势,一般表现在公司清算分配、利润分配等事项,有的可能享有回赎权。⑧ 普通股的价值回报来源于公司绩效的改善,而优先股是根据证书的股利优先条款,获取固定的股利,在这个方面,优先股类似于债券。⑨ 不过,优先股与债权相比,其持有人对公司的投资是永久投资,不能抽回出资。虽然有可赎回的优先股,但可赎回权的设定不仅要有法定依据,而且行使时必须遵守严格的条件与程序。对公司盈利享有优先分配或固定分配的优先股,因其股权性质,在公司无利润的情况下亦不得享受分红,其优先权无法实现。

在融资功能上,类别股的巧妙之处在于分割投资者的经济利益和对公司的事实治理权,充分体现控制权与财产权的博弈。投资者和企业通过运用类别股制度,可以构建理想的控制权关系,合理分配股东之间的利益和风险,满足风险资本和创业者的不同偏好。同时,投资者和企业所做的具体的、个性化的约定,如果写入公司章程,并有公司类别股制度的合法性支持,亦可消除投资的法律风险。

首先,优先股契合了私募股权投资者与创业企业的合作需求。⑩ 私募股权投资者偏爱使用的对赌条款,法律不确定性较大。如果公司法明确规定优先股,则当事人可在优先股的框架下安排优先分红权或

---

⑦ 参见 Melissa M. McEllin, *Rethinking Jedwab: A Revised Approach to Preferred Shareholder Rights*, Columbia Business Law Review, Vol. 2010, No. 3, 2010, p. 908。

⑧ 参见 Lawrence E. Mitchell, *The Puzzling Paradox of Preferred Stock (and Why We Should Care about It)*, The Business Lawyer, Vol. 51, No. 2, (Feb. 1996), p. 445 - 446。

⑨ 参见 Melissa M. McEllin, *Rethinking Jedwab: A Revised Approach to Preferred Shareholder Rights*, p. 900。

⑩ [日]布井千博、朱大明:《论日本法中的公司种类股与风险金融》,载王保树主编:《商事法论集》2010 年第 18、19 合卷,法律出版社 2011 年版,第 27 页。

者特定条件下的回赎权等，可以实现私募股权投资者的特殊目标。

其次，对于社会上存在的厌恶风险或者风险承受力低的公众投资者而言，优先股有着较强的吸引力。优先股的另外一个优势在于它不会稀释股东的持股比例，容易获得老股东的支持，克服发行普通股融资的表决障碍。[11] 优先股还为公司提供了更大的灵活性，公司可以选择支付股利的时机。

最后，在国有企业或家族企业中，政府或家族创始人特别注重对公司的控制权，公司可创设双层普通股。政府或家族创始人持有多投票权的B股，公司的对外股权融资不会稀释原有股东对公司的控制权，二者兼顾。欧洲公司法中的“金股”其实是类别股中的附否决权条款的股份，政府对国计民生行业的管控可通过相关公司向政府发行附否决权条款的股份来实现。双层普通股也为美国的上市公司经常使用。

相比其他投资安排，类别股有诸多制度优势。第一，类别股不仅会提供较大的自治空间，而且法律效力明确，而投资协议条款有诸多的不确定性。第二，公司创设类别股必须公示，这有利于交易安全和保护第三人，而风险投资者和企业家的私下协议安排往往是隐蔽的，外部第三人尤其是债权人无从知悉。第三，股东之间或股东与公司之间的协议只对合同双方有约束力，对当事人之外的第三人没有约束力；而通过公司章程创设与公示的类别股股东的出资条件具有对抗第三人的效力。[12]

三、类别股的公司制度价值

金融创新与融资市场的发达是公司制度现代化的内在动力。美

---

⑪ Jonathan Barron Baskin and Paul J. Miranti, Jr., *A History of Corporate Finance*, New York: Cambridge University Press, 1997, p. 152 – 153.

⑫ ［日］布井千博、朱大明：《论日本法中的公司种类股与风险金融》，载王保树主编：《商事法论集》2010年第18、19合卷，法律出版社2011年版，第23—24页。

国公司法的动态发展与其公司金融市场的发达和多元化密切相关,[13]体现金融市场促进公司法演化的基本原理。其一,“融资、约束和治理”是公司融资推进公司治理进化的基本逻辑和范式。公司治理实际是在处理不同投资者的保护、不同类型投资者之间的利益冲突和投资者与公司管理层之间的代理成本等问题。不同类型的投资者对公司管理层的约束机制和影响力不同,比如债权人依靠合同条款的设计,股东依靠投票权和出售股份。类别股股东的产生与股东利益的多层化,对公司治理提出更高的要求。其二,类别股是公司融资的创新,而融资创新对公司治理的权利配置、行为规则和各方的权利三个层面都产生深刻的影响。在权利配置方面,公司治理的资本结构多元化,投资者要求公司的投资回报方式差异化,要求形成与资本结构相适应的产权关系与利益格局。[14] 在行为规则与权利的界定方面,类别股的双重性使得它叠加适用公司法与合同法规则。类别股的创设不仅为公司融资创造了巨大空间,更深层次的是,对于商事组织法层面的制度创新及其相关制度完善,具有重要价值。

1. 股权价值理念的变化

股权是投资者向公司出资获得的对价,是一种将财产权和身份权集于一体的权利。传统的股权价值理念是将股权的拥有者——股东定位于公司剩余索取权者,相较于债权人的收益与公司盈余与否无关的特质,股东作为剩余索取权者只能在公司获利时才能分红,在公司亏损时则是公司经营和投资决策失败风险的首要承担者。因此,公司法的基本原理是,将投票控制权分配给公司剩余索取者,形成收益与

---

[13] 从 Berle 和 Means 描述的情况来看,早在 19 世纪末、20 世纪初,美国公司类别股的创设品种已极为发达。类别股制度在美国的公司实践与司法裁判中已经成型与成熟,对我国具有一定的借鉴意义。(参见 Adolf A. Berle, Jr. and Gardiner C. Means, *The Modern Corporation and Private Property*, New York: The Macmillan Company, 1932, p. 127 - 200)

[14] 参见冯果、李安安:《公司治理一体化走向的制度发生学解释——以结构融资为中心展开》,载《现代法学》2012 年第 1 期。

控制相匹配的股权价值体系。于是,经济利益权与投票权等比例,成为股东行使投票权与监督管理层的激励;两权捆绑成为公司控制权市场出现的基础;由经济利益所有人享有选举公司董事的权利,这是管理层在公司行使权威与管理公司财产之合法性的核心基础;⑮一股一票还有利于节约代理成本。这些构成了基础的公司结构。但类别股突破了股权之经济收益与表决控制等比例的传统结构与激励原则,使得股权的内涵价值发生分裂:一方面股权收益权与公司盈余的关联度大大降低,向债权性演进;另一方面表决控制权的大小却未必与持股数量相关。类别股以及其他金融衍生品的发达(如有经济负担股份与有法律负担股份的出现)使得股权之经济利益权与投票权分离与不成比例难以避免,带来公司结构的变革。⑯

2. 丰富股东平等原则的内涵

股东平等是公司法的基本原则。⑰ 有研究指出,股东平等的本体观念应包含多种不同对股东平等与否的判断标准:股东自主行为之自由的平等;股东权利形式上的平等;股东获得利益机会的平等;股东获得利益总体份额上的平等;股东之间适当的差别原则。⑱ 复合主义股东平等观在公司法中的立法表达为,作为抽象的私法主体,所有股东在法律人格上是平等的;基于股东身份所享有的权利性质和类型是相同的;⑲在分红和表决方面,股东权利的平等是一种比例性平等。股东

---

⑮ 参见 Henry Hu and Bernard Black, *The New Vote Buying: Empty Voting and Hidden (Morphable) Ownership*, Southern California Law Review, Vol. 79, No. 4, 2006, p. 850。

⑯ 参见 Shaun Martin and Frank Partnoy, *Encumbered Shares*, University of Illinois Law Review, Vol. 2005, No. 3, 2005。

⑰ 参见 James Cox, *Equal Treatment for Shareholders: An Essay*, Cardozo Law Review, vol. 19, 1997, p. 615 – 616; Lucian Arye Bebchuk, *Toward Undistorted Choice and Equal Treatment in Corporate Takeovers*, Harvard Law Review, Vol. 98, No. 8, 1985, p. 1782。

⑱ 参见田尧:《股东平等原则:本体及其实现》,吉林大学 2013 年博士学位论文,第 62—64 页。

⑲ 参见顾功耘、井涛:《论股东平等原则》,载[日]滨田道代、吴志攀主编:《公司治理与资本市场监管——比较与借鉴》,北京大学出版社 2003 年版,第 171 页。

平等原则体现在公司运作的诸多环节,在股份发行时,同次发行的股份同价;在表决权方面,一股一票;公司盈余分配和清算剩余的分配依据股份的比例;股票平等原则要求公司和董事平等对待所有的股东。

不过,如果股东之间存在的客观不平等或者公司对股东实施不平等的对待(例如某些股东享有优先分红权,某些股东享有一股十个表决权),可以有效地增进全体股东的利益,特别是改善处于弱势地位股东的话,那么,这种差别或公司对股东实施的不同对待是符合股东平等原则的。股东形式平等原则的前提是同一类别的股东。对于不同类别的股东,则应遵循实质平等原则,不同股则不同权。实质平等原则考虑到了股东之间偏好和需求的差别,允许他们与公司约定一些特殊的股权内容和合同内容,并同时将这些信息公示,以使第三人知悉。未来的投资者在投资公司时,将公司创设类别股的状况加以考虑,再决定是否投资或以什么价格投资。因此,无论对于类别股股东还是普通股股东,对于发行类别股之前的股东还是后加入的股东,既维护他们同股同权的形式平等,亦实现不同种类股东之间的实质平等。类别股的创设事实上丰富了股东平等原则的内涵。

在法理上,股东平等原则的立法目的是为保护少数股东,防止多数股东滥用多数决规则,作出对少数股东不利的决议。[20] 由此,公司法规定多数股东在行使资本多数决时负有对公司和少数股东的信义义务,目的在于防止控股股东滥用资本多数决,要求控制股东在追求自己利益最大化时不得使其他股东利益受损,以平衡股东之间的利益。而在类别股的情境中,由于公司需要按照“不同股东、不同对待”的实质公平原则行事,当公司的决议涉及变动类别股的权利时,须单独召开类别股股东大会进行投票表决。因此,股东多数决不会对类别股股

[20] 参见[日]田泽元章:《日本企业的敌意收购与收购防御措施》,杨东等译,载王保树主编:《公司重组:理论与实践》,社会科学文献出版社2012年版,第129页。

东造成利益侵害。

在现代公司法中,无论是大陆法系还是普通法系,均不固守僵化的股东形式平等,而是承认股东形式平等原则的例外。其一,大陆法系的主要国家承认类别股之间的股东权的差异化是符合实质平等原则的。比如在法国,股东之间的地位平等原则不具有绝对价值,通过给予某些股东以特别权利,打破股东之间的平等。有许多公司对自己"稳定的股东"都给予复数表决权,或提高这些股东所得的股息。[21] 德国的股份公司在同等条件下必须同等对待所有的股东,但是当法律或公司章程对股东的权利或义务作出不同规定时,公司可以区别对待不同的股东,包括公司可以发行没有表决权的优先股。[22] 其二,普通法原则上所有的股份是平等的,但是,如果有相反的约定,则承认可以有不平等对待的情况。[23]

3. 公司法信义义务的演进与分层

因考虑利益冲突的多元化,类别股将使得信义义务规范在纵向与横向两个方面发生演变。在纵向方面,董事的信义义务将在勤勉与忠实义务的基础上,演化出公平对待不同类别股东的义务,更加明确地指向公司社团的整体利益;在横向方面,由目前的控制股东对中小股东的信义义务,演进到不同类别股东之间的信义义务。

股份类型多元化的公司资本结构中,公司的利益冲突将凸显为两类:股东与管理层之间的纵向利益冲突和不同类型股份之间的横向利益冲突。前者是代理成本问题,可以通过规定董事、高管的受信义务

---

[21] [法]伊夫·居荣:《法国商法》第1卷,罗结珍、赵海峰译,法律出版社2004年版,第814页。

[22] [德]托马斯·莱塞尔、吕迪格·法伊尔:《德国资合公司法》,高旭军等译,法律出版社2005年版,第118—119页。

[23] 参见 Shanghai Power Co. v. Del. Trust Co., 316 A.2d 589, 593 (Del. Ch. 1974); Melissa M. McEllin, *Rethinking Jedwab: A Revised Approach to Preferred Shareholder Rights*, p. 908-909。

加以解决。对后者而言,作为实现不同投资目标的类别股份,其持股人之间的利益冲突是内在的、不可避免的。在类别股制度下,典型的利益冲突存在于优先股与普通股之间。除了参与性优先股,大部分优先股股东通过获取固定股利,而不是资本升值或公司利润增加来获得投资回报。它与普通股股东之间利益冲突的根源是风险偏好的差异。相比普通股股东,优先股股东厌恶公司投资的风险,因为它是获取固定的股利回报,或者是通过清算公司而行使优先清算权,取回投资与合理回报;而普通股股东则是依靠公司存续和公司绩效的改善而获利。公司财富的分配是零和博弈,优先股与普通股从同一个资产池中获取收入,在公司总财富给定的前提下,一方拿得多,意味着另一方相应地拿得少。㉔ 尽管董事的信义义务要求公司决策者平等对待和保护普通股和优先股股东的利益,但董事会是由具有投票权的普通股股东,甚至是控股股东所控制的。横向利益冲突表现为普通股股东对类别股股东的剥夺和利益转移。尽管优先股享有优先分红权,但只有当公司有盈利时,公司才分红;而分红的决策权属于董事会,包括是否分红,以及是每个季度、每年还是若干年才分红一次等具体事项的决策权都掌握在董事会手中。㉕普通股股东往往会利用对董事会的控制而侵犯优先股股东的应得利益。

类别股制度的确立将为我国的公司治理提出更高标准。董事信义义务的传统内容是勤勉与忠实义务。无论普通股还是类别股,股东利益的保护主要依赖公司董事会的忠实和勤勉,而不同类别的股东之间的利益冲突是客观存在的。股份的类别化与股东平等原则要求董事在作出商业决策的时候不仅要勤勉、忠实,还必须公平对待不同类

㉔ 参见 Lawrence E. Mitchell et al., *Corporate Finance and Governance*, Durham, North Carolina: Carolina Academic Press, 2006, p. 653。

㉕ 参见 Franklin Gevurtz, *Corporation Law*, 2nd ed., St. Paul, MN: West, 2010, p. 117 - 118。

别的股东。公平义务将强化董事对公司整体利益的信义义务，即董事应当维护公司的整体利益，[26]而不是受控于其所提名或选举的股东，[27]仅服务于个别股东。公司利益作为团体利益，是普通股和类别股股东的利益交集。只有将董事信义义务的对象设定为公司利益，才能公平对待各类股东以及其他利益相关者，协调各类股东之间的利益冲突。目前，中国公司法对于利益冲突的调整采取事前禁止的模式，将更多的审查权力赋予股东会。这种做法的取向"强调公司所有权而忽略了公司利益"。[28] 类别股的创设及其衍生的董事公平义务，有利于我国公司董事决策和信义义务更加明确地指向公司利益，进而增强公司的社团性。

在股东的信义义务方面，类别股也会促使其演进与分层。股东信义义务的理论基础是对董事会决策有实质影响力的股东，应对其他股东承担信义义务。[29] 它来源于董事的信义义务。股份的类别化不仅仅是控制股东与中小股东的简单的类别形态，相应地，承担信义义务的主体也不仅是控股股东（滥用控制地位），而且包括公司董事会与对公司决策有影响力的普通股股东（对类别股股东的信义义务）。同时，股东代表公司诉讼的对象也将从董事、高管、控制股东扩展到普通股股东。

在股东诉讼和外部融资者的压力之下，董事会在公司组织中的中心角色和公正决策将得到强化，董事会和股东会之间的权力可能会重

㉖ In re Trados Inc. S' holder Litig. ,No. 1512 – CC,2009 WL 2225958, at 7 (Del. Ch. July 24,2009).

㉗ 参见邓峰:《董事会制度的起源、演进与中国的学习》，载《中国社会科学》2011 年第 1 期。

㉘ 参见邓峰:《公司利益缺失下的利益冲突规则——基于法律文本和实践的反思》，载《法学家》2009 年第 4 期。

㉙ 当然，股东之间的信义义务与董事的信义义务有重大区别:股东之间的信义义务是股东之间的利益衡平，而董事的信义义务是服务于公司利益。（参见黄辉:《现代公司法比较研究》，清华大学出版社 2011 年版，第 243 页）

新配置。我国现行公司法采取股东会中心主义,司法实践中把公司视作股东财产的延伸,“董事会不过是控股股东们对公司控制权延伸的手臂”,[30]这无法适应企业融资多元化和投资需求多样化趋向的要求。随着私人财富的增加,类别股股东作为一股重要的外部投资力量,将推进股东会中心主义向董事会中心主义的转变。首先,董事会承担更大的责任维护不同股东的利益,而责任与权力是相对应的,更大的责任要求更大的权力,股东会与董事会之间权力将重新分配。其次,因为类别股的引入,公司决策和利益关系更为复杂,股东会决策更加没有效率,势必会加大对董事会授权。事实上,股东会投票表决也是基于董事会拟定的方案,而集体行动的困境、羊群效应与股东分散化的投资,往往使得股东会的集体决策流于形式。不仅如此,董事会成员往往以经过股东会表决作为自己未尽到信义义务的抗辩。

4. 法律强制与公司章程自治的互动增强

法律强制与公司章程自治功能之间的互动,将在类别股私人创设的过程中得到更大的发挥。一方面,根据类别股法定原则,公司法必须规定若干种常用的类别股种类及其基本内容,公司创设和运用类别股,必须在法定框架下进行,且必须按照公司法的规定对类别股的创设和变更进行公示。另一方面,投资者与公司完全可以利用公司章程的自治功能,在法定种类的类别股制度之内,根据不同投资者的不同投资目的,对法定类别股的种类和内容进行不同组合。因此,公司章程的自治功能将在引入类别股和完善公司法中得到更大的发挥。具体来说,其一,公司章程的公示性和对抗性特征,使其需要向外界传递公司的资本结构、类别股的股份、持有人及具体情况等信息,以便其他投资者或者交易方准确地了解公司。投资者与公司可以充分利用公

---

[30] 邓峰:《董事会制度的起源、演进与中国的学习》,载《中国社会科学》2011 年第 1 期。

司章程的自治功能所赋予的合法空间,来创制恰当的公司股权结构及股债比率。其二,从股东权保护的角度来看,一方面通过公司章程创设的类别股不易变动,增发资本和修改公司章程通常被规定为特别多数决事项,即需要经过出席股东大会的2/3多数决通过,这有利于保护股东利益不受侵犯;另一方面也必须根据不同类别股的期待利益设计不同的表决事项、表决方式和救济途径,当公司需要创立或者增设类别股时,影响类别股股东权益的事项,包括增发新股、创设新的类别股、对类别股权利的变动等,均需要经过公司章程修改的法定程序。

5. 挑战僵化的公司资本制度与观念

类别股对我国公司法遵行的资本制度构成挑战,它的引入将使我国目前的公司资本制度具有一定的柔性与弹性。我国现行公司法大体沿袭了大陆法系的“资本三原则”——资本确定原则、资本维持原则与资本不变原则,目的是交易第三人(特别是债权人)的安全。[31] 根据资本严格管制的传统,股东对公司的投资,形成公司的资产和公司独立人格。股东除对公司享有剩余索取权,不得从公司获得任何利益,除以下两种情形以外:公司依照法律规定与程序向股东分红;公司解散清算。我国对资本的严格管制被认为是僵化与无效的制度。[32]

类别股突破了我国传统公司法关于股权不能获得固定收益回报的基本理念。一般而言,股东在经济利益方面只有权按照出资比例、持股比例或法律允许的比例分取红利,且获取的回报与公司效益挂钩。显然,事先确定的回报利率以及先行分红或清算的类别股,冲击了公司利润分配与清算分配的准则。

在形式化的资本管制下,公司资金运作的灵活性较小,资本运作效率低,运营的回旋空间小。比如,我国对股份回购采取原则上禁止

---

[31] 参见朱慈蕴:《公司法原论》,清华大学出版社2011年版,第204—210页。

[32] 参见邓峰:《资本约束制度的进化和机制设计——以中美公司法的比较为核心》,载《中国法学》2009年第1期。

的立法政策是资本维持原则的具体化,只允许四种例外情形下的股份回购,[33]但股份回购是公司运作的一种重要手段,它可以调节资金、稳定股价、加强公司控制权、抵御敌意收购等。[34] 对于闭锁型公司的股东而言,股份回购是防止公司压迫的一种重要的退出机制。如果公司有权发行附回购条件的股份,根据所附条件的不同,可能是公司主动回购,也可能是投资者享有请求公司回购的主动权。类别股的产生软化了资本制度的僵硬。

四、类别股制度构建的基本框架

目前,主要国家的公司法均规定有类别股制度。我国公司法尽管隐含着公司发行类别股的自由,但不够明确,类别股的制度供给不足。2005 年《公司法》第 127 条规定:“股份的发行,实行公平、公正的原则,同种类的每一股份应当具有同等权利。同次发行的同种类股票,每股的发行条件和价格应当相同……”通过反面解释,不同种类的股份可以具有不同等的权利。[35] 2005 年《公司法》第 132 条规定:“国务院可以对公司发行本法规定以外的其他种类的股份,另行作出规定。”“经与被投资企业签订投资协议,创业投资企业可以以股权和优先股、可转换优先股等准股权方式对未上市企业进行投资。”[36]但这些条文不仅因迄今为止国务院没有进行相关规定而尚未激活,而且实践中企业工商登记尚不允许特殊股份类型的登记,证监会亦不允许拟上市公司存在普通股以外的特殊安排。[37]

---

[33] 2005 年《公司法》第 143 条。

[34] 参见施天涛:《公司法论》,法律出版社 2006 年版,第 266—267 页。

[35] 参见任尔昕:《关于我国设置公司种类股的思考》,载《中国法学》2010 年第 6 期。

[36] 参见 2005 年 11 月 25 日,国家发改委等十部委联合发布《创业投资企业管理暂行办法》第 15 条。

[37] 《金融业发展和改革“十二五”规划》明确提出“探索建立优先股制度”。参见郑晓波:《证监会:优先股条件成熟时推出》,载《证券时报》2013 年 5 月 25 日,第 A002 版。

类别股的引入可能会造成股东之间、股东与债权人之间的利益失衡,并可能导致公司代理成本的增加,因此,构建一个利益再平衡的类别股制度是十分重要的。

第一,类别股的种类必须法定化。类别股种类法定是股权性质的本质要求,是公示的基础,类别股法定还有利于有效建立与公司利益相关者之间的衡平体系。当公司发行类别股时,需要原有股东表决通过,而通过类别股法定和公示,后续投资者(包括债权人和新股东)向公司投资时,充分知悉公司资本结构的组成,公司已经发行了哪些和多少类别股,由投资者判断是投资一股一权资本结构的公司,还是投资双层普通股资本结构的公司(不同资本结构的公司所发行的股份之市场定价会有差异),股东在信息充分的前提下根据自由意志选择,可缓解投资者之间的权利失衡。类别股法定和公示制度,有助于解决经济利益权与投票权分离所产生的信息披露问题。

一国公司法应规定哪些种类的类别股,应当以该国公司的本土需求为依据。在我国,中小企业存在通过私募股权进行融资的需求;政府为了公共目的需要控制国有企业,特别是关系国计民生的关键行业企业,多投票权股份有现实的合理性。综合主要国家的类别股立法情况与我国的实际情况,应在公司法修订或在国务院的相关行政法规中,至少先确立若干种内容简单、实务常用的类别股种类:在股利分配、剩余财产分配方面的优先股、表决权股(包括超级表决权、限制表决权)、可由公司回购的类别股、股份类别之间可以相互转换的可转换股份。并同时规定,在类别股种类法定的原则下,公司不得创设公司法之外的类别股。等待实践经验更加成熟,再逐步扩展类别股的种类。

第二,类别股与债权人利益的协调。我国实行严格的公司资本制度,主要目的是保护债权人利益。类别股打破了传统的债权、股权“二分法”为基础的资本结构,使股权的性质更接近于“债”。通过发行类别股筹集资金,尽管可能具有固定收益等债权融资的属性,但其在本质上仍属于股份的一种。特别是在判断公司是否资不抵债的情况下。[38] 在这个问题上,商法应与税法、金融监管等公法规则不同。税法与金融监管推行实质重于形式,比如,根据税法的资本弱化规则,执法者倾向于将公司发行类别股时设定的具体条款视作不可分割的整体,基于经济实质来判定类别股发行所得的属性,[39]以进行课税。然而,商法的基石是商行为的"独立法律意义"原则:如果商事行为或交易是遵守相关法律规定所为,那就在法律形式上有独立的法律意义,即使交易的构造或客观效果可能规避商法中其他类型的规定,法院也不能否定具有独立法律意义的商事行为或交易的效力。[40] 投资者与公司遵守关于类别股设定程式和内容的相关法律规定所作出的商事行为,不应被轻易否定或改变其法律性质。在独立法律意义的原则下,公司法一般不应事后重新认定与调整公司的资本结构。[41]

在商事法律方面,对类别股与资本制度之间的矛盾应作事前规制。首先,优先股、不可赎回优先股、可赎回优先股、累积性优先股(法国甚至叫储蓄股)四类类别股,依其程度不同,逐渐脱离股权属性,偏向债权性质。以可赎回的累积性优先股为代表的债权属性较重的类别股,弱化了公司的资本能力,有利于表面上降低公司的资产负债率财务指标,更容易向债权人借贷。从债权人保护的角度来看,无投票权或低投票权的类别股发行比例高的公司更容易伪装资本,美化资产负债率等财务指标。公司盈余分配方面的优先股更涉及公司的利润

㊳ 参见 Frank Partnoy, *Financial Innovation in Corporate Law*, The Journal of Corporation Law, Vol. 31, 2006, p. 820 – 826。

㊴ 参见冯果、李安安:《金融创新视域下的公司治理——公司法制结构性变革的一个前瞻性分析》,载《法学评论》2010 年第 6 期。

㊵ C. Stephen Bigler and Blake Rohrbacher, *Form or Substance? The Past, Present, and Future of the Doctrine of Independent Legal Significance*, The Business Lawyer, Vol. 63, No. 1, 2007, p. 1.

㊶ Frank Partnoy, *Financial Innovation in Corporate Law*, p. 820.

分配，而利润分配还可以用作公司减资和股东撤资的变相途径，[42]这些可能都会动摇公司资本制度。因此，大陆法系国家及地区的公司法以公司股本总额为基数，规定优先股只能占股本总额的一定比例。[43] 其次，类别股中的附取得请求权的股份、附取得条款股份、附全部取得条款股份均是由公司向类别股持有人回购股份，为了与公司资本严格管制的传统相协调，又不固守传统而损及公司运作的弹性，在我国未来的公司立法中应对涉及回购条件的股份发行加以程序上的限制，包括回购决定的公司程式（如应由股东会作出）、理由说明、公司以何种对价向投资者回购等均应有规定。[44] 最后，作为一种特别规定，在财务会计方面，债权属性比较大的优先股不应记为公司的资本，而应记为公司负债。这是为保护债权人利益的特殊财务会计安排。

第三，对于双层投票权普通股的引入应区分情形加以规制。一方面，多投票权股有利于公司的长远发展规划，公司不需要为提高股价等短期目标采取急功近利的行为；证券市场对公司的定价功能为投资者提供一定保护。[45] 双层投票权普通股还有利于克服股东的"搭便车"行为。[46] 一律禁止双层普通股的资本结构，公司法显得过于刚性与僵化。特别是，国有企业是我国国民经济基础；国家所有权具有社

---

[42] 邱海洋：《公司利润分配法律制度研究》，中国政法大学出版社 2004 年版，第 7 页。

[43] 《法国公司法》第 228－11 条第 3 款："无表决权优先股不得占有公司一半以上的资本；在股票准许进入规范市场交易的公司，无表决权优先股不得占有公司四分之一以上的资本。"［参见《法国公司法典》（上册），罗结珍译，中国法制出版社 2007 年版，第 261 页］《意大利民法典》第五章"公司（合伙）"第 2351 条："附有此种限制的表决权股份，不得超过公司资本的二分之一。"（参见《意大利民法典》，费安玲等译，中国政法大学出版社 2004 年版，第 406 页）

[44] 参见前田庸：《公司法入门》，王作全译，北京大学出版社 2012 年版，第 79—84 页。

[45] 参见张舫：《美国"一股一权"制度的兴衰及其启示》，载《现代法学》2012 年第 2 期。

[46] Henry Hu and Bernard Black, *The New Vote Buying: Empty Voting and Hidden* (*Morphable*) *Ownership*, p. 852.

会稳定的功能;国家所有权在我国属于一种公共信用机制。[47] 而双层普通股对于保障国有公司中的国家权益以及完善国企治理结构有特殊意义。

另一方面,双层普通股的引入确实有不利影响。特别是当公司管理层持有多投票权股份的时候,公司管理层可以用少量的股份控制公司,强化内部人控制,造成公司控制权市场失灵,避开外部市场监督,并削弱独立董事的地位。[48] 对此,应区分两种不同的双层普通股。我国应禁止公司通过资本重置(recapitalization)将现有的股份转换为不同投票权股份,但应允许公司在发行新股时,发行新的限制投票权或无投票权普通股,对新股东实行双层普通股。因为在前一种情形下,控股股东对公司决议具有控制力,容易强迫其他股东接受股份发行方案,迫使其他股东的股份转为低投票权股份,这是资本多数决的弊端。而后一种情形属于控制股东为维持已有的控制地位而发行低投票权股,其他投资者自由认购,这种公司融资方案不会稀释原有股东的控制权,便利公司融资,又不违背中小股东的意志,不应禁止。[49]

第四,类别表决机制。我国公司法采取股东会中心主义,股东会在公司权力运作和决策中扮演着重要角色。股东会的运作是否规范,关系到公司运作和治理的规范与效率。在只有单一普通股的股东会结构中,公司法只需要规定一套股东会规则。类别股的引入,将丰富我国股东大会的内容与层次。在类别股和普通股混合的公司中,公司需要具备对股东会更高的驾驭能力。公司的董事和管理层,则必须能

---

[47] 参见蒋大兴:《公司法的观念与解释Ⅰ:法律哲学 & 碎片思想》,法律出版社 2009 年版,第 239—248 页。

[48] 参见 Joel Seligman, *Equal Protection in Shareholder Voting Rights: The One Common Share, One Vote Controversy*, George Washington Law Review, Vol. 54, 1985 - 1986, p. 721 - 723。

[49] 参见 Ronald J. Gilson, *Evaluating Dual Class Common Stock: The Relevance of Substitutes*, Virginia Law Review, Vol. 73, No. 5, 1987, p. 807 - 844。

熟练组织不同类型股东大会会议,才能推进董事会的决策在股东大会通过。此外,由于一些重大事项需要经过类别股股东大会单独开会和表决,股东对董事的监督力量将进一步增强。

关于类别表决机制,首先需要公司法明确规定,哪些事项必须经过类别股股东大会的表决,哪些事项由普通股股东大会表决,哪些事项是需要类别股和普通股股东共同开会和表决。本着利益相关原则,当公司作出的决议涉及类别权的变更、损害或影响时,须经过类别股股东大会的表决,具体情形至少包括:增加或减少该种类股份的数量;将某类股份的全部或部分兑换或转换成另一类股份;改变某一种类股份的名称、权利、优惠或限制;将某类股份换成同类的不同数量的股份;创设新的在权利或优惠优先于、高于或在实质上等于该一类的股份;限制或取消该类股份已有先买权或取消、影响该类股份的分配、取得红利的权利以及其他可能影响类别股股东权益的事项。[50]

类别股股东大会的程序性规则需要完善,包括股东大会的召集、最低出席人数、表决通过人数,这些规则为类别股股东大会的运作提供规范基础。表决通过要件的立法原则是:对表决事项进行区分,采取不同的表决通过要件,对普通事务从宽通过,特定事务从严通过,分为一般多数、特别多数与全体同意三类;公司法规定会议表决通过的最低标准,但授权公司章程可以规定比公司法更严格的标准。[51]

一般来说,无表决权的优先股和无表决权的普通股无权参加普通

---

[50] 如我国台湾地区“公司法”第 159 条第 1 款;《日本公司法》第 322 条;美国《示范商业公司法》第 10.4 节;《澳大利亚公司法》(2011)第 246C 条。

[51] 如《日本公司法》第二编“股份公司”、第四章“机关”、第一节“股东大会及类别股东大会”第 324 条,第 111 条(规定了需全体类别股股东同意的事项);2006 年英国公司法第九章“股份的类别与类别权利”(Classes of Shares and Class Rights)第 630 条“类别权的变更:针对拥有股份资本的公司”。

股股东大会的表决。但在一定条件下，表决权可以复活。[52] 表决权复活的触发规则是公司法的强制性规定，是一种利益再平衡的机制。

市场与社会对法律的需求力量积累到一定程度，会自下而上地促使法律制度的变更。目前，公司融资的本土实践已经为类别股制度的产生提供了现实土壤，我国公司法应具有应对复杂融资问题的包容性。公司法除了提供债权和股权的融资工具，还应规定类别股。

---

[52] 比如，《联邦德国股份法》第140条(2)规定："如果在一年度没有或者没有完全支付优先股息，并且在下一年度除了该年度的全部优先股息之外不能补交余额，那么，优先股东在余额补交之前有表决权。"(参见《德国股份法》，杜景林、卢谌译，中国政法大学出版社2000年版，第72页)类似的立法例在日本、美国、法国均存在。

第四节　公司偿债能力测试*

一、引言

资本维持原则素来被公司法学者奉为统领公司资本制度之圭臬。① 公司法在该原则的引领下形成了一系列资本规则，以保障公司资本充足与债权人之债权安全。但在过去半个世纪，理论界与实务界越来越发现，这些规则不仅没有达到保护债权人的目的，反而可能沦为律师和会计师操纵公司资产的工具。② 20 世纪 70 年代末美国掀起了一场对公司资本制度的反思，其中最显著的成果就是 1980 年《示范商业公司法》中偿债能力测试的引入。③ 此后，新西兰、新加坡、日本、英国、澳大利亚及我国香港特别行政区等也对公司资本制度做了相应的改革。在会计制度的专精化发展与商事交易的创新性演进下，绝大多数国家和地区公

---

* 本节与皮正德合作。

① 参见冯果：《论公司资本三原则理论的时代局限》，载《中国法学》2001 年第 3 期。

② See Bayless Manning & James J. Hanks Jr., *Legal Capital*, 3rd ed., Foundation Press, 1990, p. 96.

③ 其英文表述为"solvency test"，指普通公司在进行股利分配、股份回购等"分配"行为时，董事应当对公司财务状况进行的判断。为将其与保险公司等特殊金融行业的"solvency test"所指代的偿付能力进行区分，笔者将其译为偿债能力。

司资本制度都在向自由化转型。我国公司法虽已基本放弃对公司资本的法定要求,但依然采用资本维持原则统摄着资本制度体系,在出资、利润分配、回购、减资等事项上都各有一套与公司会计制度紧密连结的资本规则。经过多次政策导向的资本制度缓和化修改,我国公司资本制度的入口端已极其灵活,但传统的资本后端制度与宽松的资本前端制度无法匹配。偿债能力测试历经了40年的检验,且不断有国家和地区选择引入,其中包括传统法定资本制国家,这或许能为解决我国公司资本制度所面临的问题提供有益的参考借鉴。

二、偿债能力测试的起源与实践

1. 偿债能力测试的立法起源

美国早期实施的法定资本制度要求严苛,公司分红只能针对资产大于负债与资本之和的“盈余”部分进行,在《示范商事公司法》1969年至1979年的版本中即如此。④ 这就要求,公司分配时要使留存的净资产大于资本,以保证公司的债务清偿能力和运营能力,故公司资本成为债权安全的缓冲垫。但是,这套源自股本的制度体系不仅没有为债权人提供多少显著的保护,甚至还产生了负面效果。⑤ 因为公司可以通过内部运作来调整资本账户,以实现股东的意图。故在实践中,自愿债权人大多会通过合同条款来维护债权安全,而不是依靠资本制度。

于是,20世纪70年代末《示范商事公司法》修改时采纳了学界两个重要观点:第一,任何对股东的分红、股份回赎、回购或者部分清算等,对于公司和股东来讲都具有相同的经济效用,即都减少了公司的资产且没有改变股东在公司中的比例性利益。所以,这些行为应当被

---

④ See James J. Jr. Hanks, *Legal Capital and the Model Business Corporation Act: An Essay for Bayless Manning*, 74 Law & Contemp. Probs. 213 (2011).

⑤ 参见前注②,Manning 等书,第91页。

法律相同对待。第二，没有任何经济上的理由，依靠任意的、经济上无关的数字——股票的票面价值、声明资本等，对公司分配的自由进行限制。[⑥] 1980年《示范商事公司法》以第一个观点为基础，统合了所有实质上的分配行为，形成了第1.40条(6)的"大分配"观念；依据第二个观点，将烦琐的分配规则统统摒弃，形成了第6.40条(c)的偿债能力测试；[⑦]其还在第8.33节确立了董事违反偿债能力测试进行分配的责任。该法以"大分配"和偿债能力测试为核心，搭配董事违法分配的责任，重塑了公司资本制度体系。

《示范商事公司法》第6.40条(c)所创设的偿债能力测试由两部分构成：第一，公司的现金流能够支撑其正常运营所产生的到期债务，从动态的角度要求公司的商业运营能在董事的主导下持续进行，这被称为衡平测试。第二，公司所有资产的价值至少大于公司对外负债的总值，从静态的角度要求公司不陷入破产，这被称为资产负债表测试。[⑧] 董事需要根据这两层测试来判断公司财务状况，以决策分配事项，并在违法分配时承担相应的民事责任。这一测试不再关注公司资产与资本之间的关系，而是关注公司资产与公司债务的对应关系，抓住了公司债权人的核心关切——债务与公司现金流在债务期满时的匹配程度。此外，这一测试也没有产生额外的复杂性，[⑨]不过是具体化了董事受信义务的一个侧面。《示范商事公司法》的该次修改对美国各州公司法产生了巨大的影响。州际竞争使各州纷纷进行相应的改

---

⑥ 前注④，Hanks文，第213页。

⑦ See Bayless Manning, *Assets In and Assets Out*: *Chapter Ⅵ of the Revised Model Business Corporation Act*, 63 Tex. L. Rev. 1529 – 1530 (1985).

⑧ 根据《示范商事公司法》第6.40条(c)的规定，如果公司进行分配后将产生下述后果，则不得分配：(1)公司将无法偿还通常经营过程中的到期债务；(2)公司总资产将少于其总负债与(除非公司章程另行规定)公司(经营)所需资金之和。如果公司在分配时即将解散，该所需资金应足以满足股东在公司解散时享有的优先于他人获得分配的优先权。

⑨ See J. B. Heaton, *Solvency Tests*, 62 Bus. Law. 985(2007).

革,马萨诸塞州公司法甚至只要求公司满足衡平测试就可以进行分配。[10] 有些州虽然在立法中仍然坚持传统"盈余"分配体系,如特拉华州,[11]但也在判例中发展出了类似的测试。[12]

2. 偿债能力测试的实践样态

偿债能力测试的应用场景是公司的"大分配"行为,要求董事综合多方面因素对公司的财务状况进行判断。实践中围绕该测试的争议多为公司债权人或股东起诉董事,认为董事对公司是否符合偿债能力测试作出了错误的判断。近些年最典型的案例就是关于董事对风险投资者所持优先股回购与回赎的判断。判例丰富并发展了偿债能力测试,在衡平测试与资产负债表测试之外形成了第三项标准——资本充足测试。因此,法官要进行三层检验:衡平测试检验公司能否偿还其正常经营中的债务;资产负债表测试检验公司资产是否大于负债;资本充足测试检验公司的资本充足率能否支撑其运营,包括业绩不佳时的运营。[13]

(1)衡平测试

《示范商事公司法》官方评注认为,在决定公司是否满足衡平测试时,如果没有相反证据证明,就推定以下内容是正确的:根据现在公司产品和服务的需求状况,公司能够获得足够的资金以应对可以预见到的公司债务;根据公司的财务状况、市场前景和相同企业的信贷状况,有合理的理由相信公司近期将要到期的负债能够获得融资支持。[14] 这

---

⑩ 参见前注②,Manning 等书,第 64 页。

⑪ See Delaware General Corporation Law § 170.

⑫ See Robert J. Jr. Stearn & Cory D. Kandestin, *Delaware's Solvency Test: What Is It and Does It Make Sense-A Comparison of Solvency Tests under the Bankruptcy Code and Delaware Law*, 36 Del. J. Corp. L. 165 (2011).

⑬ See Jessica D. Gabel, *The Terrible Tousas: Opinions Test the Patience of Corporate Lending Practices*, 27 Emory Bankr. Dev. J. 415, 449 (2011); Robert J. Jr. Stearn, *Proving Solvency: Defending Preference and Fraudulent Transfer Litigation*, 62 Bus. Law. 394 (2007).

⑭ See Model Business Corporation Act § 6.40 cmt. 2.

也就意味着,除非原告能证明公司确实不具有偿债能力,否则法院会相信董事的判断。

在 In re Vista Eyecare, Inc. v. Myrel Neumann. 案中,⑮原告认为,被告 Vista 公司一笔 90 万美元的看跌期权违背衡平测试。法院认为,衡平测试要求董事评估公司未来的情况,这种评估必定是主观的判断。佐治亚州公司法中“没有能力支付”的表述本来就要求董事预测未来的现金流能否支付公司到期负债,如是否以持续经营的标准对公司进行评估、现金流与债务期限的匹配程度等。在考虑公司历史经营业绩及继续融资能力的情况下,法院认定公司具有偿债能力。在 Meeks v. PRN, Inc. 案中,⑯下级法院认为,公司回购股份之前没有对公司现金流进行充足的判断,以此认定回购违法。但上诉法院指出,在认定公司分配后是否具有偿债能力时,需要根据具体情况来判断董事采用的评估方法是否合理。本案被告是小型的封闭公司,没有必要像公众公司一样采取标准的、细致的分析,未必需要参考会计师等专业人士所出具的意见。董事可以依据公司的融资能力进行判断,因为有其他公司为被告提供了 30 万美元的授信额度,因此足以偿还该公司所有负债。

衡平测试要求董事对公司未来的财务状况进行判断,并要考虑公司可能进行的商业行为,如产品研发、市场开拓、分支机构设立、对外融资等。这意味着衡平测试中包含着大量商业判断的因素,属于商业判断的范畴。根据美国法院对董事商业判断的态度,法院并不会考察董事判断的正确与否,其更多关注的是董事进行判断的程序。因此,董事在衡平测试中可以获得商业判断规则的保护。

---

⑮ See 283 B. R. 613 (Bkrtcy. N. D. Ga. 2002).

⑯ See 35 F. 3d 571 (Table), 1994 WL 467991.

(2)资产负债表测试

资产负债表测试要求董事以资产负债表为基础检验公司资产是否大于负债。这涉及公司资产的评估,而不同的会计标准会影响评估结果,如持续经营标准是以公允的市场价值进行评估,流动性标准是以公司遇险价值进行评估。在这两个标准中,持续经营标准更多地用于偿债能力测试。因为偿债能力测试纠纷多发于科创、医药研发等成长性公司,而这类公司需要长期、巨额的前期投入,可能一直处于流动性紧张的状态。有学者指出美国案例所展现的奇特景象:即使公司即将倒闭,法院仍然坚持持续经营标准,甚至在公司清算而非继续营业是最好选择时也是如此。[17] 法院持如此立场,原因有三:一是进行事后审查的法官很可能对董事的事前判断存在"事后偏差";[18]二是如果公司已经处于偿债不能的困境中,对股东进行分配显然是破产法中的偏颇性清偿行为;三是流动性标准不适于成长性的科创企业。

在 Lerner v. Lerner Corp. 案中,[19]小股东认为,公司对大股东的分配违反了资产负债表测试的要求。法院则认为,尽管资产负债表显示公司在分配之后总负债会超过总资产,但资产负债表并不是决定性因素。面对这种情况,董事有理由考虑公司的再融资能力,而该次分配由另一家公司提供保证,因此并不违反偿债能力测试。此外,《示范商事公司法》并未规定资产负债表中的资产小于负债时公司就不能通过测试,董事仍可依其主观判断,以合理的预期增加资产负债表中"资产"的数额。这意味着,公司资产和负债都可能由董事进行主观调整。毕竟,从商业逻辑出发,公司可利用的"资产"并不一定都体现在资产

---

[17] 参见前注⑨,Heaton 文,第 992 页。

[18] See Michael Simkovic & Benjamin S. Kaminetzky, *Leveraged Buyout Bankruptcies, the Problem of Hindsight Bias, and the Credit Default Swap Solution*, 2011 Colum. Bus. L. Rev. 151 (2011).

[19] See 711 A. 2d 233 (Md. App. 1998).

负债表中，董事可以根据商业经营中的其他情况加以确定。

(3)资本充足测试

资本充足测试要求公司具有足以支撑公司运营的资本。这一测试可以参考美国统一欺诈转让法和破产法关于公司资本不充足的定义：公司具有不合理少的资本即意味着其无法根据现有的资本组织生产，以维持运营。[20] 判断资本是否充足需要考察公司的债务股本比，比较公司历年的资本状况，甚至可以参考同类公司运营所需资本情况。因此，资本充足测试依然聚焦于公司能否持续运营，同样是一种对未来的预估，即比较公司拟运营状态所需资本与公司的实际资本状况。[21] 也有学者将其总结为测试公司能否经得住经营中的不良干扰、保持业务正常开展的标准。[22] 这一判例标准注定了个案判断的灵活性。

上述董事进行偿债能力判断所必需的三层测试虽然都有特定的针对性，但最终的落脚点都是董事的主观预测：衡平测试与资产负债表测试要求董事把资产负债表、损益表等财会报表作为主观判断的基础，资本充足测试要求董事在相对客观的基础上考察公司资本是否过分偏离同类公司的资本范围。因此，偿债能力测试其实就是一种商业判断，只不过这种商业判断的要求更加具体，即董事就公司未来偿还债务的能力进行判断。[23]

三、引入偿债能力测试的立法例

以偿债能力测试为基石的公司资本流出制度解放了原本被复杂

---

⑳ 参见前注⑬，Stearn 文，第 385 页。

㉑ See Irina Fox, *Minimizing the Risk of Fraudulent Transfer Avoidance: A Good-Faith Solvency Opinion as the Shield to Protect a Leveraged Transaction*, 91 Am. Bankr. L. J. 764 – 767 (2017).

㉒ 参见前注⑨，Heaton 文，第 996 页。

㉓ 正如欧洲会计师联合会对偿债能力测试的定义：“董事判断公司在正常经营的过程中偿还日常到期债务的能力。” See FEE, *Discussion Paper on Alternatives to Capital Maintenance Regimes*, Sept. 2007, p. 25.

规则束缚的公司,董事的判断取代了繁文缛节的技术性要求,公司的行为变得更灵活。这一变革打破了传统资本维持原则的束缚,在制度层面推动了美国公司的繁荣。故在20世纪90年代之后,各国探讨公司法向"现代化"及"灵活性"转型时,是否摒弃传统资本维持原则转而引入偿债能力测试都是其中一项重要议题。在引入的立法选择上呈现两种不同的路径:全面引入的立法例全盘吸收美国"大分配"概念与偿债能力测试,主要有新西兰(1993年)、澳大利亚(2010年)、加拿大(1985年)等;折中引入的立法例借鉴偿债能力测试并进行相应的改良,主要有英国(2006年)、新加坡(2005年)、日本(2005年)等。

1. 全面引入的立法例

新西兰公司法全面转向偿债能力测试的改革始于1987年立法委员会发布的《公司法:讨论稿》。立法委员会认为,资本维持原则下的分配规则过于复杂,应当用更简明、清晰的体系替代。[24] 经过讨论后,立法委员会在1989年发布的《公司法修改与重述》中表现对偿债能力测试的青睐:该测试广泛地适用于公司所有可能损害债权人的财产转移行为,能有效地限制股东有限责任和经理权利的滥用。立法委员会随后向议会提交了《公司法改革:过渡与修订》的草案,建议彻底抛弃传统的资本维持原则,全面转向偿债能力测试。[25]

1993年新西兰公司法以"大分配"为基础,以偿债能力测试为核心,并搭配违法分配的追偿与追责制度,几乎完全照搬了美国的资本制度体系。[26] 首先,该法以"大分配"理念统合了所有公司资产的实质

㉔ See Christopher I. Haynes, *The Solvency Test: A New Era in Directorial Responsibility*, 8 Auckland University Law Review 125(1996).

㉕ See Seppo Villa, *Creditor Protection and the Application of the Solvency and Balance Sheet Tests under the Company Laws of Finland and New Zealand*, 2008 Nordic Journal of Commercial Law 8 - 10 (2008).

㉖ See Richard Nelson, *Company Law Reform in New Zealand*, 19 Int'l Bus. Law. 202 (1991).

性流出行为。分配包括直接或间接地将公司财产返还给股东,或者为股东的利益而负担债务,如股利支付、减少股东对公司的义务、回购、回赎、财务资助等。[27] 其次,该法全面转向偿债能力测试。公司满足以下条件时通过偿债能力测试:在日常经营过程中,公司有能力偿付所有到期债务(衡平测试);且公司资产的价值大于公司债务的价值,包括或有债务(资产负债表测试)。同时,公司的分配能力取决于公司的偿债能力,只要董事会认为公司分配后符合偿债能力测试,就能够进行分配。为保护股东和债权人,董事会在分配时必须制备董事证明,用以表明该次分配满足偿债能力测试,并且要详略得当地解释作出判断依据的基础信息。[28] 在新西兰的实践中,董事所签署的证明至少包含以下信息:公司资产在多大程度上超过负债的估计、判断所依据的数据与公司真实财务情况的关系、财务专家的专业意见、公司正常运营中的固有风险、决策具有合理基础的声明、公司在运营中能偿付到期债务与或有债务的情况(资本充足测试)等。[29] 最后,该法明确追偿和追责制度,以对违法分配进行救济。股东在公司不符合偿债能力测试的情况下接受分配的,除符合豁免的情形外,有返还该分配的义务。如果股东无法返还,则同意该次分配的董事负有补足的责任,同时可能面临着罚款及监禁。[30]

2. 折中引入的立法例

早在19世纪,英国就开始以法定资本等概念为基础来建立公司利润分配的规则体系,以保护债权人。[31] 但有学者认为,英国资本制度中的相关概念不仅无法起到保护作用,而且会引发误解,如股份的面

---

[27] See New Zealand Companies Act 1993 Sec. 4.

[28] See New Zealand Companies Act 1993 Sec. 52 – 53.

[29] 参见前注[24],Haynes 文,第135页。

[30] See New Zealand Companies Act 1993 Sec. 52, Sec. 373, Sec. 377.

[31] See Paul Davies & Sarah Worthington, *Gower and Davies' Principles of Modern Company Law*, 9th ed., Thomson Reuters (Professional) UK Limited, 2012, p. 315.

值等。[32] 自1941年起，英国就不断修补资本制度中的“漏洞”，发展了一系列的原则和制度，例如公司濒临破产时董事受信义务转移原则、欺诈转让制度、错误交易制度、低价交易制度等，以在特定情境下更好地保护债权人。[33] 又如，被视为资本维持原则中重要组成部分的财务资助规则，其产生是因为当时出现了许多由目标公司为收购方提供担保或保证的收购，这种收购架空了目标公司债权人的保护，是一种变相的资本返还。[34] 于是，英国公司法中追加了对财务资助的限制。[35] 后来，这一规则的发展远远超出了防止资本返还的初始目的，成为英国公司法第18部分的单独一章。[36] 然而，在这种“出现漏洞—针对性填补”的模式下，英国公司法中有关资本制度的条文变得纷繁复杂。

自1998年开始，英国启动公司法的全面改革。在资本制度方面，英国公司法审查指导小组的报告显示：现如今的债权人在决定是否与公司进行交易时，都已经不再考虑公司的注册资本了。[37] 相反，债权人主要参考公司的财务状况、各项会计指标、商业前景以及整体经济环境。资本维持原则过度地限制了私人公司的发展，必须进行改革。[38] 经过7年的酝酿之后，英国以折中方式创设性地采纳了偿债能力测试。这种折中表现在私人公司股份回购与减资程序中的偿债能力声明制度：私人公司可以选择通过偿债能力声明的路径减资，或者通过

---

[32] 参见[英]艾丽斯·费伦：《公司金融法律原理》，罗培新译，北京大学出版社2012年版，第88页。

[33] 参见Wee Meng Seng, *From Capital Requirements to Solvency Tests*，载王保树主编：《商事法论集》第2卷，法律出版社2015年版，第13页。

[34] See José Maria Braga da Cruz, *The Case to Reform the EU Capital Maintenance Rules: Where Do We Stand Now?*, IV Revista de Direito das Sociedades 904 (2012).

[35] See UK Companies Act 1928 Art. 16 (1).

[36] See John Armour, *Share Capital and Creditor Protection: Efficient Rules for a Modern Company Law*, 63 Mod. L. Rev. 368 (2000).

[37] See UK Company Law Review Steering Group, *Modern Company Law for a Competitive Economy: The Strategic Framework*, Feb. 1999, p. 81 – 82.

[38] 参见前注[37]，英国公司法审查指导小组报告，第66页。

法院确认的传统路径减资。如果公司基于董事偿债能力声明支持的股东会决议进行减资,该声明必须标明许可支付的资本数额,而且必须表明董事已经对公司事务和前景进行了全面调查并形成了以下意见:从公司支付之后即刻起,没有理由认为公司将无法偿付债务(可能和潜在的债务需一并考虑在内);考虑到董事的经营规划,鉴于支付之日起1年内公司可动用的财务资源,公司能够作为持续经营的实体而开展经营。显然,董事意见的两方面与偿债能力测试如出一辙,不过增加了1年的时间限制以及制备书面声明的形式要求。而在传统的资本维持原则下,股东会需要法院确认公司的债权人名单,并确保名单上债权人的债权都受到充足的保护后才会批准减资。[39] 实践中,传统程序几乎已经被废弃,上次使用还是在1949年。[40]

英国选择了偿债能力测试与原有制度并存的双轨制,可能是彼时其作为欧盟成员国受到法律统一的压力,也可能是偿债能力测试保护债权人缺乏充足的论证,测试的期限性可能会催生短视行为等。[41] 此外,英国法中已经有了以董事受信义务对不当分配进行规制的制度,还有公司濒临破产时董事受信义务对象从股东到债权人的转变,以及破产公司的管理人对破产之前不当分配的追责等,无须叠床架屋地引入偿债能力测试。[42] 因此,英国只是浅尝辄止地在私人公司中尝试,目的是在传统的资本维持原则和现代的偿债能力测试中寻求一种平衡。一方面,公众公司仍然受到严苛的资本规则的限制;另一方面,为了促进私人公司更好的发展和更有力的竞争,私人公司在资本调整上获得

㊴ See UK Companies Act 2006 Art. 645 – 649.

㊵ 参见前注㉝,Wee Meng Seng 文,第7页。

㊶ See Eilís Ferran, *Revisiting Legal Capital*, 20 European Business Organization Law Review 524 – 525 (2019).

㊷ See Jonathan Rickford, *Legal Approaches to Restricting Distributions to Shareholders: Balance Sheet Tests and Solvency Tests*, 7 European Business Organization Law Review 177 (2006).

了更大的灵活性。[43]

在2018年LRH Services Ltd v. Trew & Ors案中,[44]上诉法院对偿债能力声明进行了两方面的审查:一是董事认真且负责地对其出具声明所需要的基础信息进行了相应的调查和评估;二是董事有合理的理由形成偿债能力声明。至于公司是否具有偿债能力,则需要依靠董事的判断。董事除了考虑公司的财务指标,还要考虑公司的运营情况、融资能力等,而不是仅靠纸面上的数字。英国的偿债能力声明主要由两部分构成:一部分是确认公司能够偿还到期债务,这相当于衡平测试与资产负债表测试;另一部分的实质内涵与资本充足测试相同,要求董事考虑公司的持续运营。正如戴维斯所言,偿债能力声明强调,要构想一个持续运营的公司,而不仅仅是关注公司对债务的偿还。[45]

3. 折中立法例的多样化

如果将完全的偿债能力测试体系作为公司资本制度的一端,资本维持体系对应另外一端,则处于中间位置的都属于折中体系。折中体系既没有全盘接受"大分配"理念,也没有完全放弃资本维持原则,仅通过适度引入偿债能力测试,更多地强调公司的持续经营能力。境外折中立法例在偿债能力测试的适用事项上有不同的选择。如前所述,英国因受到欧盟公司资本制度统一化的影响,仅选择在私人公司减资与股份回购中适用偿债能力测试。新加坡和我国香港特别行政区因受英国影响较大,属于英美法系却没有欧盟的约束,因此比英国在更大范围内适用偿债能力测试:前者选择了减资、股份回赎及财务资助,后者选择了减资、股份回赎与回购、财务资助。日本则因仍受大陆法系影响,只选择在公司回购和利润分配两种场合适用偿债能力测试,

---

[43] 参见李晓春:《论公司买回自己股份之财源限制——比较法考察及我国立法模式之选择》,载《法商研究》2015年第4期。

[44] See Trew [2018] EWHC 600 (Ch), para. 182.

[45] 参见前注㉛,Davies等书,第335页。

但确是大陆法系立法例的一种尝试。[46] 所以，折中引入偿债能力测试的立法例大多根据本国和地区实际情况以及公司实践背景，选择不同事项予以适用，并无统一模式。当然，这些选择适度引入偿债能力测试的国家和地区，基本上都强调了董事声明制度，以强化董事义务。

四、偿债能力测试与资本维持原则的交互

1. 偿债能力测试与资本维持原则的关系

偿债能力测试与资本维持原则之间的关系看似泾渭分明，实则并无精确边界。我们可以从不同的角度审视和思考。

(1)资本、资产与负债视角

归根结底，公司资本制度要调和三个基础概念之间的关系：公司资本、公司资产与公司负债。公司资本是由股东投入公司的资产形成的，同时构成股东享有的股权之相应数值。所以，资本不仅体现公司创设时的资产状态，还能够确定与调和股东在公司中所享有的利益。公司资产即公司所具有的现实意义上的财产，既是实际支撑公司运作的物质基础，也是保证债权人债权实现的财物集合。公司负债即公司所负担的现实意义上的债务，是公司从事商事活动时所产生的义务。三者之间的关系可以用图 3－2 展示。

传统资本维持原则试图维系公司资产与公司资本之间的匹配程度，以公司资本的公示来提醒交易对手。现代资本维持原则维系公司资产在公司资本之上的某一程度（如分配之前的公积金提取、资产负债比的要求等），[47]将公司资本作为债权安全的“缓冲垫”，即借助公司

---

[46] 参见新加坡《公司法》第 7A 条、我国香港特别行政区《公司条例》第 204 条、日本《公司法》第 641 条。

[47] 譬如，我国《公司法》第 166 条第 1 款要求公司每年提取税后利润的 10% 作为法定公积金，法定公积金累计为注册资本的 50% 以上的可以不再提取，即试图维系公司资产超过注册资本的 50%。再如，美国加利福尼亚州要求公司的资产负债比不低于 1.25，即试图维系公司资产超过负债的 25%。

资本来保障债权安全，如图 3 – 2 虚线所示。公司资产与公司债务则由企业破产标准连接。综览各国破产法，一般破产界限均系无力清偿到期债务与资不抵债。[48] 破产标准与资本维持原则的共同作用使这三个基础概念形成了闭环。

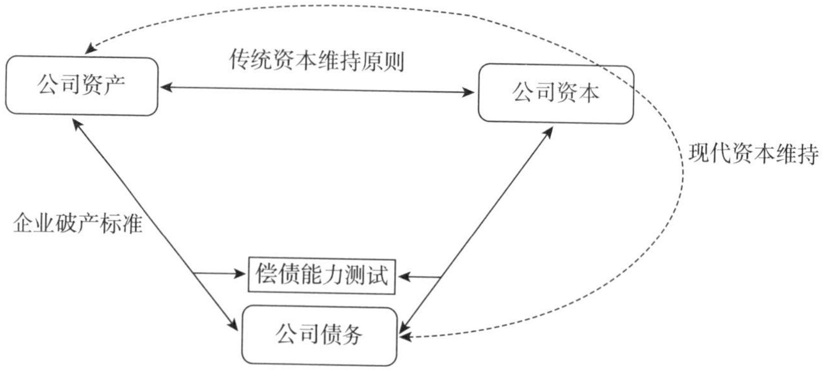

图 3 – 2　资本、资产与负债视角下偿债能力测试与资本维持原则的关系图

然而，实践表明，这一闭环在保护债权人方面存在问题。自愿债权人几乎从不依靠资本维持原则来保护自己，而是依靠债权合同中增加的保护性条款，或者图 3 – 2 左侧破产法的公平分配。偿债能力测试正是抓住了债权人的核心关切——公司资产与债务之间的匹配关系，以确保公司的分配行为不突破债权安全的底线。同时，偿债能力测试在判例中发展出了资本充足测试这一子项，抓住了公司资本的原始含义——保障公司的持续运营。此外，偿债能力测试将破产法中破产界限的规定提前到公司进行分配前的董事决策中，并借鉴了资本维持原则具有的使董事关注公司运营的现实作用，保障公司处于能够正常运营的状态。

---

[48] 参见我国《企业破产法》第 2 条、《美国破产法》第 303 条（h）、《日本破产法》第 15 条和第 16 条以及《德国破产法》第 17 条至第 19 条。

(2)分配顺位视角

协调公司不同参与者,尤其是股东与债权人之间的分配顺位,是公司资本制度的功能之一。而保障债权人的分配顺位优先于股东,是公司资本制度的基础原则。但是,一方面,公司由股东控制,股东利用各种方式直接或者变相从公司获得各种好处,事实上可能导致债权人优先于股东的分配顺位虚无;另一方面,如何回应公司融资创新与股东回报的强烈需求,应对股东先行分配对债权人分配顺位的挑战,是现代公司制度必须解决的。

传统资本维持体系强调公司利润分配需要获得债权人同意,以保障债权人的优先分配顺位。除利润分配之外,公司在从事减资、回购、回赎、财务资助等分配行为时,要么严格限制适用场合,要么须先公告债权人,并经债权人同意。如果债权人提出异议,则公司应当提前清偿债务或提供担保,以债权"加速到期"或担保来保障债权安全。这一做法虽能保护债权人利益,但难免有过度保护之嫌,也给公司造成一定的财务负担。因为有些公司的现金流即使能够支撑其在向股东分配之后按期偿还所有债务,也可能无力负担公司所有债务的提前到期。这就封堵了这类公司在运营期间通过资本结构调整来安排融资等行为的可能性。

偿债能力测试体系强调,只有在董事确定公司具有偿还债务的能力且确保公司持续经营时才能进行分配,并通过董事声明为债权人提供保障,而不再受制于债权人的同意。这种方式提升了公司行为的灵活性,降低了公司资本调整行为的成本。其实,如果能够合理推定公司在某一行为之后仍具有偿付所有债务的能力,该行为实质上并没有改变债权人的分配顺位,那么,只要公司依据法定程序形成了处分公司财产的意思,法律就没有理由干涉公司的意思自治。如果债权人需要进一步的保护,更妥当的方式是求诸自己的谈判能力。[49] 故在保障债权人的优先分配顺位上,偿债能力测试与资本维持原则并无本质差异。但偿债能力测试在保证债权人偿付预期不受威胁的情况下,使公司拥有了更大的分配能力。

(3)会计标准视角

资本制度无法脱离财务会计标准而自主运作,但其对会计标准的依赖性在资本维持原则和偿债能力测试下完全不同。资本维持原则过于依赖财务会计指标,以资产负债表中的各项资本账户决定公司可分配的范围。然而,因决策与评估的时间差、评估理念的差别等,公司资产的真实状况与资本账户之间本就存在一定误差,且在现实中无法消除。况且,公司资本账户信息其实就是公司部分财务指标的"一张快照",却被用以洞悉公司无限延伸的财务信息。偿债能力测试则摆脱了对财务指标的依赖。虽然董事决策也是在财务指标基础上进行的,但董事可以根据其他信息对财务指标进行修正和调整,且只要有足够的依据和合理性,就能证成其判断的正当性。

对会计标准的过度依赖会使会计标准本身存在的问题在资本制度中重现。事实上,公司的年度财务报告已变得毫无意义,对公司的分配没有任何指导性,而且,诸如商誉减值、养老金表现、股票期权等在会计上计算标准的变动使公司会计账户变得越来越空洞、越来越缺乏指示性,无法作为公司偿债能力的信号。建立在这些信息基础上的资产保护完全是海市蜃楼。[50] 严重依赖会计标准的立法典型如英国,其利润分配限于"已实现利润",但"已实现利润"这一概念随着会计制度的发展而不断变化,实际上一直处于波动状态。[51] 对会计标准的

---

[49] See Wee Meng Seng, *Reforming Capital Maintenance Law: The Companies (Amendment) Act* 2005, 19 Singapore Academic of Law Journal 311 (2007).

[50] 参见前注㉓,欧洲会计师联合会讨论稿,第13页。

[51] 参见前注㊶,Ferran 文,第529页。

过度依赖在某种程度上还会折损资本制度的严肃性和效力，甚至还可能产生破坏性的结果。比如，在美国马里兰州，2008 年金融危机导致许多公司的养老金大幅度缩水，公司不得不增加养老金的投入，这就削减了股东利益，甚至危及公司资产负债表的平衡。该州为此修改了法律，允许公司可以不遵循资产负债表进行分红。这种便捷股息的安排就是资产负债表的例外，也足以说明财务会计标准所提供信息的不充分性。[52] 从这个角度来看，对会计标准依赖更低的偿债能力测试似乎更胜一筹。

(4)规制理念与目标视角

偿债能力测试虽然在表面上放松了对公司资本的管制，但实质上董事在判断时同样要考虑公司可能面临的债务或责任。而且，董事在受信义务及追偿责任的压力下，可能会更多地考虑公司潜在的债务，严格把控公司资产的流向，甚至使公司留存的资产超出资本维持原则的要求。当然，这两者孰松孰严并没有定论，它们在理念、目标上具有相当大的差异。

偿债能力测试与资本维持原则的规制理念有所不同：前者意图保障公司向股东返还财产的行为不仅不会导致公司资不抵债或无法偿债，而且要保证债权人利益的优先性；后者旨在保护公司成员所缴纳的注册资本之完整性，同时协调公司债权人与股东的利益，目标是多重的。[53] 正如欧盟二号公司法指令序言所述，为保护公司股东及债权人，要尊重公司资本的维持与变更。[54] 因此，资本维持原则比较僵化地坚持维护公司资产利益，在满足债权人的需要后才能惠及股东利益，而偿债能力测试试图让公司的管理者通过自己的商业判断，在确认能够保证公司债权人未来利益不受影响时，适当满足股东的需要。

---

[52] 参见前注④，Hanks 文，第 230 页。

[53] 参见前注㊾，Wee Meng Seng 文，第 312 页。

[54] See Second Council Directive 77 /91 / EEC of 13 December 1976.

从立法目标来说,偿债能力测试的核心目的是避免公司“大分配”行为使公司处于预期破产的状态,或者使公司无法偿付可预见范围内的到期债务或处于资不抵债的状态。其与美国统一欺诈转让法第2条关于不具有偿债能力的判定标准几乎完全相同。其中,资不抵债标准源自美国1984年破产法第101条(29)(A)中“破产”的概念,不能偿付到期债务标准源自1978年破产法第303条(h)(1)中的申请破产条件。[55] 区别就在于,破产标准是评判公司当下的状态,偿债能力测试要预估公司未来一定期限内的状态。而资本维持原则的核心目的是避免公司“大分配”行为逾越“公司资本+公司债务”的边界。其不仅要保障公司的资产能偿还债务,还要求公司保留与资本相当的资产以维持运营。这种对公司资产预留的要求远远超出公司破产标准。其实,资产超过债务的净资产部分,通过技术性的手段都能返还到股东手中,最极端的例子就是减资。从这个角度观察,资产超过债务的净资产部分究竟如何使用,实质上是公司治理的问题。

2.资本维持原则下偿债能力测试的融入

公司资本制度一直在竞争压力与商业创新的驱动下不断进化,并体现出三个明显的趋势。

其一,行为自由化、规则抽象化、监管实质化的发展趋势。首先,公司资本运作一直在朝着自由化的方向发展,如法律对转投资、回购、回赎等行为的限制不断降低甚至取消。其次,公司资本规则存在像民法一样“提取公因式”的抽象化发展趋势。公司资本制度包含诸多子规则,如增资、认缴、利润分配、回购、回赎、减资、财务资助、捐赠、转投资等,如果任由这些子规则按各自的逻辑发展,公司法中的资本制度可能就会像英国一样变得繁杂。如果没有体系性的规划,各项子规则的适用甚至会出现不协调的情况。例如,《九民纪要》中对赌部分的规

---

[55] See Uniform Voidable Transactions Act. Sec. 2. cmt. 1-2.

定,就错置了回购与减资的前后顺位关系。[56] 抽象化的典型就是建立公司资产流出的"大分配"观念,将所有直接或间接以公司财产返还股东以及为股东利益背负债务的行为都定义为分配,并以偿债能力测试作为统一的标准。正如里克福德所言,偿债能力测试的美感就在于它的简洁,它可以直接代替大量资本维持原则下技术性的内容,而且它直击公司能否偿债这一问题的核心。[57] 最后,对公司资本的监管趋于实质化。这建立在资本规则抽象化的基础上,当利润分配、回购、回赎甚至财务资助都被抽象为分配行为时,监管自然会脱离形式要求而注重其实质意义。

其二,会计的专业化与司法的谦抑性。公司资本制度是法律规范与会计规则的连接点,是在会计标准基础上考虑公司运作的规则群。传统公司资本制度在程序规则与财会指标的基础上规制公司的分配行为,建立在规范层面的程序性规则与商业层面的会计规则都在考察范围内。但这种规制很容易过松或者过严,所以多国公司法都逐渐摒弃这种双重规制的思路,转向商业导向的规制思路。[58] 产生这种变化的主要原因是会计的专业化。会计学与会计规则的发展使财务报表和财务指标日趋复杂,甚至专业人士都难以驾驭。在英国,1982 年英格兰及威尔士特许会计师协会发布的关于公司财务的指南只有短短几页,现在已经超过 170 页。复杂的财会规则使富时指数中的公司也饱受其扰,不少上市公司都因技术性错误而实施了违法分配。[59] 连专业人士都会判断失误的复杂规则显然已经不适合法官的判断。正如曼宁所言,会计学朝着精细方向的发展,已经远远超过了法律中相关

---

[56] 参见刘燕:《"对赌协议"的裁判路径及政策选择——基于 PE/VC 与公司对赌场景的分析》,载《法学研究》2020 年第 2 期。

[57] 参见前注㊷,Rickford 文,第 177 页。

[58] See Wolfgang Schön, *Balance Sheet Tests or Solvency Tests-or Both*, 7 European Business Organization Law Review 188(2006).

[59] 参见前注㊶,Ferran 文,第 537 页。

的、粗糙的、笨拙的概念工具。法律中的资本条款像是试图用不配套的螺丝刀来修理钟表,而最终,法律将不得不选择,或者不惜血本来购买一整套制作钟表的工具——这是一项为不确定目的而进行的不确定的投资,或者放弃这项工作。从美国的司法实践来看,答案越来越倾向于放弃这项工作。[60] 分工的专业化促使了司法的谦抑:第一,将专业的判断交给公司董事,扩大董事的权限,同时强化受信义务的规制。第二,复杂的资本规则往往使分配与会计账户挂钩,这一层牵连关系可能会被董事利用,他们会将自己隐藏在技术性的细节中以减轻责任。如果董事无法利用这一牵连关系,他们就会在判断分配时更加勤勉尽责。[61]

其三,从规则向标准的演进。无论在公司资本的入口端还是出口端,包括公司资本运作时的法律规范策略,都在从规则向标准进化。规则是指直接要求或禁止实施某些行为的监管策略,标准是指授权裁判者事后对代理人(董事)行为予以认定的准则。资本维持原则就是用事前的规则来保护公司中不同的参与者。然而,一个包含着各种禁止和豁免的矩阵难以规范公司推陈出新的行为。[62] 在资本的入口端,早期的最低资本额、实际缴纳等规则承载着保护债权人的功能,[63]现在的趋势则是不断降低准入门槛,改实缴为认缴,由股东约定或者由董事根据一定标准判断资本应当何时进入,以提升公司融资的效率。在资本的运作阶段,早期公司法禁止公司从事一系列行为,现在的趋势是交由董事判断,由事后的受信义务来规制。在资本的出口端,早期公司法分门别类地规范各种资本流出的途径,现在的趋势是统一适用

---

[60] 参见前注②,Manning 等书,第 77 页。

[61] 参见前注㊶,Ferran 文,第 542 页。

[62] 参见[美]莱纳·克拉克曼等:《公司法剖析:比较与功能的视角》,罗培新译,法律出版社 2012 年版,第 40 页。

[63] See Michelangelo Granato, *The Myth of the Optimal Capital Structure and the Dogma of Creditor Protection*, 18 European Business Organization Law Review 617 (2017).

偿债能力测试,交由董事自由裁量,同样由事后的受信义务来规制。

3. 偿债能力测试适配的制度体系

公司资本制度的规制路径不能在偿债能力测试与资本维持原则之间任意切换。公司资本制度、公司治理体系和责任体系其实像榫卯结构一样,需要严丝合缝地盘错在一起以发挥作用。当法定资本制不断松动时,偿债能力测试则变得越来越具有适应性。

首先是公司分配行为的决策体系。英美公司立法通常奉行董事会中心主义,公司分配事项由董事会判断,而受信义务可以承载董事对公司偿债能力的判断,因此具有制度体系上的融贯性。大陆法通常更注重股东会的决策权,虽然近些年也越来越关注董事会职权的扩充,以使董事会决策更具现实性与灵活性,但受信义务的发展较为迟缓,将公司分配事项的决定权交由董事会行使会对原有体系产生冲击。比如,属大陆法系的德国在资本制度改革讨论时就产生了较大的分歧,反对的主要理由是决策主体的路径依赖问题:德国的资本维持体系是在特定的法律、经济和文化背景下发展起来的,而英美法系国家是在完全不同的盎格鲁-撒克逊体系下发展出了偿债能力测试,二者的核心差异就在公司资本性事务的决策权归属上。最终,德国专家组认为,如果这一改革存在巨大的分歧,就只能保持现有的资本维持体系,因为其最适合现有的法律体系。[64] 当然,这并不意味着非英美法系国家无法进行偿债能力测试改革,其可以借鉴折中引入的立法例,如日本,根据本国国情寻找合适的折中点。

其次是公司违法分配的责任承担。如前所述,偿债能力测试对应着严苛的董事责任。尽管对违法分配的追偿主要指向接受分配的股东,但有太多理由可以排除对股东的追偿。如在 In Re Tribune Co.

---

[64] See Andreas Haaker, *The Future of European Creditor Protection and Capital Maintenance from a German Perspective*, 13 German Law Journal 650-651 (2012).

Fraudulent Conveyance Litigation. 案中，因管理层收购支付给原股东过高的对价,最终导致公司破产。但该案涉及1700多名股东、80亿元对价,法院最终驳回了对股东追偿的请求。理由是,如果要对这次收购重新清算,就会严重损害交易的确定性与市场效率,而市场交易的终局性和稳定性是市场吸引资本所必需的。[65] 股东多样化的免责事由意味着,在大多数情况下都会由董事实际承担补足责任,故董事受信义务的完善是偿债能力测试的前提。而在传统的资本维持体系下,虽然违法分配的决策者是股东会,但对股东一般不会苛以民事责任与行政责任。即使对违法分配的追偿指向股东,董事也未作为最终的责任承担人。违法分配的责任承担问题或许也是传统资本维持体系提供的保护相对不利的原因。无论采哪种体系,错误行为的责任主体如果不明确,制度目标的实现都只是空谈。

最后是良好的会计规则与可靠的中介机构。成功的偿债能力测试必须适配良好的会计规则,以协助董事准确衡量公司的偿债能力。同时还需要可靠的中介机构实施会计规则,如果中介机构沦为公司操作财务账户的工具,再完美的会计规则也于事无补。

五、偿债能力测试的中国借鉴

在我国以资本维持原则为主导的制度体系内,我们还是应当区割利润分配与回购、减资等行为,先从较小的范围引入折中的偿债能力测试。这是因为,偿债能力测试中的股利分配只关注公司资产与公司债务的对应关系,这与我国公司法利润分配制度中亏损弥补与公积金提取的要求及其所体现的以丰补歉的理念不同。[66] 而且,利润分配的应有之意就是公司通过经营活动赚取盈余后,将利润以股利的形式分

---

[65] See 818 F. 3 d 98 (2nd Cir. 2016).

[66] 参见《公司法》第166条第1款、第2款。

配给股东，其原始逻辑建立在公司真实盈余的基础上，[67]便捷股息只是法律支持的极端例外情形。英国同样拒绝将股利分配纳入“大分配”概念，理由在于，如果用偿债能力来衡量利润分配，很可能导致对长期债务的考虑不足。[68] 此外，鉴于中国公司中股东具有较大的话语权，为防止其滥用利润分配权，仍应采用严格的事前规则。综上所述，在考虑我国营商环境、商业传统、现有法律体系等因素的情况下，利润分配仍应当由现有的资本维持体系来规制。那么，引入折中的偿债能力测试有何意义呢？

1. 提升中国公司资本制度的功能

我国公司利益（资产）流出的规则体系主要由股利分配、回购、减资、交易性返还的关联交易（以关联担保居多）等构成。从立法论的视角观察，这一规则体系不仅在规制逻辑上不统一，部分子规则也存在一定的问题。

在规制逻辑上，《公司法》第 166 条要求，利润分配必须从税后利润中支出，并且先填补公司亏损、提取法定公积金和任意公积金（视情况）。这是以公司会计账户来规制利润分配行为，将利润分配制度建立在公司财会制度的基础之上。关于股份回购，按照《公司法》第 74 条与第 142 条的规定，其必须满足特定目的，且没有财源限制。这是以公司商业目的来规制股份回购行为，将股份回购制度建立在公司行为目的的基础之上。而《公司法》第 177 条关于减资必须编制资产负债表、进行通知和公告、依照债权人的要求提供担保或清偿的规定，是以技术性规定来规制减资行为，将减资制度建立在程序性规则的基础之上。至于关联担保，《公司法》第 21 条关于“不得利用其关联关系损害公司利益……给公司造成损失的，应当承担赔偿责任”的表述表明，

---

[67] 参见朱慈蕴：《公司法原论》，清华大学出版社 2011 年版，第 233 页。

[68] 参见前注㊶，Ferran 文，第 535 页。

其是以公司不能受到利益损失的结果来规制关联担保行为,将关联担保规制建立在是否侵害公司利益这一实质性判断的基础之上。[69] 综览这些资本流出行为,我国公司法分别从会计标准、行为目的、程序性规则与实质性判断四个角度进行规范,没有一条核心的标准或者原则能够统合这些子规则,缺乏整体的规制逻辑。

在子规则中,减资制度的责任追究存在漏洞。关于瑕疵减资的责任,仅《公司法》第 204 条有所提及,但该条中"责令改正"指代不明,10 万元行政处罚的违法成本也不高。而瑕疵减资的民事责任缺位,已经造成了司法裁判的混乱。[70] 此外,股份回购制度的规制方式存在缺陷。《公司法》第 142 条的财源限制被删除后,符合法定目的的回购行为就不存在其他限制,可能沦为股东掏空公司的工具,股份回购责任的缺失也增加了其被滥用的危险。我国风险投资领域的对赌协议就是对回购制度的拷问,以至于最高人民法院不得不通过《九民纪要》第 5 条来回应这一问题。还需指出的是,我国会计制度也存在可操作性。譬如,会计上对商誉科目进行评估时主观性较强,上市公司随意对商誉进行减值等操作公司账户的情况并不罕见,导致商誉的真实性饱受质疑。[71]

---

[69] 此处将关联交易的规制与利润分配、回购、减资放在一起,仅起对比说明的作用,并非将关联交易纳入偿债能力测试。关联交易属于交易性返还,应当符合关联交易本身的程序性与实质性要求。

[70] 笔者以减资为案由、以 2013—2019 年为时间段,在威科先行法律数据库中进行检索,共有减资判决书 132 份。这些判决书并未形成统一的观点。比如,在湖北银行股份有限公司宜昌南湖支行与吴某等减资纠纷上诉案(以下简称"湖北银行案")中,法院认为,应当按照减资股东与公司董事提交的保证书对债权人承担责任[参见湖北省高级人民法院(2012)鄂民二终字第 00084 号民事判决书];在中国船舶工业物资总公司等诉上海天重重型机器有限公司等其他与公司有关的纠纷案中,法院认为,减资股东应当按照抽逃出资对债权人承担责任[参见上海市第一中级人民法院(2013)沪一中民四(商)终字第 14 号民事判决书];而在曹某与上海银行股份有限公司虹口支行公司减资纠纷上诉案中,法院认为,减资股东应当按照侵权对债权人承担责任[参见上海市第二中级人民法院(2017)沪 02 民终 521 号民事判决书]。

[71] 参见《商誉计量的两难问题》,载《21 世纪经济报道》2019 年 1 月 10 日,第 4 版。

再从债权人的视角来看，公司资本制度的目标是防止公司因不合理的内部行为危及债权人的债权安全。[72] 但现实中，股东和公司管理者掌控着公司资本的运作，债权人是外部人，难以监控公司内部人的行为。从资本制度的规制逻辑考量，我国历次改革都在不断地放宽资本制度的入口，全面认缴制的实施已经导致我国公司资本的"法定性"荡然无存，此时资本制度的后端仍然固守传统的资本维持原则，体系脱节会导致后端所"维持"的资本因注资极小加之全面认缴而虚无。在其他条件不变的情况下，放松入口端规制而没有配套的事中与事后的资本管控，就会在整体上降低债权人的保护水平。此外，揭开公司面纱、抽逃出资等制度虽然能承载一部分债权人保护功能，但司法成本极高，无法成为债权人保护的兜底措施。

那么，破产法是否可以承接债权人保护重任呢？首先，破产法要求尽可能快速了结债权债务，使得破产程序中保护债权人的相关制度存在时间短、举证困难等局限性。其次，破产法的基本功能是保障债权的公平清偿，很难解决现实中借破产之名行逃废债务之实等非法破产行为，[73]更难以追究公司资本不足或者从事其他高风险资本运作时的股东责任。最后，对于公司破产前是否存在资产或者利益向股东流动的行为，因为证明难题以及破产撤销制度的期限限制，破产法无法完成全面追溯的任务。可见，那种将公司法对债权人保护的功能全部转给破产法的期待是不现实的。

在我国折中引入偿债能力测试，既能够克服公司资本制度后端的局限性，也使得债权人保护更具实效性：其一，折中体系能够统合公司资本流出的规制逻辑，划定公司向股东"分配"行为的底线。我国股份回购制度与减资制度几乎不存在会计与财源上的限制，可能会成为公

---

[72] 参见前注㊷，Rickford 文，第 139 页。

[73] 参见许德风：《破产法论——解释与功能比较的视角》，北京大学出版社 2015 年版，第 96 页以下。

司内部人转移资产的通道,但偿债能力测试要求在“分配”行为中考虑公司对负债的偿还能力与公司的持续运营,能够以底线思维统合公司资本流出的规则。其二,折中体系所要求的偿债能力判断属于董事会权责范围,填补了我国资本制度中责任追究的漏洞。公司在进行“分配”行为时,董事会需要在勤勉判断的基础上出具偿债能力声明。该声明不仅为分配行为提供了正当性,同时构成了董事对外承担责任的基础。当公司该次分配行为损害债权人利益时,他们就可以起诉董事对该次分配行为所造成的损失承担相应的责任。

2. 完善中国公司治理机制

第一,偿债能力测试有利于增强董事会的决策权,确立股东会与董事会之间更合理的职权配置。公司资本的运作伴随着公司持续经营的全过程。我国公司法仅赋予董事会对公司利润分配、回购与减资等事项提出议案权,最终决策权依然归属于股东会。然而,在现代公司中,董事会处于公司运营的中心,比股东更了解公司的财务状况与业务运行状况,由董事会决策公司的各种“分配”行为,不仅更契合公司的运营逻辑,还能在保持原有制度的基础上增强公司行为的灵活性和自由程度,提升公司决策的效率,如简化减资制度的通知公告程序、扩大公司回购行为的操作空间等。事实上,2018 年《公司法》修改就展现了扩大董事会决策权的趋势。[74] 适时引入折中的偿债能力测试,无疑会推动董事会的地位与功能的加强。需要强调的是,增强董事会的决策权并不意味着股东会不重要,而是要将股东会对公司“分配”事项讨论的重心明确化,即任何一种公司“分配”对全体股东是否公平。

第二,偿债能力测试有助于培养董事良好的信息披露意识。董事

---

[74] 《公司法》第 142 条第 2 款规定:“公司因前款第(一)项、第(二)项规定的情形收购本公司股份的,应当经股东大会决议;公司因前款第(三)项、第(五)项、第(六)项规定的情形收购本公司股份的,可以依照公司章程的规定或者股东大会的授权,经三分之二以上董事出席的董事会会议决议。”

出具偿债能力声明，是偿债能力测试的重要环节。在我国公司法中，也有类似偿债能力声明的要求，如公司减资制度中的通知公告债权人。其立法目的是在公司资产流向股东时警示债权人，避免股东以减资为手段损害债权安全。但实践中减资公告仅包含减资主体、减资额度、债权人提出异议的时间与减资主体的联系方式四项内容，恰恰缺少减资程序不当的责任人。[75] 此外，因难以查清公司是否已对所有债权人进行通知，实践中有公司登记机关要求公司股东或董事出具担保承诺或证明等文件，载明公司不存在无法偿付债务的情况，并承诺减资之前的债务由减资时的股东承担相应的保证责任。[76] 将这一证明与偿债能力声明进行比较可以发现，二者的适用场景均为公司的“分配”行为，内容均为保证公司不存在无偿债能力的情况，最终的责任均由作出证明与声明的人承担。而且这类证明的效力也得到了部分法院的确认。[77] 但是，这种证明不是法定义务，仅为登记机关的要求。折中引入偿债能力测试时，无论董事会采用何种测试标准进行判断，董事出具偿债能力声明都是必须的，从而有助于强化董事的信息披露意识。同时，当董事声明公司具有偿债能力时，不仅包含公司信息的准确披露，还会降低市场交易中信息不对称所产生的成本，使公司的潜在交易对手可以通过董事声明来判断公司的价值。

第三，偿债能力测试有助于推进我国董事受信义务的确立与完善。应该说，偿债能力测试能否发挥应有的作用，很大程度上依赖于董事的受信义务能否确立起来。正因如此，当我们没有完备的董事受信义务时，引入偿债能力测试会不会导致滥用，确实容易引起质疑。

---

[75] 参见深圳市华成峰实业有限公司与冯某、黄某民公司减资纠纷案，江西省南昌市东湖区人民法院（2016）赣 0102 民初 4862 号民事判决书。

[76] 参见前注[70]，“湖北银行案”。

[77] 参见焦某亮诉陆某权等公司减资纠纷案，浙江省杭州市中级人民法院（2017）浙 01 民终 6510 号民事判决书；前注[70]，“湖北银行案”。

从英国、新西兰和澳大利亚的司法实践来看,当该类争议诉诸法院时,法官其实没有能力对其中的财务会计事项作出判断,只能聚焦于董事出具该声明时所依据的基础信息是否全面、董事会讨论是否充分等因素。这就推动法院按照受信义务的标准对董事行为进行审查,促进董事受信义务的发展。在这些立法中,董事依据偿债能力测试的判断已经构成了受信义务中注意义务的重要组成部分。[78] 我国2005年《公司法》引入的受信义务条款几乎处于"休眠"状态,2018年《公司法》关于股份回购条款的修改一定意义上已经扩大了董事会对公司资本事项的决策权,但并没有相应的董事受信义务的规定。如果折中引入偿债能力测试,伴随着董事会决策权的扩大和强制的董事声明制度,会出现大量的董事受信义务的争议。通过法院的司法审判,最终也会形成包括商业判断之安全港规则在内的判例体系,从而助推董事受信义务制度的立法确认与完善。

第四,偿债能力测试实现了董事追责机制下权利义务与责任的统一。在中国公司法中,公司"分配"事项的决策权在股东会。当发生违法分配、不当分配或者不公正分配时,股东的责任追究困难重重。而董事会仅负责提交方案,并非最终决策者,无须承担责任。即使公司董事有意迎合股东的需求而实施违法分配,同样难以追责。事实上,我国公司法未赋予董事在资本事项中的决策权,这构成了落实董事责任的立法障碍。此外,董事的受信义务尚未成为公司法的核心内容之一,司法实践中亦较少涉及,这会对董事产生消极激励,使其缺乏动力勤勉地判断公司的财务状况和经营状况。而偿债能力测试要求董事不仅要保证该次分配行为不损害公司偿还债务的能力,还要保证其对公司的持续运营不产生影响,实际上具有为该次分配行为的合法性与

---

[78] See John H. Farrar, *Directors' Duties of Care: Issue of Classification, Solvency and Business Judgment and the Dangers of Legal Transplants*, 23 Singapore Academic of Law Journal 754–755 (2011).

正当性“背书”的意喻。正因如此，偿债能力声明也为董事承担公司资产不当流出的兜底责任提供了法理基础。

六、结论

在规制公司利益（资产）从公司流向股东的行为时，可以在资本维持体系中，将一些事项交由偿债能力测试予以规制，两者可以并存。首先，折中的偿债能力测试体系在规制公司利益（资产）流向股东时具有很强的灵活性，它将秉承我国公司资本制度改革的一贯思路，也符合资本制度缓和化的历史演进逻辑。其次，与偿债能力测试相匹配的董事受信义务、信息披露制度一直是我国公司立法和实践中的弱点。在董事受信义务体系没有完全建立之际引入偿债能力测试，虽然有可能实施效果不佳，但借助资本制度“后端”的革新来推动受信义务的发展，不失为一种可行的路径。当然，我们可以从较为狭小的范围尝试引入偿债能力测试规则，再根据我国司法审判、公司治理等环境因素的变化进行调整。最后，我国公司法的规则尚处于比较简单、抽象、原则化的状态，适用于公司财务运作交易时常有捉襟见肘之感。[79] 反观域外经历层层演进的公司资本制度，先是由简到繁，在理论的推动下又完成了从繁到简的演变，分配规则被重新整合，完成了实质化、自由化、抽象化的蜕变。当然，也有诸如德国与英国等立法例对传统资本制度的坚守或适应性改变。现代化或灵活化的变革其实都是比较空洞的目标，只有妥当性和适应性才应当用来分析制度变革的可能性和优势。[80] 我国公司资本制度中部分子规则的局限性就是不适应性的表现。在多种规制公司资本流出的路径比较中，偿债能力测试无疑提供了一种改革思路。

---

[79] 参见前注56，刘燕文，第 144 页。

[80] 参见前注64，Haaker 文，第 639 页。

第五节 公司资本制度体系化

一、我国公司资本制度的历史沿革：从严到宽但缺乏体系化架构

1. 1993年《公司法》规定了最严格的法定资本制

中国改革开放后的第一部《公司法》颁布于1993年年底。该法因应国有企业改制需要与私人企业数量快速增长，以及我国计划经济向市场经济过渡的政府管控要求，采纳了最严格的资本制度。一是对有限公司实行按行业区别的最低资本额，分为10万元到50万元三个档次；二是全面实缴制，要求一次性全部出资到位；三是严格控制股东出资类型，强调出资的真实、可靠；四是在公司运营过程中遵循资本维持原则；五是严格约束公司的增资、减资行为。股份公司的设立门槛为1000万元，除此之外，其遵守与有限公司相同的规则。

2. 2005年公司资本制度改革是《公司法》修正的最大亮点

从改革开放到成功地加入WTO，我国市场经济体系不断完善，企业活力不断迸发，修改1993年《公司法》的呼声高涨。2005年《公司法》顺应商业实践发展的需要，以鼓励投资兴业、方便公司设立为目标，对公司资本制度进行了宽

松化改革。一是大大降低设立公司的门槛，有限责任公司不再区分行业，注册资本额一律降至3万元，股份公司则降至500万元；二是允许股东部分分期缴纳出资，减轻了股东设立公司的初始负担；三是对股东出资形式采列举加抽象定义的规制方式，不仅明确列举了货币、实物、知识产权、土地使用权等立法者所鼓励的出资形式，同时也为未来可能发展出的新型出资形式预留了制度空间，即那些符合“可以用货币估价并可以依法转让”的资产，都可以用于向公司出资。对资本制度的这些改革，实际上向出资人或者股东释放了公司资本管制理念已经彻底转变的信号，即以鼓励投资创业为主旨，将债权人利益保护目标建立在经济做强做大的基础上，更多地通过事后救济进行利益衡平。

3. 2013年以来《公司法》两次修正仍围绕资本制度展开

为配合公司登记制度改革，2013年国务院主导了相关公司资本制度的变革。一是推行全面认缴制，除法律、行政法规另有规定的，取消注册资本实缴制，既不要求首付比例，亦不限制认缴时限。二是全面取消法定最低资本额限制，有限公司、一人有限公司、股份公司均无设立门槛限制。上市公司与特殊行业公司的注册资本额由特别法另行规定。三是简化登记事项，无须验资报告。四是不再要求股东货币出资比例。

2018年，为了赋予公司更多自主权，完善公司治理、推动资本市场稳定健康发展，在国务院及中国证监会主导下，对公司回购条款进行了修改：一是补充、完善允许股份回购的情形。将原本“股份奖励给本公司职工”修改为“股份用于员工持股计划或者股权激励”，增加“将股份用于转换上市公司发行的可转换为股票的公司债券”和“上市公司为维护公司价值及股东权益所必需”两种情形。尤其是最后一种情形，属于护盘性回购，对传统股份回购理念具有很大冲击。二是适当简化股份回购的决策程序，将部分股份回购的决策权赋予董事会。在将股份用于股权激励以及两种新增回购的场合,公司可以依照章程的规定或者股东大会的授权,经 2/3 以上董事出席的董事会会议决议通过,即可回购股份。三是提高公司持有本公司股份的数额上限到已发行股份总额的 10% ,时间延长至 3 年,形成公司库存股的雏形。四是规定上市公司回购股份的信息披露规则。五是公司回购股份应当通过公开的集中交易方式进行,等等。显然,2018 年《公司法》第 142 条的修改意义重大,因为这是公司向股东以回购方式进行“分配”的扩张,属于资本制度后端改革的一种尝试。此次修改仍旧坚持公开、公平、公正的原则,督促实施股份回购的上市公司保证债务履行能力和持续经营能力,防范市场风险,切实维护债权人和投资者的合法权益。这都是公司利益流向股东必须坚持的。

4. 小结:公司资本制度前端宽松,后端依然严苛,体系化构建远未完成

值得肯定的是,中国公司法资本制度改革的方向是正确的。其目的是给予投资人更多优惠条件,鼓励兴业投资,充分利用一切有价值的资产创设公司,把“蛋糕”做大。债权人利益的保护本应以事后保护为主,不能本末倒置。① 但是,公司资本制度改革无视体系化建设,仅在公司资本制度的前端注重鼓励投资、活跃经济、放松管制的理念,依然不够重视股东从公司回收利益的资本制度后端改革。这可能导致前端改革的效益折损。例如,在现行《公司法》下,对赌协议当事人很难有效从公司得到回报。就目前现状而言,公司资本制度的前端改革忽略了规则的配套,如完全无限制的全面认缴制导致股东滥用期限利益逃避出资责任等。因此,未来的公司资本制度体系化再造仍然任重而道远。

---

① 当然,即使从事后保护债权人具有高效率的角度,《公司法》仍应强调债权人保护的理念,特别是仍应注意公司实践中债权人通常是不在场的当事人,对其保护的理念只能通过立法者在公司法中予以体现。

二、公司资本制度体系化再造的理论基础：重新认识资本三原则

传统大陆法系公司法理论认为，资本确定、资本维持和资本不变这三项原则是由公司法所确立的，为确保公司资本的真实、安全而贯穿于公司设立、运营及管理的整个过程中最重要的原则。[②] 但是，各国公司法都未出现关于资本三原则的表述，这其实是一种理论上的归纳。作为公司资本制度的重要原则，它反映了商人经营活动范围由熟人社会向陌生人世界拓展时，借助公共机构的权威搭建信用平台的需求，[③]同时更是公司独立人格与股东有限责任的必然产物。[④] 因此，资本三原则不仅为大陆法系公司法所独有，英美法系的公司制度亦需恪守。只是由于两大法系之成文法与判例法的差别，导致资本三原则的表现不同。

1. 资本确定原则：公司信用财产的基本标识

资本确定原则，强调公司成立时资本总额的确定方式，注重股东足额认缴的已发行公司股本，重视非现金出资的价值评估之真实可靠。早期的资本确定原则关注的重点既有"明确性"的要求，又有"足额缴纳"的要求。[⑤] 这在制度上体现为法定最低资本和全面实缴两方面。为了树立和维持公司的对外信用，防止债权人利益因信息弱势或股东滥用有限责任而受损，很多国家和地区的公司法都曾要求设立公司必须具备一定额度的注册资本，集中表现为法定最低资本要求，并以之作为公司对外承担责任的担保。

---

② 范健、蒋大兴：《公司法论》（上），南京大学出版社 1997 年版，第 335 页。

③ 甘培忠、吴韬：《论长期坚守我国法定资本制的核心价值》，载《法律适用》2014 年第 6 期。

④ 范健、蒋大兴：《公司法论》（上），南京大学出版社 1997 年版，第 335 页。

⑤ 赵旭东主编：《公司法学》（第 2 版），高等教育出版社 2006 年版，第 225 页。

学者总结资本确定原则的功能有两方面。其一,信号功能,即显示公司资金实力的功能。注册资本能够降低公司股东与外部债权人之间的金融代理成本,[⑥]在一定程度上起到公司资金实力标识的作用。[⑦] 如果公司具有较高的注册资本,一般可以认为其资金实力雄厚,公司外部人可以放心与公司交易。其二,防止公司滥设的功能,这是资本确定原则早期最重要的功能。这一功能隐含了债权人保护之意义。在我国引入公司制度的初期,社会上滥设公司的风气很严重,"皮包公司"横行,严重扰乱了正常的市场秩序。资本确定原则的优点是能够健全公司财务结构,稳定公司资本,不仅可以从制度上防止公司设立中的欺诈行为,而且使公司从营业开始就有足够资金担保债务履行。[⑧]

但是,随着对资本管制的放松,人们开始怀疑资本确定原则的功能。这种质疑源自三个方面。第一,放弃法定最低资本额。我国《公司法》在 2005 年开始出现法定资本要求低额化趋向,并在 2013 年全面放弃一般公司法定最低资本额的要求。第二,实行全面认缴制。同样地,全面认缴制与资本确定原则的功能无涉。股东对公司无论是实缴出资还是认缴出资,都没有改变股东对公司负有的出资义务以及股东对公司应当承担的责任。第三,最有冲击力的影响来自"资产信用论"。资产信用论者认为,在现代经济活动中,与公司交易时,交易对手更多地关注公司资产状况而非公司资本,即公司资产是公司信用的基础。有观点认为,资本信用的神话已经破灭,其忽略了对投资资源的全面、充分利用,牺牲了投资者的自身投资优势和公司的实际需

---

⑥ 黄辉:《公司资本制度改革的正当性:基于债权人保护功能的法经济学分析》,载《中国法学》2015 年第 6 期。

⑦ 朱慈蕴:《公司资本理念与债权人利益保护》,载《政法论坛》2005 年第 3 期。

⑧ 王保树:《现代股份公司法发展中的几个趋势性问题》,载《中国法学》1992 年第 6 期。

要。[9] 亦有学者指出,公司资本总是要用于具体的投资,转化为各种形态。以一个静态的资本去约束一个动态的过程,是不切实际的,因此公司的法定资本制度是一个典型的“刻舟求剑”式的保护债权人的方式。[10] 曼宁(Bayless Manning)更是直截了当地指出:“公司的‘法律资本’纯粹就是个任意的数字,它同与债权人密切相关的企业经济状况毫无关联。”[11]

上述三个因素是否足以废掉资本确定原则的武功呢?其实不然。首先,公司作为拟制人,拥有与其经营事业、规模相匹配的必要资本是其获得独立人格之重要条件。资本确定原则只是将公司设立之初的资本通过公司章程予以披露并通过登记予以公示,告知交易相对人公司的资本实力状况,由交易相对人自行判断与该公司交易之风险。也就是说,无论如何公司都必须披露公司成立时的资本数额,尽管该数额没有法律上的强制要求,由投资人根据自己设立公司的初衷和事业目标自行确定所需资本。取消法定最低资本额,公司仍然需要通过确定的资本对外展示公司信用能力,当然不影响资本确定原则的功能。其次,全面认缴制只改变了股东对公司实际出资的状态,没有改变公司成立获得的资本对价,更没有改变股东对公司的出资承诺。在资本确定原则的要求下,公司披露其资本信息时,应当全面披露认缴资本数额及认缴期限,以便交易相对人判断公司“负债”经营中的经营成本。公司资本一旦经投资人认缴,在经营存续期间非经严格程序不得减少或免除,[12]且不受公司破产之影响。因此,全面认缴制只可能增加

---

⑨ 赵旭东:《从资本信用到资产信用》,载《法学研究》2003 年第 5 期。

⑩ 邓峰:《资本约束制度的进化和机制设计——以中美公司法的比较为核心》,载《中国法学》2009 年第 1 期。

⑪ Bayless Manning & James J. Hanks Jr. , *Legal Capital* (4th Edition), 2013, Foundation Press, p. 91.

⑫ 陈甦:《资本信用与资产信用的学说分析及规范分野》,载《环球法律评论》2015 年第 1 期。

公司“负债”经营的成本,不会改变公司应有的注册资本数额。当然,如果对全面认缴制辅之以加速到期规则,全面认缴制更不会影响公司资本确定原则的落实。最后,资本信用与资产信用实质上属于两种不同角度的公司信用判断路径,前者属于公司法范畴,后者则属于合同法的规范。[13] 公司资产信用反映的是经营中公司的真实资产状态,特别是资产的质量,这是交易相对人决定与公司交易与否的关键因素。应当鼓励交易相对人审查公司的资产负债表,通过这些报表发现公司资产的质量好坏以及对经营风险和偿债能力的影响。但是,资产信用不能替代资本信用,因为后者确定的是股东对公司的义务与责任,这既是公司资产与经营风险的基础,更是债权人判断公司资本是否显著不足而构成揭开公司面纱向股东追责的基础。基于资本确定原则所披露的公司资本各种形态以及它们的价值评估,交易相对人能够判断公司资本真实价值,这恰是公司法所要求的注册资本予以确定并登记公示的资本信用之意义所在。

显然,公司资本制度在入口端的诸多改革,已经将所有的利好空间释放给了出资人。因此应当承认,资本确定原则防止公司滥设的功能已经逐渐淡化、削弱,但资本确定原则的信息功能并未褪色,依然有助于矫正债权人与公司、股东之间的信息不对称。

2. 资本维持原则:目的在于防止公司责任财产向股东不当流出

资本维持原则,又称资本充实原则,是英美法系与大陆法系共有的资本规则,在我国被理解为公司存续期间应当维持与其注册资本相当的资产。但是当我们追本溯源,会发现对这一原则的理解其实存在一定的偏差。

德国公司法理论认为,资本维持原则来源于法条中的明确规定,

---

⑬ 陈甦:《资本信用与资产信用的学说分析及规范分野》,载《环球法律评论》2015 年第 1 期。

并且较为严格。[14] 如禁止将股金退回给股东，不能向股东许诺支付更多股息或者利息，亦不得进行股价保证或者红利保证，除非在资产负债表中标明利润，才可以进行利润分配，等等。[15] 但德国公司法亦有例外规定，如《德国股份法》第 26 条允许向股东支付特别利益，公司可以用其资产清偿设立费用；第 222 条允许公司进行正式减资；而关于公司回购的特殊规定则散见于股份法、变更法等法律中。[16] 可见，德国通过成文化的规定，将各种场合下公司向股东支付任何形式的资产或利益的条件明确化。除非法律另有规定，否则资金一旦进入公司，即成为公司财产，禁止以任何形式向股东支付。有学者指出，法律保护公司资产在公司初始资本金额范围内免受来自股东的直接侵害，这一分配阻却被视为资本维持原则的核心。[17] 在英美法系，资本维持原则起源于 1882 年。[18] 杰西（Jessel M. R.）法官在判决中指出：公司债权人只有公司这一个无形的债务人，这个债务人除了营业资产别无他物。因此债权人是基于资本而给予公司信赖，其相信公司的资本只会用于公司的经营目的。因此，公司需要持有资本而不能将其返还给股东。[19]

我国既没有在公司法中明确规定资本维持原则，又没有英美法系法官造法的传统，但学理依然重视并坚守资本维持原则，将公司资本作为债权安全的“缓冲垫”。根据资本维持原则，我国《公司法》设置了公司应当经常保持与公司资本总额相当之财产的若干规定：例如要求公司必须每年提取税后利润的 10% 作为法定公积金，在此基础上公司才可进行利润分配，甚至鼓励法定公积金累计提取至注册资本的

---

[14] 《德国有限责任公司法》第 30 条，《德国股份法》第 57 条。

[15] ［德］托马斯·莱赛尔、吕迪格·法伊尔：《德国资合公司法（上）》（第 6 版），高旭军等译，上海人民出版社 2019 年版，第 387 页。

[16] 同上书，第 388 页。

[17] ［德］格茨·怀克、克里斯蒂娜·温德比西勒：《德国公司法》，殷盛译，法律出版社 2010 年版，第 366—367 页。

[18] 傅穹：《重思公司资本制原理》，法律出版社 2004 年版，第 164 页。

[19] Re Exchange Banking Co（Flitcroft's Case），（1882）21 Ch D 519.

50%,以维系公司资产超过注册资本的50%;又如严格限定公司与股东之间的各类资本交易,如公司减资、回购股份、实施关联交易等均有不同的严格条件。由此可见,资本维持原则具体表现为严格限制股东获取投资回报的权利,其最主要的功能是作为保护债权人的手段。但无论公司法规制如何严格,实践中仍难免发生诸多债权人利益受损的事件,以至于人们怀疑资本维持原则保护债权人的功能。有学者认为,该原则不符合交易自由原则,也不符合交易效率原则,更难以实现交易安全的目的。[20] 资本维持原则其实没有也不可能有能力避免商业风险,[21]如果僵化地看待公司向股东分配财产,哪怕并不会导致公司资不抵债也不得实施,这其实是过度重视资本维持原则对债权人的倾斜性保护。

随着科技进步的加快,我们注意到企业不仅需要技术创新、经营模式创新,同时也要求融资创新,包括公司在其存续过程中发生的各种公司与股东之间的资本性交易。这些创新都需要公司法作出回应,表现为越来越多的例外规定,例如,2018 年我国《公司法》对第 142 条的修改。当这种分配阻却逐渐放松,公司法就会不断地增加公司与股东进行各种资本交易的例外,出现了公司法资本制度的庞杂浩瀚,不仅各种资本交易的例外标准难以统一,更使得公司实践中董事会、股东会决议经常没有理据,或者在制度中寻找漏洞,将债权人利益维护置于不顾。在美国,最终演变出以《示范商事公司法》为代表的偿债能力测试,其不再将向股东"分配"视为例外,只要董事认为公司分配能够满足特定的条件即可。这不免让人开始怀疑资本维持原则是否还有存在的必要,由此引发了对其存废的讨论。

其实,这种大讨论恰恰说明资本维持原则无法被彻底否认,因为这是公司独立人格与股东有限责任的必然产物。公司独立人格使公

---

⑳ 施天涛:《公司法论》,法律出版社 2018 年版,第 169—170 页。

㉑ Trevor v Whitworth(1887) 12 AC 409.

司交易相对人必须考察其偿债能力，以减少自己的交易风险。而在考察公司资本以及全部资产实力时，交易相对人处于信息弱势地位，往往不容易掌控公司偿债能力的真实情况。如果公司法不再坚持资本维持原则，交易相对人就无法相信公司的责任能力，更不会相信股东能坚守道德约束而不掏空公司资产。在公司已经是市场经济中基本经济细胞的情况下，公司法放弃资本维持原则将使交易成本急剧上升，每一笔交易都将需要通过各种担保加持才能实现。因此，我们必须清醒地认识到，资本维持原则的坚守路径可能会发生巨大变化，但放弃该原则将意味着公司制度的毁灭。

3. 资本不变原则：程序意义大于实体意义

与资本确定原则和资本维持原则相比较，资本不变原则通常不被强调，对其争议相对较小。该原则重点约束的是公司增资和减资行为之程序，且程序是法定的，以保证公司的资本实力。根据公司增资与减资的不同功效，其程序控制重点不同。增资在理论上有助于增加公司的资本实力与偿债能力，因此，公司法一般强调股东会决议，其目的在于维护股东在优先认购权上的平等。授权资本制将增发资本的权利授予董事会，可能会冲击股东优先认购权的平等要求，但并不影响资本不变原则所要求的严格程序。应当注意的是，是否授权董事会增发公司资本的权利，最终仍是股东们通过公司章程赋予的。这种授权还可以通过修改章程被股东会收回，也可以通过事后追究董事的受信义务而约束董事以公司利益最大化为出发点。关于减资，一方面强调股东会决议，目的是保证全体股东在减资时获得平等对待；另一方面要求公告全体债权人并消除其异议，以保护债权人的利益。所以，无论是为了股东平等，还是为了保护债权人利益，资本不变原则始终是公司法的一项重要原则。

4. 资本三原则是公司资本制度的理纲，需要与时俱进而非放弃

综上所述，资本三原则与公司独立人格、股东有限责任制度相伴

而生,坚持公司独立人格与股东有限责任,就必须坚持资本三原则。它们并未过时,更不能被放弃。有学者强调资本三原则的意义在于四个方面:平衡股东与债权人之间的法益、资本信用安全的价值理念、稳健经营的经济学观念、社会本位的哲学价值观。[22] 只是我们更多地关注其中的债权人保护功能,认为资本三原则的终极目的、核心价值、首要目标是保护公司债权人利益罢了。[23] 资本三原则在两大法系中的定位、立法规则的效果及制度逻辑并无绝对差异,只是立法规制程度的差异而已。在资本三原则与资本形成制度、法定资本制的联系机制中,历史的因素远远大于逻辑的推演,其间制度的形成、演变与更替,更多的是核心利益衡量的结果。[24] 片面理解资本三原则,将其中债权人保护的功能予以夸大,以至于早期资本制度改革受到了资本三原则的掣肘。随着经济与社会的飞速发展,资本三原则之下的规则都随着理念的变迁而更迭,其内涵也会或多或少的发生变化,资本确定原则的内容有空心化趋势,资本不变原则逐渐被资本维持原则吸收,资本维持原则仍然保持着旺盛的活力,但是该原则在发展中也呈现不适应性。在历史上,因债权人保护被视为资本三原则的主要目的,资本规则设计都围绕着债权人保护而展开。但债权人保护绝不是资本三原则的唯一目的,因为其还承载着保障公司持续运营的功能。换言之,防止公司资产免受不当流出的威胁,以此作为公司稳健运营的资本基础,最终才能保障公司独立人格,进而才能保护债权人的利益。

三、我国公司资本制度前端改革的完善之道

如前所述,我国公司资本制度一直围绕前端进行改革,从严苛到

---

[22] 冯果:《论公司资本三原则理论的时代局限》,载《中国法学》2001 年第 3 期。

[23] 邹海林、陈洁主编:《公司资本制度的现代化》,社会科学文献出版社 2014 年版,第 57 页;叶林:《公司法研究》,中国人民大学出版社 2008 年版,第 238 页;赖源河:《实用商事法精义》,五南图书出版有限公司 1983 年版,第 118 页。

[24] 李建伟:《公司资本的核心概念疏正》,载《北方法学》2016 年第 1 期。

缓和，再到最终取消法定最低资本要求，使一般公司无资本设立门槛；从全面实缴到部分认缴，再到最终全面认缴，使投资人能更加便利地利用公司赚取利润；从鼓励现金、实物缴资，限制无形资产出资到列举加定义的方式，极大地扩展实际出资类型，等等。这些举措将可用的红利空间都释放给了投资人，再配合登记制度的改革，公司设立之便利人尽皆知。然而，结合我国公司法实践，从公司资本制度体系化建设的视角反思，目前资本制度改革还不尽如人意：后端改革滞后而导致前端改革红利难以有效地释放；前端改革亦有很多值得雕琢的空间。

1. 事半功倍的漏洞填补：对资本制度前端已有改革成果的配套设计

(1) 正确认识公司资本的现代意义

公司资本对公司之重要性，从不会因设立法定最低门槛的取消而降低。公司资本制度的逻辑本身并不复杂，这一伟大发明建立于近乎直白的生活逻辑之上：第一，需要由股东付出一定的具有交换价值的“物品”，转移其所有权，将其交给公司，成为公司可创造价值的有用资产；第二，由公司这一组织将这些“资产”进行统筹规划，自行管理，独立运营，创造利润；第三，股东取得与其交付之物所对应的股权（资本比例），并依“资本多数决”对公司重大事项进行决策。所以，公司资本成为独立公司人格与股东关系的连接点，彰显了公司资本初始设计的三个子功能：创设独立的公司人格、形成独立的公司财产、固化公司与股东之间的法律关系。[25]

但在真实的公司实践中，只有在公司设立之初，股东需要依据各自的认缴份额向公司出资，形成公司的初始资本。一旦进入公司运营

---

[25] 邹海林、陈洁主编：《公司资本制度的现代化》，社会科学文献出版社 2014 年版，第 37—42 页。

过程中,公司资本与公司资产的不一致,让公司资本变成了公司过去某时点所应当具有资产的一块纪念章。基于此,便产生了对公司资本进行管制的需求,这一管制也是构筑市场中交易信赖的需求使然。毕竟,有限责任使得股东获得了优势条件,需要衡平其与交易相对方的地位。

从另外一个角度观察,通过"合同束"结合起来的公司私主体,对于资本的管制难以由公司自发实现,一般需要通过立法以外力强制公司保障"担保财产"的安全。因此,世界各国公司法制度在诞生之初均遵循严厉的法定资本制度——公司必须拥有最低限度的实缴资本,并且几乎禁止了除分红外任何将资产返还给股东的做法,这样严厉的资本制度在全世界持续了近两个世纪。这一阶段的典型观点是美国斯托里(Story)法官提出的"信托资金"理论。他在沃德诉杜莫(Wood v. Dummer)案中提出,资本应当被视为公司对其债务支付的保证或者信托资金。[26] 资本信用的核心要求就是,公司应当随时保持着不少于注册资本的净资产,并以此作为现有债务或潜在债务的担保。但在20世纪70年代,美国公司法委员会在经过长期而艰苦的研究与论证后,得出了最终的答案——他们平静地将所有关于法定资本的概念和学说直接扔出了窗外,[27]对公司资本制度进行了大刀阔斧的改革,转向了授权资本与声明资本(statement of capital)。自那时起,对公司资本的制度管制似乎在世界范围内呈现逐步弱化的趋势,欧盟、英国、日本等也纷纷对本国公司资本制度进行反思与革新。与其说这种改革浪潮是对公司资本制度管制的逐渐弱化,不如更精确地说是对于原有管制做法的反思与革新。因为原有的管制做法并没有起到充分保护公司

---

[26] Wood v. Dummer,3 Mason,308(1824).

[27] 傅穹:《法定资本制:诠释、问题、检讨——从公司不同参与人的利益冲突与衡量观察》,载《南大法律评论》2002 年第 1 期。

债权人的作用，相反，却限制了公司便利筹资、自由经营的空间。[28] 也就是说，资本制度改革只是放弃了严苛的事先管制方法，而不是从此不再需要公司资本。

我国《公司法》也在这一全球性浪潮中放松了对资本的管制，但是主要集中在资本进入公司的阶段，取消最低资本限额，并逐步走向完全认缴制等。在本次《公司法》修改中，我们并非要重拾过去对资本的法定要求，而需要通过立法传递和强化公司资本的重要意义。比如，提倡公司资本与公司经营的匹配度；要求公司出资的及时性、适格性、真实性；认真研究资本显著不足在揭开公司面纱制度适用中保护债权人的作用；股东明确违反出资承诺应当承担的法律责任等。

（2）重新审视全面认缴制

全面认缴制是政府简政放权、激发市场活力的关键举措，[29]但其在实践中也引发了很多问题。比如在最高人民法院审理的宁夏中启鑫工贸有限公司案中，公司原股东认缴了巨额的出资，且在认缴期内就将股权转让给第三人。后公司因资本未全部实缴而无法偿债，债权人因此请求原出让股东承担相应的责任，对此法院明确拒绝。[30] 这表明法院对适用加速到期规则的忌惮，亦表明存在认缴股份能否转让、怎样转让的制度缺失。如此一来，通过转让认缴期限未到的股份于不具备出资能力的新股东，原股东金蝉脱壳，已成为股东逃避出资义务的“有效管道”。此外，全面认缴制还存在尚未引爆的“地雷”。比如认缴巨额出资但是仅实缴少量出资的公司，试图以小博大，一旦失败就溜之大吉，债权人可能讨债无门。又如设置远远超出一般商业逻辑的认缴期限，最终还可以《九民纪要》所认可的合法抗辩事由——认缴期

---

[28] 朱慈蕴：《公司资本理念与债权人利益保护》，载《政法论坛》2005 年第 3 期。

[29] 《力推简政放权 激发市场活力——我国五年简政放权进展巡礼》，载中国政府网，http://www.gov.cn/xinwen/2018-03/04/content_5270673.htm。

[30] 最高人民法院（2020）最高法民申 133 号。

限未到为挡箭牌,逃避出资义务。这些实践中的不良后果,实际上正在抵消全面认缴制鼓励投资的优势,甚至可能会催化不诚信的营商氛围,诱发投机行为。

我们必须承认,全面认缴制本身无错。在市场经济发达以及信用体系完备的国家或者地区,上述滥用现象可能不会多见。如在资本市场较为成熟的英国,股款通常在分配股份不久后就全部缴清。[31] 但我国市场经济体系与信用体系尚未健全,全面认缴制则可能被滥用。所以,我们需要对该制度进行修正,充分发挥其积极功能,防止投资人滥用其以逃避出资义务。

第一,应当对认缴期限进行限制。2005 年《公司法》强制性规定了普通公司最长 2 年、投资公司最长 5 年的认缴时限,但 2013 年《公司法》却取消了认缴时限的法定限制,当事人可以自由约定认缴时限。此修改遭到了一些学者的批评。[32] 实践中甚至已经出现了 100 年出资期限的案例,这大大超过自然人成年后的平均寿命以及企业的平均寿命。据报道,我国中小企业的平均寿命,大大低于美国 8 年以及日本 12 年的数字,仅为 3 年。[33] 这样的认缴期限,可能完全逾越了正义的法律底线。[34] 显然,无限制的认缴期限,不符合我国的现实国情。《公司法》应当增加认缴期限限制,比如以 5 年为限,但可以允许通过股东会决议延长某股东的认缴期限。特别要指出的是,在股东会就是否延长某股东的认缴期限进行决议时,该股东因利益冲突应当回避。

第二,应当确立加速到期制度。加速到期制度一直被认为是破产法中特有的制度,是指公司破产清算时,所有未到期的股东出资义务

---

[31] [英]丹尼斯·吉南:《公司法》,朱羿锟等译,法律出版社 2005 年版,第 181 页。

[32] 蒋大兴:《"合同法"的局限:资本认缴制下的责任约束——股东私人出资承诺之公开履行》,载《现代法学》2015 年第 5 期。

[33] 中国人民银行、中国银保监会:《中国小微企业金融服务报告(2018)》,中国金融出版社 2019 年版,第 128 页。

[34] 李建伟:《认缴制下股东出资责任加速到期研究》,载《人民司法》2015 年第 9 期。

必须加速到期履行。然而,当股东出资认缴期限未到但公司已经不能偿债时,可否根据加速到期规则要求该股东提前出资?对此,公司法付之阙如,《九民纪要》原则禁止例外允许,其理由是应当保护认缴制下出资人的期限利益。

应该如何理解认缴制带给投资人的"期限利益"呢?首先,应当承认全面认缴制事实上给予了出资人未来缴资之期限利益。但这一规定并没有改变《公司法》第3条关于股东以出资额为限对公司承担责任,公司以其全部资产对公司债务承担责任这一根本性规定。这就意味着公司只有在处理好对外债务的前提下,才能确保出资人的期限利益;反之,当公司不能偿付对外债务时,其应当用全部资产偿债,其中就包括股东尚未缴纳的资本金。在公司不能清偿到期债务时,如果还允许股东以期限利益对抗债权人,则有违《公司法》第3条关于公司本质的规定。其次,按照《九民纪要》的规定,只有在公司已经面临破产但债权人不提起破产之诉时,法院才支持该债权人对出资期限未届满之股东行使代位求偿权。这一方面导致法院必须判断公司是否面临破产境地,而这种判断由谁提出及由谁举证,都是难题;另一方面如果法院判断公司真正面临破产,此时又允许启动债权人的个别清偿,反而违反了破产公平清偿的重要规则。最重要的是,不承认公司存续中的加速到期,将公司不能清偿债务的问题都推至破产程序解决,并不符合企业维持理念,债权人利益保护可能也会因破产程序周期长与成本高而产生严重的效率折损。此外,这会鼓励无赖公司、无赖股东大量出现,股东会利用长期以来社会上形成的对注册资本的盲从心理,以虚高的注册资本标榜公司实力。[35]

第三,明确资本公示细则。通过公司登记公共平台完善资本登记细则十分重要,如注册资本、实收资本、认缴资本、未缴资本等,都应在

---

[35] 蒋大兴:《质疑法定资本制之改革》,载《中国法学》2015年第6期。

企业工商登记信息中予以明确。资本登记还应及时反映实缴资本到位的情况。目前的资本公示只公示认缴而忽略实缴,实为本末倒置。资本公示的本质不是行政管制,而是公司财务信息披露。资本信息公示,不仅是公司独立人格得以成立的基本条件,资本三原则得以落实的必然要求,而且是资本信用、资产信用的功能得以实现的主要路径。近几十年来,欧陆国家进行的资本制度改革并没有淡化资本公示制度的重要性。虽然传统上不同国家的资本公示内容一度差异很大,但是目前已经趋于统一。大多数国家以认缴资本或者已发行资本额作为公司的注册资本,但同时也会不断更新实收资本的信息。[36] 资本公示制度的核心在于尽可能向交易相对人公示股东出资的实际状态,使相对人对公司的实际情况形成合理判断。因此,应当将公司资本信息作为公开信息,方便交易对手查询。

3. 非现金出资类型展开方向与估值规则的完善

鼓励投资者充分利用自有的各类资产组合设立公司,同样是公司资本制度应有的逻辑。随着科技进步与金融创新,可供投资者投资或者公司融资的财产类型会进一步扩大。2005 年《公司法》第 27 条采用列举加定义的立法例,事实上为股东出资类型的扩张提供了极大空间,即虽然不在列举之中,但符合“可以用货币估价并可以依法转让”这一基本条件的,都可以成为非现金出资。这里有两个问题需要明确:(1)公司法应当明确非现金出资对公司的适格性要件,防止虽符合上述定义,但对公司而言并不需要的非现金出资在公司中“滥竽充数”;(2)伴随着高科技、创新型企业的发展,对创始人的个人依赖导致对劳务出资和个人信用出资的需求高涨。我们应当注意,由于劳务和个人信用均有无法转让的特性,故直接用劳务和个人信用出资,不

---

[36] 刘燕:《公司法资本制度改革的逻辑与路径——基于商业实践视角的观察》,载《法学研究》2014 年第 5 期。

符合非现金出资之定义。其实,之所以强调劳务与信用出资,目的在于希望以劳务或信用出资的人,能以较少现金、现物出资占有公司较多的控制权。若为这样的目的,并无必要通过劳务或信用出资予以实现。在封闭公司中,可以通过章程在不同出资人之间约定不同的估值或者不按出资比例分配表决权;而在公众公司,亦可以利用法定的差异化表决机制实现这一目的。

非现金出资的价值评估是实践中的难点问题,估值掺水的情况在现实中屡见不鲜。解决该难题有两个路径:其一,对于非现金出资价值的评估,应当规定公司董事会为判断主体。如美国《标准公司法》第6.21节规定,公司发行股份之前,董事会必须终局性的认定拟发行的股票已收到或者将收到的对价是充足的。一旦公司收取董事会授权发行的股票对价后,这些发行的股票视为已获得全部支付,不得重新评估其价值。当然,董事会对其确定价值的高估要承担相应的责任。[37]即董事会在非现金出资的判断上享有最终决定权,同时也与该出资股东共同承担最终责任。其二,考虑到非现金出资的价值可能会时时变动,一般不应允许以认缴方式投资,而应实际缴纳。如果股东约定未来缴付非现金出资,当估值上涨时,上涨收益归公司;下降时,该股东需承担贬值损失,即该非现金出资的实际价值发生变化时,应当以保护公司利益为第一要务。

2. 我国公司资本制度的前端改革还有很大空间

(1)应当明确公司董事会在公司资本制度中的中心地位

根据公司法对公司内部机构的职权设计,董事会处于公司经营管理的中心,向上对股东会负责,向下选任、监督实际从事公司经营活动的经理。但是在现行法律制度中,增资与变更认缴期限的权力属于股

---

[37] Robert W. Hamilton, *The Law of Corporation in A Nutshell*, Fourth edition, New York: West Publishing Company, 1996, p. 117.

东会,催缴资本的主要义务人亦是股东。此外,股权转让与否的决定权也同样属于公司股东,如果股东通过转让出资具有瑕疵的股权脱离公司,而受让股东不具有清偿能力,那这种转让对债权人来说就是无妄之灾。相较之下,公司成立后由董事管理经营公司,其比股东更了解公司运营情况与实际财务状况,应当成为公司资本变动的主要监控人。

其一,董事应当负责公司认缴资本的催缴。董事的催缴义务作为其受信义务的一部分,已经在《公司法司法解释(三)》中出现。[38]《九民纪要》仅从债权人角度规定了认缴资本的加速到期。然而,立法还应当从公司角度完善加速到期制度。例如,公司陷入经营困顿,有若干股东出资均未到期,由股东会决定变更认缴期限必定会陷入相互推诿的境地,此时应当由熟悉公司财务状况的董事会及时、公平地向股东催缴相应的出资。在我国正式建立董事会催缴制度之后,董事就应当承担催缴义务。应参考德国的做法,规定当公司产生补充资金的需求时,或其他法律、章程规定的事件发生时,董事会应当及时作出决议,要求股东在合理时限内提前缴纳全部或部分尚未缴纳的认缴资本。[39] 从域外经验来看,公司法建立董事会催缴制度并不鲜见。[40] 其中比较严格的是英国,根据2006年《英国公司法》,发行部分缴付股份的公司,有权在任何时候对剩余未交付出资部分发出催缴。[41]

其二,认缴期限尚未届满的股权转让应当经公司董事会同意。公司资本制度具有两大方面的功能,维护公司独立人格以及保护公司债

---

[38] 《公司法司法解释(三)》第13条。

[39] [德]托马斯·莱赛尔、吕迪格·法伊尔:《德国资合公司法》,高旭军等译,法律出版社2005年版,第460页。

[40] 美国《特拉华州公司法》第163条;英国2006年《公司法》第656条;《德国有限责任公司法》第46条第2款。

[41] Paul L. Davies & Sarah Worthington, *Gower's Principles of Modern Company Law* (Tenth Edition), Thomson Reuters, 2016, p. 260; 葛伟军:《英国公司法要义》,法律出版社2014年版,第92页。

权人。认缴期限尚未届满的股权转让,在实践中已经成为股东逃避出资义务的管道,股权被转让给不具有实际缴纳能力的人会直接影响认缴资本实际缴纳的可能性,从而影响公司资本的充实。之所以要求认缴期限尚未届满的股权转让必须征得公司董事会的同意,是由于该股权属于出资人与公司之间的资本交易。当该股东还未向公司支付股权对价便从公司获得了股权时,其同时负有未来向公司履行缴资义务的债务。当该股权转让时,通常连同其上的债务一同概括转让。此时的股权转让当然不是股东单独决定之事,还应当取得公司的同意,这也是民法上债务人转让债务必须征得债权人同意规则在公司股权转让领域中的具体体现。公司董事会如果认为受让股东未来没有实际缴资能力,当然可以拒绝该股权转让,从而防止认缴巨额资本的股东通过股权转让不遵守出资承诺,增加公司的风险。

其三,授权资本制度的弹性引入与配套规则。授权资本制度是指公司设立时,注册资本并不全部发行,由公司章程或股东会授权董事会决策何时增发公司股份。[42] 授权资本制不仅在英美法系被普遍采纳,在大陆法系国家也已经成为主流。在法国,法律即允许特别股东大会向董事会授权,董事会可以因此获得决定增资的权力。[43] 德国同样规定股东会有权授权管理委员会在不超过 5 年的期间内将股份资本增加到某一特定数额,该数额不得超过授权之日公司股份资本总额的一半。[44] 我国公司法可以弹性引入授权资本制,即由股东通过公司章程明确董事会享有多少份额与时限的增资决策权,或者通过股东会授权董事会决定公司增资的权利。

---

[42] 李建伟:《公司资本的核心概念疏证》,载《北方法学》2016 年第 1 期。

[43] [挪]马德斯·安登斯、[英]弗兰克·伍尔德里奇:《欧洲比较公司法》,汪丽丽、汪晨、胡曦彦译,法律出版社 2014 年版,第 146 页。

[44] [挪]马德斯·安登斯、[英]弗兰克·伍尔德里奇:《欧洲比较公司法》,汪丽丽、汪晨、胡曦彦译,法律出版社 2014 年版,第 151 页。

学界经常将授权资本制与法定资本制进行比较,其实他们分属不同层次。授权资本制强调的是公司增发资本的权利是否归属于董事会,而法定资本制除了增资的决策权保留在股东会,还包括法定最低资本额、全部实缴等制度,更多地体现一种强监管的方式。这种层次差异会导致公司资本制度在融资方式、融资能力、公司设立门槛、资本分配方式、出资方式等方面有相当大的不同。[45] 一旦引入授权资本制,对董事会决策的受信义务审查就至关重要。比如董事会的增资决策应当是为了公司的长远发展和利益最大化,而不是为了维护自己管理者的地位;还需要与股东优先认购权制度进行平衡,保障全体股东在增资认购方面的平等。

(2)引入无面额股(no par value stock) 制度

面额股制度曾经是世界各国公司资本制度的常例。[46] 但从 1912 年美国纽约州允许无面额股的发行后,[47]迄今为止美国绝大多数州公司法都采无面额股。从实践角度看,无论是在证券交易所上市交易的公众公司,还是股票缺乏流通性的封闭性公司,股票的实际价格与股票面额几乎处于永恒的脱钩状态,股票面额几乎丧失其指示性意义。不仅如此,股票面额还可能产生阻碍公司继续融资的效果。我国《公司法》规定股票发行价格不得低于票面金额,但是如果公司每股的实际市场价值已经低于公司股份面值时,这一规定就大大降低了公司再融资的可能性。当公司遭遇暂时危机但前景仍然向好时,公司股东一般均会愿意降低股份发行价格以挽救公司,外部投资者也愿意在此时低价“抄底”获得公司发行的股票,但面额制度却在此时成为公司融资

---

[45] 张维迎:《理解公司:产权、激励与治理》,上海人民出版社 2014 年版,第 194—196 页。

[46] Stephen M. Bainbridge, *Corporate Law* (third edition), 2015, St. Paul: West Academic, p. 463.

[47] N. Y. Sess. Laws 1912 C 351 . See 11 Fletcher Cyc. Corp. § 5080. 60(September 2020 Update).

的绊脚石。

从股票性质出发，股份的数量决定股东在股份公司中的控制地位，这与我国公司法中有限公司的持股比例其实没有实质差异，其核心在于确定股东在公司中所享有的比例性权益。无非是有限公司计算股东出资额占总出资额的比例，股份公司计算股东认缴的股份额占股份总额的比例。除了查阅权、质询权等只要具有股东资格均可以行使的权利，其他权利如分红权、表决权、股东大会召集权甚至股份公司的代表诉讼权，其行使均取决于股东的出资额或股本额占公司总资本的比例，而与股票面额无关。从这个角度观察，股票面额制度不仅成为一个僵尸制度，甚至还会对公司再融资产生负面效果。

无面额股的引入至少有以下好处：一是为希望融资的公司松绑，使其不再因为发行价低于面值而无法融资；二是有助于协调出资人之间不同出资类型的换算难题，还能妥善安置多重表决机制；三是可以彻底解决因为股票面额而不得不采用股本金与资本公积金分裂式会计记载，并引发法律上的股本概念与公司实际收到的会计股本概念不一致等问题。[48] 我国香港特别行政区 2014 年《公司条例》即强制所有股份公司改采无面额股制度，因为传统面额股不仅已失去保障股东与债权人之功能，甚至可能产生误导效果，盖因面额与公司每股之真正价值常有出入。[49]

四、公司资本制度后端改革的路径选择

我国公司资本制度的改革仅集中在资本形成阶段，对公司运营中

---

[48] 《公司法》第 80 条规定的股份公司股本总额具体何指并不明确。而第 167 条规定又强调股票面值以上的溢价款要计入公司资本公积金中。公司法领域的教科书大多认为，只有计入股本的出资是股东对公司的投入，实际上溢价部分也是股东投入，也应当计入股本。

[49] 曾宛如：《低面额股与无面额股对台湾地区公司资本制度之冲击与影响》，载王保树主编：《商事法论集》第 26 卷，法律出版社 2015 年版。

资本或者利益流回股东以及公司解散的资本规则并没有进行任何修改。[50] 法律在放松资本管制的同时应当采取更为合理、更加有效的保障措施。[51] 从这个角度审视，我国公司法资本制度的变革只完成了前半段——放松资本进入的管制。与资本制度前端的改革形成鲜明对比的是，我国公司资本制度的后端，除股份回购制度因商事实践的推动而产生适应性演变的趋势外，减资制度、利润分配制度等规则与规制理念仍然停留在 20 世纪 90 年代。以下将探讨公司资本流出规则（亦可称为公司与股东之间的资本交易或者以大分配予以概括）的改革路径。

1. 从资本维持理念审思公司资本流出制度的改革

如前所述，资本维持是指在公司存续中，应当维持与公司资本额相当的现实财产，以具体财产充实抽象资本。[52] 不可否认，伴随公司资本制度的缓和化，资本维持理念似乎受到挑战。然而，实际上只要公司以自己的名义独立经营并独立承担责任，就必须得有相应的资本，否则可能事后受到公司法人格否认的挑战。

在全面认缴制的背景下，公司资本形成端取消了所有门槛，即使身无分文的自然人也可以通过认缴而设立一家公司。于是便出现了资本维持原则无用论的主张，认为资本维持原则到今天已经不再适应时代，对现代商事实践来讲几乎一无是处，应当转向重点保护债权人的新体制。[53] 其实，资本维持原则本意是试图维系公司资产与公司资本之间的匹配程度，在认缴制下资本维持的功能依然如此，只是认缴的资本还未真实缴付给公司。因为股东对公司资本发行的认缴，已经

---

[50] 杜军：《公司资本制度的原理、演进与司法新课题》，载《法律适用》2014 年第 11 期。

[51] 施天涛：《公司资本制度改革——解读与辨析》，载《清华法学》2014 年第 5 期。

[52] 施天涛：《公司法论》，法律出版社 2014 年版，第 168—169 页。

[53] Chin Li Yoon, Wong Yong Kai, *Deconstructing Share Par Value and Capital Maintenance: Reconstructing Creditor Protection*, Singapore Law Review, vol. 22 (2002), p. 103.

构成对公司的承诺，这一承诺不得随意改变，即使通过股东会决议，也必须履行严苛的减资程序；公司进入破产，股东对公司的认缴出资也必须履行到位。所以，我们依然可以坚持资本维持原则维系公司资产在公司资本（包括全部认缴资本）之上的某一比例（如分配之前的公积金提取、资产负债比的要求等），[54]将公司资本作为债权安全的缓冲垫，借助公司资本来保障债权安全。

应当从两个维度理解资本维持原则。这两个维度对应资本制度本身所承载的两大功能，债权人保护只是其中一个维度，另外一个经常被忽视的维度是公司自身独立的法人格。公司之所以拥有自己的独立人格成为法律意义上的主体，其拥有独立财产这一要件不可或缺，可以说独立财产是构成独立人格的最重要部分。在商人世界由熟人社会向陌生人世界拓展的过程中，需要依靠公共权威搭建起信用平台，[55]这一信用平台的基础就是公司的资本制度及公司财产，而支撑公司财产与公司资本制度的一个支点就是不断变化和发展着的公司资本维持原则理念。在这种情况下，应当对如何坚持资本维持原则进行反思，更应该关注资本维持原则的功能在于严格控制公司资产向股东的不当流动，包括可能损害债权人利益或者不公平地向股东分配，而不是简单僵化地试图使公司资产与资本额相当。

有两种路径维持公司资本，防止公司财产向股东不当流出：一是传统大陆法系成文法通过公司法中的各项子规则对其进行约束；二是美国法创设的偿债能力测试规则对其进行约束。我国公司法采取传统大陆法模式，主要由三部分成文法规则构成：股利分配、回购回赎、

---

[54] 譬如我国《公司法》要求公司每年提取税后利润的 10% 作为法定公积金，法定公积金累计为注册资本的 50% 以上的可以不再提取，即试图维系公司资产超过注册资本 50%；美国加利福尼亚州要求公司的资产负债比不低于 1.25，即试图维系公司资产超过负债 25%。

[55] 甘培忠：《论长期坚守我国法定资本制的核心价值》，载《法律适用》2014 年第 6 期。

减资。首先,股利分配的主要规则为利润分配必须从税后利润中支出,并且必须先填补公司亏损,提取10%的法定公积金,再视情况提取任意公积金后才能进行分配。这是将利润分配建立在公司财会制度的基础之上。其次,股份回购的主要规则为公司只有在满足特定目的的情形下才能回购股份,且没有财源限制。这是将股份回购制度建立在公司行为目的基础之上。最后,减资的主要规则为公司必须编制资产负债表,进行通知和公告,依照债权人的要求提供担保或清偿后才能减资。这是将减资制度建立在程序性规则的基础之上。对这些资本流出行为,我国公司法分别从会计标准、行为目的、程序性规则角度进行规范,没有一条核心标准或者原则能够统合这些子规则,缺乏整体的规制逻辑。

当公司的利益向股东流动时,我们更应关注资本维持原则主要在于防止公司向股东不当进行"分配",以至于影响到公司的偿债能力。当这一目标明确时,我们可以反思应当如何规制资本流出或者改革资本制度的后端。成文法规则的好处是执行直截了当,但成文法规则总是落后于实践。为了跟上商业需要,就得不断修法建制,其局限性也逐渐显现:一是各个子规则的标准难以统一;二是为了应对新型融资需求,子规则越来越多;三是为了堵塞各种股东侵害公司利益而致公司资产不当流出之漏洞,子规则越来越复杂。结果是规则浩瀚庞杂,规则之间不统一甚至冲突,实施效果无疑大打折扣。因此,我国公司法可以适度考虑偿债能力测试规则的引入。

2. 以与公司对赌的回购规制为例:不完善制度的交错

在股权回购问题上,世界各国早期的公司法无一例外,都采取"一刀切"的禁止性要求,严格禁止回购股份。但是随着市场经济的发展,人们逐渐意识到公司实际上有调整资本结构的诉求,特别是20世纪后半期全球资本市场的发展对回购交易合法化的迫切需求——体现在兼并、收购、股权激励、私有化、PE与VC投资等一系列交易中。迄今为止,多数国家公司法基本上认可了这类交易,只是设定了一些约束以保护债权人利益,比如通知债权人、提前清偿或提供担保,或者回购导致减资后不得丧失清偿能力等。[56] 我国《公司法》中的股份回购条款也在历次修正中不断扩大可回购的情形,从 1993 年《公司法》仅有减资与合并两种情形,到 2005 年新增奖励职工回购与异议股东请求回购两种情形,再到 2018 年新增可转债情形、将奖励职工扩张为员工持股计划和股权激励以及带有明显敞口意图的"上市公司为维护公司价值及股东权益所必需"的兜底情形。显然,我国股份回购制度的演进,体现了对不断创新的商业需求如股权激励、可转债、股东压迫等的法律回应,并固化为公司法条文。但是商事法律只能成为商事实践的追随者,股份回购"原则禁止,例外允许"的强制性规定仍然会成为商事创新的掣肘。观察《公司法》第 142 条第 1 款所列举的六种情形,第 2—6 项在实践中发生的频率很低,最可能出现的就是因公司减资而回购股份。但这种回购的实质为公司资产直接流向股东,无异于向股东进行定向分配,其合理性在商事实践中存在极大争议。

我们以股东与公司之间约定回购的对赌协议为例,探讨一下公司制度如何规制前述情形。在 2019 年《九民纪要》出台之前,与公司对赌的协议效力问题在实践与理论中就引起了较大争议。首先在 2012 年海富案中,最高人民法院态度很坚定地认定与公司对赌的协议无效。接着在 2014 年,中国国际经济贸易仲裁委员会作出的(2014)中国贸仲京裁字第 0056 号仲裁裁决书以及(2014)中国贸仲京裁字第 0779 号仲裁裁决书均承认与公司对赌的协议有效,支持了投资方要求融资公司退还部分增资款的请求。尽管两份裁决书的理由各不相同,但是贸仲的仲裁结果完全不同于最高人民法院在世恒案中的判断。[57]

---

[56] 刘燕:《重构"禁止抽逃出资"的公司法理基础》,载《中国法学》2015 年第 4 期。

[57] 宋毅、王苗苗:《对赌协议的效力认定》,载《人民司法》2018 年第 16 期;徐睿:《以目标公司作为对赌义务人的合同效力研究》,载《证券市场导报》2015 年 5 月。

显然,关于对赌条款的效力,仲裁机构尊重当事人的约定,基本持肯定态度,其目的主要是“顺应商业实践发展的需要”。[58] 此后,法院态度开始反转,但在是否支持与公司对赌协议的效力,特别是在公司应否承担责任这一问题上法院的认定并不一致。这显示法院的态度相对保守。对威科先行法律数据库中2009年3月31日至2019年3月31日的对赌案例进行统计与梳理,分别以“对赌”“估值调整”为关键词进行检索,并将案由限缩在“与企业、公司有关的纠纷”,共得到判决书261份,对案例进行筛选后,选取投资方与公司对赌的案例,剔除重复案例,共有案例61件。统计结果展现在表3-1中:

表3-1 法院对股权回购类对赌协议效力认定统计[59]

裁判年份	肯定案件数量(件)	占比
2018年(12件)	4	33.3%
2017年(12件)	4	33.3%
2016年(11件)	3[60]	27.3%
2015年(6件)	0	0
2014年(19件)	2[61]	10.5%
2009年	1[62]	—

注:2010年至2013年未出现相关案例;2009年公布的裁判案例仅有1份,故不再对该年案件所占比例进行统计。

以上统计数据表明,法院虽然开始支持对赌协议的效力,但依然从严把握,获得法院支持的案例比例仅在1/3左右。《九民纪要》明确

---

[58] 参见中国仲裁法学研究会:《中国国际商事仲裁年度报告(2014)》,载中国国际经济贸易仲裁委员会官网,http://www.cietac.org/Uploads/201602/56cbb883901f0.pdf。

[59] 肯定案件指法院肯定目标公司承担股权回购责任或要求目标公司支付回购价款的案例。

[60] (2016)最高法民终34号;(2016)京02民特78号;(2016)鄂01执异390号。

[61] (2014)鲁商初字第25号;(2014)宁商终字第756号。

[62] (2009)民申字第453号。

了回购类对赌协议效力,回应了公司融资的需要。但关于对赌协议如何履行,《九民纪要》则要求人民法院“依据《公司法》第 35 条关于‘股东不得抽逃出资’或者第 142 条关于股份回购的强制性规定进行审查。经审查,目标公司未完成减资程序的,人民法院应当驳回其诉讼请求”。这一规定实际上又否认了回购制度的功能,混淆了其与减资的前后顺位关系。[63] 其一,因为参与对赌的投资方均是以高溢价为投资目标公司,其所占公司股权比例不可能达到减资所要求的代表 2/3 以上表决权。如果减资方案不能通过股东会决议,则对赌协议无法履行。《九民纪要》虽然在表面上肯定了回购型对赌协议的效力,但是在商业实践中仅凭投资人根本无法完成公司减资程序。其二,公司减资程序附带通知债权人并应债权人要求进行清偿或担保的债权人保护程序,若债权人提出异议,无疑又加大了对赌协议履行成本。如果公司无能力消除债权人异议,对赌协议依然不能实现。故《九民纪要》寄希望于通过减资程序保护股份回购时,又受到债权人利益保护的掣肘。对赌协议是回应融资需求、解决投资人为应对公司经营与财务信息劣势而创设的一种商业模式。因公司法对其制度供给不足,《九民纪要》予以回应。这一回应虽然解决了对赌协议的效力问题,但是未能解决其履行问题。其将对赌协议履行寄希望于减资规制,大大降低了该协议实际履行的可能性。

综上所述,仅针对对赌协议引发的公司回购,公司法起码要认真回应以下问题:一是回购制度的规则非常复杂,既应当从回购条件进行规制,又应当对回购的资金来源进行限制;二是当个别股东通过回购从公司获得利益时,如何保证股东平等原则得以贯彻;三是如何保障债权人利益不受侵害。如果对股东与公司之间的利润分配、减资、

---

[63] 刘燕:《“对赌协议”的裁判路径及政策选择——基于 PE/VC 与公司对赌场景的分析》,载《法学研究》2020 年第 2 期。

各种类型的回购回赎、获得财务资助等资本交易都进行公司法上的制度回应,可以想象公司法需要完善的制度设计将是多么浩瀚繁杂!

3. 引入偿债能力测试是资本制度后端改革的重要路径

(1)偿债能力测试

偿债能力测试诞生于1980年美国《示范商事公司法》。在20世纪70年代末美国律师协会对《示范商事公司法》修改时,采纳了经学界广泛讨论所形成的两项重要观点。第一,任何对股东按其持股比例的分红、股份回赎、回购或者部分清算,对于公司和股东都具有相同的经济效用,其减少了公司资产且没有改变股东在公司中的比例性利益。所以,这些行为应当被法律相同对待。第二,对于公司进行分配的自由,没有任何经济上的理由依靠任意的、经济上无关的数字——比如股票的票面价值、声明资本等,对其进行限制。[64] 第一个观点统合了所有实质上对股东进行分配的行为,形成了该法第1.40(6)条的"大分配"的观念,第二个观点则将烦琐的分配规则统统抛弃,形成了该法第6.40(c)条的偿债能力测试。[65] 此外,还在该法第8.33节确立了董事违反偿债能力测试进行分配的责任。该法以偿债能力测试为核心,搭配以董事违法分配的责任,重塑了《示范商事公司法》的资本制度体系。

偿债能力测试的最终目的是什么呢?是防止能够控制公司的人作出破坏公司价值的行为,以此来保护债权人赖以获偿的公司资产。[66]《示范商事公司法》6.40(c)所创设的偿债能力测试由两部分构成:公司应当能够偿还其通常经营过程中的到期债务,且公司总资产不低于

---

[64] James J. Jr. Hanks, *Legal Capital and the Model Business Corporation Act: An Essay for Bayless Manning*, 74 Law & Cont-emp. Probs. 211 (2011), p. 213.

[65] Bayless Manning, *Assets In and Assets Out: Chapter Ⅵ of the Revised Model Business Corporation Act*, 63 Tex. L. Rev. 1527 (1985), p. 1529 – 1530.

[66] J. B. Heaton, *Solvency Tests*, 62 Bus. Law. 983 (2007), p. 1003.

总负债与公司所需金额之和。[67] 第一部分要求公司所具有的现金流能够支撑其正常运作所产生的到期债务，这一层测试被称为衡平测试（equitable solvency test）。第二部分要求公司的净资产为正值，这一层测试被称为资产负债表测试（balance-sheet solvency test）。此外，判例还形成了第三项标准——资本充足测试（capital-adequacy solvency test）。联邦法律和州法律都会采用三种偿债能力测试标准，在认定公司是否具有偿债能力时，取决于当时判定的目的。如果违反了其中之一，就会被认定为不具有偿债能力。[68]

偿债能力测试解放了原本被僵化的资本制度束缚的公司。偿债能力测试体系下的公司具有更多自由安排的空间，棘轮条款、回购式融资等安排可以自由地被投资人与公司放入投资合同，而无须担心其效力问题。从某种意义上讲，偿债能力测试体系拓展了公司融资的渠道，在公司资本制度层面为科技创新型企业的繁荣创造了条件。

（2）偿债能力测试的发展及借鉴

自美国开创偿债能力测试的先河之后，许多国家与地区也纷纷借鉴它改革自身公司法的资本制度。在比较法中，对偿债能力测试的借鉴分为两类：一类是直接照搬美国体系，另一类是根据本国国情进行适应性改良。

在直接引入美国体系的国家中，新西兰最为典型。《新西兰公司法》自 1993 年正式生效，该法借鉴了美国《示范商事公司法》中的资本制度体系，[69]可以说是美国偿债能力测试的全面复制。在新西兰，法律

---

[67] 美国的《示范商事公司法》第 6.40（c）条规定：如果公司进行分配后将产生下述后果，则不得分配：（1）公司将无法偿还通常经营过程中的到期债务；（2）公司总资产将少于其总负债与（除非公司章程另行规定）公司所需金额之和，如果公司在分配时即将解散，该所需金额需足以满足股东在公司解散时享有的优先于他人获得分配的优先权。

[68] B. Heaton, *Solvency Tests*, 62 Bus. Law. 983 (2007), p. 1003.

[69] Richard Nelson, *Company Law Reform in New Zealand*, 19 Int'l Bus. Law. 202 (1991), p. 202.

要求董事应当有合理的基础和适当的专业水平,在考虑公司该次分配的情况下,有合理的基础相信公司能够负担得起公司的负债,而且董事们应当公开他们的偿债能力声明。[70] 直接引入美国体系的法律还有1985 年《加拿大公司法》,[71]以及 2010 年进行改革的《澳大利亚公司法》。[72] 根据这些国家的公司法规定,只要董事判断公司符合"衡平测试"与"资产负债表测试",就可以决策进行分配。

除全面借鉴的国家之外,还有一部分国家对美国偿债能力测试进行了适应性的改造,英国、新加坡、日本是其中的代表。以英国为例,2005 年《英国公司法》针对私人公司,创设性地折中采纳了偿债能力测试标准。这种折中方式就是仅将其应用于私人公司的股份回购与减资当中,而非全面引入;同时,要求董事不仅要通过偿债能力测试进行判断,还要进行董事声明。由此英国形成了与原有制度并存的双轨制,公司可以根据具体情况选择适用传统路径或偿债能力声明路径。[73]新加坡同样采取了折中的偿债能力声明模式,根据《新加坡公司法》7A 条的规定,在公司回赎优先股、进行财务资助以及减资时,也可以通过董事出具偿债能力声明的方式规避传统资本维持体系的烦琐规则。不过《新加坡公司法》比《英国公司法》更进一步,公众公司也可以使用偿债能力声明的方式进行减资。[74]

---

[70] Fee Discussion Paper on Alternatives to Capital Maintenance Regimes, September 2007, p. 30.

[71] Ibid, p. 24.

[72] Eilís Ferran, *Revisiting Legal Capital*, European Business Organization Law Review (2019) 20:521 – 545, p. 541.

[73] 《英国公司法》第 714 条规定,如果公司基于股份回购或减少资本而对股东进行支付,董事须出具偿债能力声明。该声明必须标明许可支付的资本数额,而且必须表明董事已经对公司事务和前景进行了全面调查并形成了以下意见:(1)从资本中进行支付之后即刻起,没有理由认为公司将被查明无法偿付债务(把可能和潜在的债务一并考虑在内);(2)考虑到董事经营公司的意愿,以及在他们看来,鉴于支付之日起 1 年内公司可动用的财务资源的数额及性质,公司能够作为持续经营的实体而开展经营(因而能够偿还到期债务)。

[74] 《新加坡公司法》第 78C 条。

偿债能力测试在比较法中的发展呈现出钳形态势,部分立法例追随美国模式,但更多立法例会在借鉴的基础上进行适应性改造,这就为我国资本制度改革提供了一种思路。如前文所述,减资制度与股份回购制度均存在一定局限性,可以考虑在减资或股份回购制度中借鉴偿债能力测试。无论是让更熟悉公司实际财务状况的董事进行判断,还是要求作出具体决策的人切实承担违反制度的责任,甚至是偿债能力声明所提供的信息披露要求,均能够为我国资本制度体系化改革提供有益的借鉴。适当引入偿债能力测试,通过董事声明锁定责任将是否可以从公司获得收益的判断交由最具资格的董事会,可以应对纷繁复杂的各种公司与股东之间的资本交易,克服成文法用浩瀚庞杂规则一一应对的局限。但是,值得注意的是,成功引入偿债能力测试需要有三方面的保障:其一,合适的会计标准,能够准确衡量公司的偿债能力;其二,对决策者合适的惩罚,以保障他们不会因为故意或者过失而进行错误的判断;其三,有效的补偿和恢复机制,一旦错误分配被作出,应当有救济债权人的措施。[75] 当然,最重要的制度依赖是董事受信义务体系的真正确立。

五、公司资本制度一体化再造的重大意义

1. 资本制度是公司法核心制度之一

商事公司中存在三种代理问题,第一类涉及公司所有者与其雇用的经营人员之间的利益冲突,第二类涉及拥有公司的绝大多数或控制性利益的所有者与小的或非控制性所有者之间的利益冲突,第三类涉及公司本身(特别是其所有者)与其缔约伙伴(例如债权人、雇员和客

---

[75] Eilis Ferran, *Creditors' Interests and "Core" Company Law*, (1999) 20 Comm. Lawyer 314. p. 318.

户)之间的利益冲突。[76] 这三类代理成本基本分别对应着公司法三大主线:公司治理制度、股东和股权制度以及公司资本制度。公司治理制度的主要内容是调整公司内部各个机构、成员之间的权利义务配置,涉及公司三会、董监高、经理、股东、职工等;股东和股权制度的主要内容是调整股东之间的关系,包括股东平等的保障、大股东的受信义务、小股东受欺压的救济渠道,以及股权转让规则等;公司资本制度的主要内容是调整公司资产的流动与流向,包括资产流入公司的增资、股份认购制度,以及资产流出公司的回购、减资、财务资助、利润分配制度等。

公司治理制度与股东和股权制度规范着公司的运行,但主要聚焦于公司内部关系,它们能够产生的外部性尤其是负外部性极为有限。相较之下,公司资本制度则完全不同。不仅仅因为资本制度所规制的资本是公司独立人格与运行的重要基础,还因为资本制度保障着市场交易中公司与交易对手的交易安全。

公司资本可谓公司最重要的要素。第一,公司的运营一刻也无法离开资本,组建公司的首要任务就是筹集资本。公司成立后,如因扩大经营等需要,也需要筹集资本。[77] 公司清算时,主要任务就是分配剩余资本。第二,资本是公司人格的物质基础,公司一旦离开了可供自己独立支配的财产,则会导致公司独立人格的丧失,[78]甚至有可能被否认独立的法人格。第三,资本是公司产生和存续的目的,公司的设立本身意在盈利,即扩张公司的自生资本,再将自生资本在成员间进行分配。第四,公司的资本一定程度上代表着公司的信用。

---

[76] John Armour, Henry Hansmann, and Reinier Kraakman, *Agency Problems and Legal Strategies*, in Reinier Kraakman et al. eds, The Anatomy of Corporate Law: A Comparative and Functional Approach (Third Edition), Oxford, 2017, p. 29–30.

[77] 李建伟:《公司法论》,中国人民大学出版社 2014 年版,第 146 页。

[78] 施天涛:《公司法论》,法律出版社 2014 年版,第 5 页。

但是有限责任导致的股东承担风险这一安排的逆向激励，使得债权人也面临着自己债权存在的代理成本。[79] 公司资本的真实、充实与否直接决定了与公司进行经济往来的外部相对人能否实现其合理的预期。保护交易相对人，从某种意义上讲，就是以客观公正的标准保护正常的经济秩序。[80] 在与公司进行经济往来的交易相对人中，最重要、最具代表性的主体就是公司的债权人。意图激发市场活力，就应当保护以公司债权人为代表的交易安全与交易秩序，而保护公司债权人的落脚点就在于公司制度中完备且有效的资本制度。保障公司资本充实、不会因不合理的非商业因素而减损的资本制度，有利于减少债权人保护的整体成本支出，因为经验表明，商业及其他小债权人起草或执行详细合同的交易成本是极高的。[81] 所以资本制度是否完备、有效，不仅决定着公司是否具有独立人格，还直接关系到市场中债权人能否受到妥善的保护。

2. 资本制度与其他制度环环相扣

虽然在理念上能够根据三大代理将公司制度大体分为三大主线，但三大主线又是环环相扣、相互促进、共同作用的。根据系统理论，这些元素并不是独立存在的，而是相互依靠的。它们具有内在联系，在共同的运作中相互影响。[82]

---

[79] ［美］罗伯塔·罗曼诺：《公司法基础》（第 2 版），罗培新译，北京大学出版社 2013 年版，第 191—193 页。

[80] 孙宪忠：《中国物权法总论》，法律出版社 2009 年版，第 172 页。

[81] Black, Bernard S. and Kraakman, Reinier (1996), *A Self-Enforcing Model of Corporate Law*, 109 Harvard Law Review 1911, p. 1968.

[82] Tamara Belinfanti, Lynn Stout, *Contested Visions: The Value of Systems Theory for Corporate Law*, 166 U. PA. L. REV. 579 (2018). p. 600.

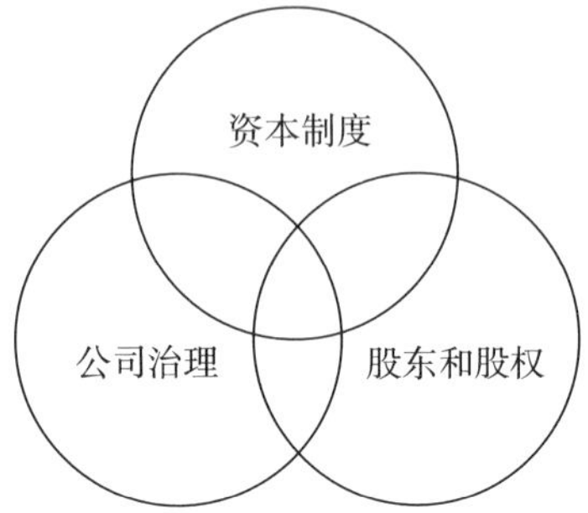

图3－4　公司三大核心制度间的关系

公司资本制度与公司治理制度密切相关。公司资本的调整不可能脱离公司内部机构而自行完成,需要在公司治理制度中明确规范控制资本流动的权力配置,比如授权资本制的选用离不开董事会权限的拓展,偿债能力测试的借鉴离不开对董事权力与责任的明确。显然,伴随着资本制度体系化改革,当然会对公司治理构成影响,特别是对董事受信义务的依赖,可能形成建立适合中国国情的董事高管受信义务体系的一种倒逼机制。

同样,公司资本制度体系化改革,更是与股东和股权制度密切相关。例如,股权中利润分配请求权的行使,就直接由资本制度中利润分配制度控制。又如,股东之间以及股东对公司之间关于出资比例、类型、估值或者是利润分配、股份回购、减资等约定,既应当遵从合同自由理念,又要维护股东平等原则,不允许任何股东利用自己资本优势地位滥用多数表决权损害其他股东与公司的利益。最重要的是,公司法中这三项制度既有区别,有各自不同的目标与功能,又相互交叉,需要相互联动才能实现最佳的制度效果。比如,全面认缴制的推行给予了股东期限利益的优待,但在认缴期限届满时公司必须催缴;公司不能偿债时会要求认缴加速到期,既涉及公司资本确定原则的落实及充实债权人保护的垫子,又涉及公司治理中董事做好公司“看门人”的受信义务。

3. 公司资本制度一体化再造对公司投、融资创新意义重大

我国资本制度的碎片化改革产生了两方面的劣势。其一,降低了债权人的保护水平。对我国公司资本制度进行整体考量,资本制度前端从实缴制到部分认缴制,再到全面认缴制的改革,不断扩展着股东自由行为的边界。但是由于配套制度的不完善,给予股东的优惠反而被股东滥用,导致公司债权人所受到的保障水平相较于改革之前有所下降。此外,资本制度后端的其他规则并没有变化,故从整体上看,虽然前端的认缴制改革是激发创新创业的重要举措,但后端至今还处于各自为政的规制状态,在整体上降低了债权人受到保护的水平。其二,碎片化改革在某种程度上消解了认缴制旨在实现激励投资、激励创新与创业的目的,如果资本制度后端未能及时跟进改革,不仅会损害投资安全与投资效率,还会限制投资安排的空间。以前文所述的对赌协议履行为例,对赌协议是科创型企业、成长型企业融资的巧妙安排。但是在我国,由于回购制度本身的缺陷导致履行回购类对赌协议可能损害债权人利益,原本投资人、股东与公司之间设计的投资人退出路径可能会因为制度缺陷而无法实现,无疑会损害投资者信心,进而降低投资者对创新型企业的投资意愿。

资本制度一体化再造不仅是资本制度改革的题中之义,而且是鼓励投、融资创新的基础。首先,资本制度的改革不仅与公司治理制度、股东和股权制度息息相关,资本制度内部的改革也会牵一发而动全身。全面认缴制改革后涌现出新的问题就是最好的例证。故资本制度改革不能仅局限于前端以及前端各项资本改革的配套措施,资本制度后端的各项子规则也应当予以关注。其次,商事实践中不断涌现出的各种新型投资安排,不断拷问着公司资本制度的合理性。可以预见,对赌协议并非投资协议的最终形态。在《九民纪要》降低了对赌协议实际履行可能性之后,精明的商人一定会设计出新的投资安排,用更巧妙的方式解决创新型企业的估值问题。而新的投资安排能否实

现,取决于公司资本制度能否在不产生负外部性的前提下创设更大的自由空间,实现帕累托最优。当然,折中引入偿债能力测试,可能是一个避免多样的公司资本流出制度各自为政、碎片化改革的有意义的路径,需要认真研究。

正如吴晓波在《激荡三十年》一书中所述,在公司中,“很多改革都是从‘违法’开始的,那些与旧体制有着千丝万缕关联的规定成为改革的束缚,对之的突破意味着进步”。[83] 但是这一描述也有其独特背景,即当时的许多规定本身可能就是陈旧的、死板的、不合适的。现在公司资本制度在某种程度上遇到了类似的问题,在汹涌的商业浪潮面前暴露了前端改革不配套、后端改革与前端改革脱节的问题。这一困境的解决之道就在于对公司资本制度进行体系化改革。因此,公司资本制度体系化再造势在必行。

---

[83] 吴晓波:《激荡三十年》,中信出版社 2012 年版,第 297 页。

结语

公司法的现代化走向

公司法是商法的基本法,公司法的现代化可以说是一个国家商业文明现代化的标志之一。目前,我国正在进行公司法的大范围修订。在本次修订中,如何回应当前实践中公司法现代化的需求,又如何体现公司法现代化的走向,需要进行全面且深入的探讨。

一、公司法现代化的标志

一个国家公司法的现代化应当有其识别的标志,具体而言,可以将以下四个方面作为判断公司法现代化的标志。

1. 最有利于鼓励投资

公司法现代化的第一个标志是应该最有利于鼓励投资。提到鼓励投资,一般会想到鼓励股东投资设立公司。这的确是鼓励投资的一个角度,而且是非常重要的角度。但是,作为现代公司的运营资金其实来自两个方面:一是股东投入公司的股本金;二是债权人投入公司的借入资金。

一方面,现代公司制度基本上放弃了严格资本制度,包括最低法定资本门槛的放弃,不断放宽的投资类型,认缴制或者授权资本制的引入等,极大地鼓励了投资者创设公司的积极性。我国《公司法》自 1993 年颁布以来,历经 2005 年和 2013 年的重大修改,公司资本管制也已非常缓和化,如彻底放弃了有限公司和股份公司的最低门槛,实行了全面认缴制等。从资本的角度来说,我国公司法已经将最优惠的利好给予了投资人,当然是希望更多有好创造、好技术,未来做成事业的人进行投资,使他们在资本上不受太多的局限。这样的资本制度无疑有利于股东投资设立公司。

另一方面,通过融资从债权人处获得的资金对公司的正常运营也非常重要,尤其是在现代公司多负债经营且负债率很高的场景下,对债权人的保护也是现代公司法的应有之义。但是,债权人与股东不同,他们不是公司成员,股东对公司有决策权、分红权和剩余财产分配请求权等权利,而债权人则没有。债权人只是根据合同,依照合同的约定享有到期还本付息的权利。因此,在公司制度中有一个很形象的表述,即"债权人是不在场的当事人"。公司法是否要考虑对债权人的保护,是否对债权人的保护只依靠《民法典》就足够了?当然不是。既然公司的运营需要两个轮子——股东投入的股本和债权人投入的借入资本,那么这两者之间的利益是需要平衡的,不能让债权人的权益得不到有效保护。

因此,一部好的公司法应当既有利于股东出资设立公司,也有利于债权人的利益保护。

2. 最有利于鼓励好公司的永续

公司法现代化的第二个标志是应该最有利于鼓励好公司的永续。通常认为公司法人制度的优势共有四点:一是其独立人格;二是其营利性目标;三是其复数成员相互制约的模式;四是其永续性。因为公司制度非常明确地解决了股东处分自己股权而又不影响公司存续的问题,这就为好公司的永续提供了条件。什么样的公司才能很好地利用公司的永续性,把自己做大、做强、做永久呢?当然是一个非常有活力、有完善的公司治理、敢于及时准确进行信息披露的公司。这样的好公司会得到市场的认可、债权人的信任、消费者的青睐。现代化的公司法一定是从制度设计方面有利于鼓励好公司的永续,如为这些公司创造更多的、可选择的公司治理结构等。

3. 最有利于促进经济可持续发展

公司法不仅要关注公司内部的关系,更应关注公司制度能否有效地促进经济的可持续发展。因为公司是市场的基本细胞,市场经济有没有活力,其实都在这些细胞的活力上。公司如何去维持或者创造可持续发展的持续力,在保护中小投资者的利益、促进能源节约与有效利用、实现自然环境的和谐等方面，公司法都可以有所作为。公司怎么处理眼前利益和长远利益，怎么处理代际关系，怎样让社会更和谐，能够得到可持续的发展，这是公司法现代化的又一个标志。

4. 最有利于保持公司法与时俱进的活力

最后一个标志是一部现代化的《公司法》应当具有与时俱进的活力。言外之意，公司法要根据实践不断修正，让公司法能更好地促进、鼓励投资，更好地让好公司永续，更好地促进经济的可持续发展。所以，公司法不能长期处于不变的状态，而应该随时根据经济活动的发展来进行及时的调整。因此，公司法应当处于一个常修的状态。但是现实中，1993 年制定的《公司法》，只在 2005 年进行过一次大的修订，而 2005 年之后无论是 2013 年修改还是 2018 年修改，其实都不是《公司法》的主动修改。2013 年是为了配合工商登记制度的改革进行了公司资本制度的重大修改，而 2018 年股份回购制度的修改，也是中国证监会和证券交易所结合资本市场的现状，为促进上市公司利用资本市场来维护自己的公司利益、增加上市公司的活力而进行的。虽然这两次的小修改并不像本次这样的大修订，但其意义仍然重大。因为这恰恰体现了公司法与时俱进的精神，根据客观需要，让《公司法》能够常修、常变。当然，希望每一次修改都能够有更多公司法理论上的支持，而不只是单纯地回应实践的需要，这才是真正的与时俱进。这就要求公司法理论研究以及对修法的理论探索应当持续进行，特别是应当成立公司法修改委员会进行长期研究。

二、能与 ESG 相契合的公司法才是现代化的公司法

1. 公司制度与 ESG 理念具有内在契合性

一部现代化的《公司法》一定能够能动地回应 ESG。为什么要强调 ESG？众所周知，我国颁布的《民法典》被称为“绿色民法典”，强调其与传统民法典的不同之处。自 20 世纪末开始，尤其是进入 21 世纪

以来,在全球范围内兴起了 ESG 运动。ESG 概念的提出是因为人类在发展中追求环境的保护,因为环境的恶化对人类可持续发展的威胁非常大。而公司是非常重要的经济细胞,2005 年《公司法》中就引入了公司的社会责任。当然,那个时候的社会责任可能从某种意义上讲,宣示性的意义要大于实际意义。在今天,其实社会责任依然是公司必须要追求的一个基本目标。当然,公司治理是一个长远的课题,也是永远在发展中的内容。换言之,要有一个有效的公司治理,而不应把公司作为掏空的对象,从而成为谋取私利的工具。所以,《公司法》修订时应当强调并重视 ESG 理念的内容。

目前,ESG 运动在全球已经广泛开展,实际上其中也包含金融监管的内容,如鼓励投资投向有利于保护环境、能够尽到社会责任、有良好公司治理的公司中去。其实这些年 ESG 运动也在中国逐渐发展,希望这次《公司法》修订能够比较主动地去回应一下 ESG 理念的内容。

具体如何回应呢?其实公司制度与 ESG 理念具有天然的内在契合性。ESG 理念所追求的目标就是经济的可持续发展。所以,那些破坏环境、破坏资源而追求一时发展的行为,都是违背 ESG 目标的。与此相呼应,公司法实际上创造了为公司永续发展的一种制度保障,公司法提供这样的制度保障,与 ESG 理念在追求经济的可持续发展的目标上具有相同性或者一致性。

公司组织的创造是一个伟大的发明,来自通常所说的公司制度的四大优势。一是独立担责的法人资格。公司一旦成立,便具有一个独立的法人格,独立地对外承担责任,即使资不抵债,一般情况下也不会牵涉公司的股东,这使股东可以放心大胆地去投资。假设一个公司经营失败了,最多就是把股东投进公司的资金赔光,不会牵涉股东个人的其他财产,从而产生更多的投资活力。所以,独立担责的法人资格非常重要,这是一个非常独特的优势。二是公司有追求营利的经济动力。三是有复数成员制衡的社团机制。这次《公司法(修订草案)》甚至规定了一人股份有限公司,完全放开了投资设立公司的成员限制,即只要 1 人以上即可。但是,一人公司一般都是公司制度中的特例情况,复数成员是常态。而复数成员就具有制衡性。公司的股东,无论是大股东还是小股东,虽然在表决权上会按照出资比例,或者按照当事人之间的约定去行使权利,但是谁都不能利用自己手上的权利把公司视为获取私利的工具。在这种情况下成员之间相互监督,构成一种制衡关系。四是股份自由转让带来的功能,即公司可以永久存在,也就是通常所说的"公司是一个铁打的营盘,股东是流水的兵"。股东随时可以把自己的股份转让出去,但公司的存续不受影响。当然,由于公司的性质不同,有些公司具有人合性,在股权转让的自由度上做了一些约束。例如,现行《公司法》第 71 条的约束是:对外转让股权的股东要取得其他股东过半数同意,其他股东如果不同意该对外转让,需要自己购买该股权。如果其他股东不愿意购买,视为同意该股权的对外转让。所以,从这个意义上讲,承认股份的自由转让是公司法上特有的机制,这也是一个非常有活力的机制。

当然,ESG 运动的兴起意义还在于对公司本质发起的拷问。其实自公司制度诞生起就一直存在一个问题:公司为谁而生?公司靠谁而存?有观点认为,公司的存在是为了股东的利益,所以股东利益至上。如今看来,特别是 ESG 运动兴起以后,公司是否只为了股东的利益而存在?当然不是。比如,公司要回应债权人保护的问题,能不能让债权人也无后顾之忧。此外,股东的利益并不都是一致性的,特别是控制股东与小股东之间利益冲突,对中小股东的保护也是现代公司法持之以恒追求的目标。又如,越来越多公司里有员工持股或者股权激励,这说明一个好公司的发展是需要靠员工同心协力的,甚至一个好公司需要对环境的保护、社区的发展尽到自己应尽的责任。所以,在当下,公司到底为谁而生,靠谁而存,值得进一步去思考。

2. 公司法对 ESG 理念的回应

接下来需要回答的是现代公司法中应当怎样回应 ESG 理念,可以分为以下几个重点领域。

第一,ESG 理念可以为公司的目的条款注入新的活力。ESG 标准是鼓励公司在设立目标上更倾向于碳中和、绿色金融、绿色投资、绿色发展等,从而让投向这些领域的公司更容易获得股东投资的青睐。

第二,ESG 标准细化了公司履行社会责任的方向。比如,公司最基本的要求之一是维护员工的利益,这有助于实现共同富裕;同时要在公司制度中为不在场的债权人提供保护,做到维护债权人的利益;还特别提倡公司要为社会公益事业实施捐助等。这些在未来的公司法中都可以有具体的体现。此外,现在我国证监会以及两个证券交易所已经在鼓励上市公司主动披露开展 ESG 的报告,而不是单纯的社会责任报告,所以这一点未来会更好地体现在公司制度中。

第三,ESG 目标赋予了公司董事的信义义务新内涵。传统的公司制度强调董事是公司的受托人,要维护公司资产不受非正常的侵害。今后要实现合规经营的目标,既要考虑对公司股东、公司整体利益的维护和负责,也要考虑平衡债权人、员工等利益相关者的利益,还要为环境保护、资源有效利用等负责。因此,公司董事的信义义务就一定会有一些新的内涵赋予其中。当然,目前存在的争议是董事为股东利益负责,同时还要为其他投资者或者利益相关者负责,这两个责任会不会产生冲突,会不会导致董事的信义义务落空,甚至谁的利益都维护不好?从现在全球发展的情况看,在董事问责的意义方面,一定会要求董事在营利性目标与社会责任之间力图达到一定程度的平衡,实际上就是要在公司发展与股东利益的追求方面,处理好眼前利益与长远利益的衡平,更好地担负起相关者利益维护与环境、资源保护等义务。后者一定会成为董事信义义务的新内涵。

第四,ESG 理念对公司完善内部治理提出更新、更高的要求。比如，按照 ESG 的标准，未来会要求公司治理模式的多样化，公司有更多的自主权利。董事会权利要有相应的扩大，但同时也会引致责任的担当。举例而言，这次《公司法》修订过程中，在公司资本的安全性角度赋予了董事会一些新的权利，同时也是一种责任。董事会接手新设立的公司后，就有义务去核查公司资本是否完整、安全、有效、到位。董事会还享有催缴出资的权利，但在权利不断扩大的过程中，董事的责任担当也会越来越重。

另外，为了更好地协调公司内部的治理，保障监督机制的有效贯彻，还需要不断地健全程序性规则。举例而言，2005 年《公司法》引入了股东会临时提案的规则，即股东可以在股东会召开前 10 天提出议案。问题是：如果股东提出了议案，而且该议案符合要求，也符合相关规定，但是被股东会（董事会）拒绝了，那么股东有什么救济措施？现行《公司法》对此没有规定。再者，如果股东的提案权被滥用，又应当如何制裁或者如何约束等。这需要进一步明确和完善公司机构程序化规则的内容。此外，关于公司治理的完善还要落实公司控制人的责任，实际控制人是公司当中最有权利的一类人，对于他们的责任怎么明确，也是未来公司法必须重点注意的地方。最后，特别强调的是，公司治理不仅需要回应上述几点内容，还有最重要的一点是公司治理要维护全体股东的平等，关于这一点在后文进行详述。

综上所述，现代公司法必须能动地回应 ESG 理念，这是现代公司制度非常重要的一个表征。

三、现代公司法应关注公司资本体系化建设

1. 公司资本制度缓和化

现代公司法应关注公司资本体系化的建设。什么是公司资本体系化的建设？简而言之，从 2005 年《公司法》到 2013 年《公司法》，其中一个趋势是资本制度管制越来越缓和，包括不设最低门槛，可以全

面认缴,对认缴的期限不做任何限制等,所以在 2013 年以后出现了大量的公司。实际上这一系列制度的缓和就是为了鼓励投资人利用公司制度去运营、发展事业,去促进经济发展,这是资本不断缓和的一个目标。

但是,资本不断缓和甚至不设最低门槛,被解读为对公司没有了资本的要求。其实公司资本的重要性并未因为公司资本制度的缓和而消失。因为公司资本是公司独立人格得以产生和维系的重要基础,也是公司对外承担责任的物质基础。如果没有公司资本,公司人格就不成立。例如,虽然不设最低门槛,但至少要发行一股股份,即便这一股股份的价值是 1 元,也得用 1 元去注册,“零资本”不可以注册。公司没有任何资本是不被允许的。当然,如果注册资本是 1 元,是否有债权人愿意把资金借给公司去冒险?显然,这种可能性很小。因此,一个正常的公司,它的资本应当与它的经营规模和经营性质相匹配,否则还有一个揭开公司面纱制度去限制它。不过,虽然公司资本制度已经进行了如此多的改革,但体系化建设却没有引起重视。

2. 公司资本体系化的含义

公司资本的体系化建设包括资本进口端、资本中端和资本出口端这三个方面的内容。

(1)资本进口端的体系化建设

在资本进口端方面,有观点认为其已经是全面认缴制了,还能怎么软化。为了更进一步地缓和资本制度,已经把最优的利益让给了出资人,给予了股东享受期限利益的好处。但由于没有配套的制度,全面认缴制已经在实践中被许多不良的股东滥用。比如,股东可能是有意识,也可能是无意识地经营失败,然后把自己的股权转让给其他没有能力缴足出资的受让人,结果未来缴纳期限到期时,这些受让人无法缴纳出资,导致公司资本形同虚设。所以,本次《公司法》修订试图围绕全面认缴制进行资本进口端制度的修补。

进行修补的方式,如引入公司法上的股东出资加速到期制度。此前《九民纪要》的相关规定就是一种尝试,但这些规定没有脱离破产法的影响。如果认为公司是因为负债累累不能偿债,即已经达到了破产标准,但债权人不申请破产,才可以主张加速到期。将公司是否达到破产标准作为公司法中加速到期的前提,这是有问题的。如果一个公司真的达到了破产标准,那就不能允许债权人的个别受偿。因为破产法中的帝王条款就是全体债权人公平受偿,这是不能破坏的一个基本规则。既然公司已经达到了破产标准,就不应当允许个别债权人去追偿。事实上,在全部或者大部分资本未届交付期时,公司不能偿债,经常是因为资本未缴付给公司而致公司不能偿债,因为此时公司虽拥有股东未来缴资的承诺,但在公司的资产负债表上那是公司对股东的一个远期债权。该远期债权不具有流动性,也没有办法偿债。既然是这些远期承诺不具有流动性,导致公司无法偿债,当然不能认定为公司处于破产状态。如果此时引入加速到期规则,即可解决公司面临的债务危机。这是公司法中非常重要的一个基本制度,也是与全面认缴制相伴而生的制度。

另外,有观点主张取消全面认缴制。既然公司资本门槛已经很低,许多公司的规模也不大,而且有限责任公司可以随时召集股东会增发股本,那就没有必要保留全面认缴制。同时,也有观点主张对全面认缴制进行修补,设置首期出资比例或者出资期限的限制。虽然这些主张可以修补全面认缴制的一些弊端,但是对于确认 2013 年工商登记制度改革以来的成果是非常不利的。所以,后来没有在全面认缴制上进行改革,而是引入了加速到期制度。具体而言,如果公司不能偿债,公司或者债权人都有权利要求未到缴纳期的股东提前缴纳出资。当然,目前还存在具体制度设计上的问题,如对于是由特定股东提前缴纳其全部出资,还是由全体股东按比例提前缴纳出资等,《公司法(修订草案)》还没有作出详细的规定。

在资本进口端方面，除此之外还要考虑引入无面额股制度。什么是无面额股？众所周知，我国上市公司发行的股票多数是面值 1 元，这是一个商业惯例。但是，许多上市公司实际股份价值远远高于 1 元。超过面值的部分，在公司会计制度上，会在两个科目下进行记载，1 元面值计入股本，另外超过面值的部分计入资本公积。虽然分成了两个科目进行记载，但这两个科目的性质是一样的吗？计入股本的是股本，计入资本公积的还是股本吗？按照我国的会计制度，资本公积不能随便分红，也不可以回购，只能用于转增资本。这样分成两个科目来记账，在实务中引出了很多问题。同样，有限责任公司没有股份的概念。一般情况下，股东是按照股权比例来行使相关权利。如果有限责任公司也把所有的股权均分成相等的份额，并把全部的股权都计入股本中，其实没有资本公积也是可以的。所以，如果把上市公司发行股票的面额取消，让其把发行的股份都计入公司股本中，便可以解决上述问题。

在我国现行《公司法》下，股份公司因为强调股份面值而致股东投入公司的资产被人为地分为两部分，且事实上两部分的性质并无区别。但在实践中也引发混乱。比如，有个别法院在处理对赌协议的纠纷时认为，如果是股东与公司对赌，计入股本的部分不能收回，而计入资本公积的部分可以收回。其实，按照会计制度的原则它们都是不能收回的，两者之间并没有存在本质上的区别。因此，未来发行无面额股是一个趋势。

无面额股还有很多好处。例如，现在实施面额股的情况下不允许折价发行，其实有一些上市公司虽亏损十分严重，实际价值已经低于面值 1 元，但这类公司不一定都是没有发展潜力的公司，可能需要通过重整和重新融资，吸引新的投资人进入。然而，根据现在的规定，有面额的股份不可以低于面值发行股份，这实际上就影响了这些价值低于面值的公司进行融资。对许多高科技企业而言，前期需要大量的资金投入。如果有投资人能够接受高科技的理念，愿意去资助，这些公司还是有机会发展起来的。所以，无论是低于面额的融资，还是拆分合并，这些都不会涉及面额本身，只涉及股份的数量。无面额股制度的引入会使公司资本制度更加灵活。

再就是类别股制度。在现行法下，除优先股外，在特定情况下公司可以发行一些可赎回、可回购的股份。《公司法（修订草案）》中提到了公司可以发行类别股，但是关于类别股的内涵一定要在章程中予以明确，这意味着公司法没有限制公司创设一些新的类别股。比如，双重表决权股的引入，在某种意义上就是为了鼓励那些人力资本更重要的人物（如创始人）在公司当中拥有更多的控制力。公司不断地融资，新的股本进来后无疑会不断地稀释创始人的股份，让其控制力下降。双重表决权股制度实际上既考虑到公司的融资便利性，也能够维护创始人对公司的控制权，是相当不错的一个制度。但是，我们在公司法中增加类别股，当然不仅要考虑融资的便利，还要特别关注引入类别股的约束，避免类别股被滥用而引发的不同类别股东之间的利益失衡。

（2）资本中端的体系化建设

资本中端的体系化建设涉及公司的资本运营，重点强调资本运营的稳健和合规。比如，公司要处理重大资产或者对外担保时，这些权限怎么确定，归谁掌控，怎样让董事、高级管理人员对公司尽到信义义务，保证公司资本运营的稳定性。

这里重点涉及股权转让的问题。根据《公司法（修订草案）》的规定，股东进行股权转让时，需要通知公司。通知公司的目的是让公司配合履行股权变更的程序。如果公司拒绝按时履行股权变更程序，出让人和受让人就都可以起诉公司，要求公司承担怠慢的相应责任。但是，瑕疵股权转让，包括未届缴付期限或者出资掺水、未及时足额缴付的股权转让，还涉及公司资本是否充实的问题。比如，当股东的股权未届出资期限,股东拟进行转让时,按照《公司法(修订草案)》的规定,属于未到期的股权转让,由受让人承担未来的缴纳出资义务。如果是出资期限届满,但股东没有足额缴纳,或者是掺水股(股份不真实,存在高估的情况),这样的瑕疵股权转让的补足出资责任主要在出让人,但是受让人在明知或者应当知道的前提下承担连带责任。这样的规定能否解决公司的资本安全问题?其实尚有疑问。

对于第一类问题,受让人要为未来缴纳出资承担责任,但如何保证受让人有支付能力呢?对于第二类问题,出让人是主要的责任人,受让人在明知或者应当知道的情况下承担连带责任。但是,如果出让人是法人,在转让股权以后就注销了,或者自然人找不到,如何追究出让人的责任?受让人只有在明知或者应知的情况下才承担补足出资的责任,这里的明知或者应知由谁来举证?如此来看,瑕疵股权转让对公司资本的影响并没有消失。因此,《公司法》修订时还需要有针对性地进行完善。最重要的是建立瑕疵股权转让时应当取得公司同意的制度。因为瑕疵股权意味着在股权之上有对公司的负债,即该股东既是股权拥有者,又是对公司欠债的债务人。按照民法上的基本规则,债务人转让自己的债务,需要经过债权人的同意。所以,当瑕疵股权转让时,公司作为债权人有权利审查受让人是否有能力来缴纳出资。瑕疵股权转让到底是出让人承担责任,还是未来的受让人承担责任,在公司同意的前提下其实双方是可以协商的。所以,该制度对中端的资本运营具有重要意义。

(3)资本出口端的体系化建设

资本出口端的体系化建设,也就是资本后端的问题。后端的制度如何创新?其主要涉及公司形成的资本是股东投入进来的,未来是否或者怎样向股东进行分配的问题。这种分配最常见的是分红,也包括股份回购、股份赎回、财务资助等。现行《公司法》明确规定公司没有盈利时不得分红。但是否一定要在盈利的情况下才能分红,这是一个问题。

公司进行股份回购的时候要遵守什么样的规则？当前采取了原则禁止、例外允许的规则。在《公司法》修改之前，股份回购的条件非常苛刻，仅限于四种场合，如为奖励职工的回购、行使异议股份回购请求权导致的回购等。严守这四种场合基本上相当于公司不能回购。因此，2018 年，根据中国证监会的要求，通过对《公司法》的修改增加了两种场合，其中一种为“上市公司为维护公司价值及股东权益所必需”，这使上市公司在维护自身利益方面具有更大的灵活性。比如，当资本市场非常低迷，公司的股份价格非常低廉时，公司也可以以非常低廉的价格把本公司的股票购买回来，从而减少市场上的流通股份，这无疑会使剩余流通股份的价格上涨，让公司股票价格恢复到应有的位置上。当资本市场行情好转时，公司再把持有的这部分股份卖出去，既维护了公司的股价，也给公司带来了一定的好处。此外，2018 年修改《公司法》时，还允许公司在决定维护公司价值而回购股份时，尝试将决策权授权给董事会。

所以，从这一制度来看，它是一种有针对性的、回应实务需求的立法变化。一方面，其在成文法上坚持了资本维持的原则；另一方面，根据实践需要，增加回购场合，接近向股东进行分配的目标。需要强调的是，当增加一种向股东分配的规则或者制度时，还要特别注意制度设计的配套性。举例而言，2018 年修改股份回购制度时，没有对护盘性回购的资金来源作出规定，也没有对公司持有后的处置，包括向股东分配时如何保证股东平等作出规定。

关于资本后端的制度设计，许多国家在资本的出口上采用了偿债能力测试，即无论何种场合，只要向股东进行分配，就统一适用偿债能力测试的标准。其具体的标准可以有所不同。但最重要的是，当董事会经偿债能力测试决定向股东进行分配时，它还必须公开声明，该分配不仅不影响未来一定时间内（如两年内）公司的偿债能力，还能保证公司持续经营能力。因为如果公司将资本都向股东进行了分配,导致经营的资本没有了,公司的持续性经营就难以维持。当然,董事会作出这种声明和保证后,未来如果公司出现问题,董事们要承担相应责任。所以,对公司所有向股东进行分配的事项采用统一的偿债能力测试,就不需要逐项规定资本维持的有关制度。当然,偿债能力测试规则将使董事会的决策权利扩大,但它的责任也更重了。所以,当一些国家采用这种偿债能力测试以后,反而董事会同意向股东进行分配的决策更严苛了。

需要特别注意的是,偿债能力测试主要是指:在后端向股东进行分配的时候是否可以用偿债能力测试来作为统一的标准,无论是股份回购、股份赎回、分红、财务资助,还是对赌,都使用偿债能力测试来进行约束。自美国法在公司制度上创设了这种偿债能力测试标准以后,各国在学习该制度的时候也分成了两种类型:一种是全盘接受,如新西兰、澳大利亚,这两个国家的制度与美国的制度没有太大区别;另一种就是折中地引入偿债能力测试,即仅在某些场景下允许使用偿债能力测试来进行规制,如股份回购、对赌、财务资助或者分红等,究竟哪些资本出口可以进行偿债能力测试,各国有所不同。对我国来说,采用折中模式引入偿债能力测试,可能更具现实性。

另外,如果不能对公司资本制度进行体系化的建设,会出现进口端的管制不完善,而出口端几乎是严格限制的情况。可以想象,投资人会担心如果向公司投入了股本,未来资本能否安全回来。例如,投资人希望公司给出一个回购股本的承诺,允许在特定场合下股东可以回赎部分股本,而非待公司清算时才能收回投资,这可能会使投资人更愿意出资。又如,目前公司法上关于对赌协议的规定,与公司对赌即使获得法院支持,最终还要通过公司减资才能实现。而公司减资,要向债权人进行通知和公告,征得债权人同意,或者给债权人提供担保后才能进行。这无疑增加了对赌协议兑现的难度。未来如果采用偿债能力测试，由董事会根据客观情况去考量，当公司有能力、有条件时，可以选择对赌，让投资人收回他的股本，这样他们在进入公司的时候，就没有太多的顾虑。换言之，如果进口端进行了很多的创新，而出口端不做配套改革，其实这种创新是难以为继的。当然，这里特别强调偿债能力测试绝不是随便向股东进行分配，而是指公司在有能力的情况下才能够向股东进行某些分配。

四、完善公司治理是公司法现代化的重中之重

完善公司治理的问题是公司法现代化的重中之重。公司治理的核心是什么？一方面是维持决策和运营的高效；另一方面是维护公司利益的有效监督，这两个角度应当有机结合。所以，希望未来的公司制度能够更好地在这两个方向结合。

1. 股东权利需进一步彰显

(1)股东权利的来源

股东权利需要进一步彰显，这次《公司法》修订中也考虑到了这一点。比如，对股东行使表决权进行了维护，特别是人事权，即股东提名董事、罢免董事的权利，这一点特别重要。其实在《公司法司法解释(五)》出台时，就强调了人事权的保障。有观点提出，人事权既然如此重要，特别是在董事会换届时，一般不能以临时提案的方式推出候选人，否则会导致股东的人事权被剥夺或者被变相剥夺。举例而言，在万科案中，作为“白衣骑士”的深圳地铁入主万科以后，根据万科的公司章程的规定，新股东要持股 180 天以上才拥有股东大会的提案权。这一章程规定实际上对收购公司的一方非常不利，深圳地铁进来以后也受到了这样的限制。在 2018 年年底，万科董事会的任期就已经届满了。但是 2019 年 3 月万科通知召集定时股东大会的时候，没有在召集通知中加入相关的董事会换届事项，这就意味着万科的董事会可能要延期。直到股东大会召开前 10 天，此时深圳地铁持股时间

已达 180 天,其立刻向董事会提出了临时议案,内容是董事会的换届事项,含换届后的新一届全部董事的提名。董事会按照《公司法》的规定,在收到该临时提案后 2 日内通知了其他股东,并将该临时提案提交股东大会审议。问题在于,虽然本案是一个特例,但该做法实际上导致了其他股东提名董事的权利被变相剥夺了。因为其他股东不知道本次股东大会要进行董事会换届,已经没有机会提出新的临时议案,这种情况就构成对股东人事权的一种变相剥夺。本次《公司法(修订草案)》中也进一步明确了股东的提案权,规定临时提案不可以涉及董事会换届事项。这保障了股东的一项重要权利。

除《公司法》明文赋予的股东权利外,公司章程也可以赋予一些股东的权利。比如,累积投票制就是由公司章程来规定的,如果公司章程不规定,可以不使用累积投票制。不过上市公司存在例外情况,《上市公司治理准则》第 17 条要求上市公司尽可能地使用累积投票制,这一规定是对股东权利的彰显。

(2)股东权利能否限制

股东权利能不能被限制?因为公司法规定的股东权利绝大多数是固有权利,如上述知情权、利润分配请求权、表决权、人事权等都是固有权利,所以这类权利一般情况下是不能在没有法律明示或者本人同意的情况下被剥夺的,即便采用多数决的方式也不能。2013—2016 年,我国有不少上市公司遭遇了敌意并购,而且这些敌意并购大多数采用了违规举牌的方式,即收购方在收购过程中先不进行披露,等到取得控制地位后再披露。这种违规举牌导致很多公司发生了控制权争夺战。现有控股股东认为敌意收购人是违规举牌,其收购的股份无效。显然类似主张不能得到支持,因为证券市场的一个基本规则是:只要符合交易规则的交易恒定有效。虽然违反了信息披露规则,可以对信息披露违规进行处罚,但是只要该交易是按照市场上的交易规则进行的,该交易则是恒定有效的。于是原控股股东又提出,虽然无法主张收购股份无效，但可以限制敌意收购人的表决权，并向法院进行了起诉。法院在没有法律明确规定的前提下，也未支持这一请求。直到后来《证券法》进行了修订，明确规定违规举牌获得的股份 3 年之内不能行使表决权。当然，还可以讨论 3 年时间不得表决，是否对收购人限制太严，无人愿意去收购一家上市公司。可是，公司并购行为本身有其积极的意义，可以实现上市公司价值的重新发现，发挥资本市场资源的重新配置功能。这就是法律无明文规定，或者未经当事人自己同意，不得剥夺股东权利。

(3)股东平等原则的遵守与执行

股东权利的保障最重要的一个原则是股东平等原则。当公司进行分红、股份回购时，或者股东行使优先购买权时，要特别强调股东平等原则。虽然许多国家的公司法规定分红的决策权在董事会，但是依然需要召开股东会，召开股东会的目的重点是确保该项分配对全体股东的平等对待。

2. 控制股东对公司和其他股东的信义义务

这次《公司法》修订进一步强化了控制股东的信义义务问题，同时希望这次修订能够完善中国特色的实际控制人制度。比如，是否可以对实际控制人提起诉讼，甚至可以在揭开公司面纱制度中使用等。

3. 股东会中心主义与董事会中心主义

在公司治理中是选择股东会中心主义还是董事会中心主义，应当根据公司的不同性质和规模来确定。首先要区分公众公司与封闭公司。如果是公众公司，当然最好的选择是董事会中心主义。因为上市公司股东众多且分散，由股东会决策是没有效率的。董事会运营公司，他们最了解公司的需求，他们的决策可能更体现公司的真实情况。如果是封闭公司，包括不上市的股份有限公司，实行董事会中心主义还是股东会中心主义其实差别不大。因为封闭公司中股东会和董事会的成员重合度极高，所以权利归属哪个机关都无所谓。

界定董事会中心主义的标志包括几个重要的权利归属。应特别强调的是授权资本制。这次《公司法(修订草案)》在股份有限公司当中引入了授权资本制。在上文公司资本制度中没有提到授权资本制,这是因为授权资本制虽然字面上有“资本”两个字,但实际上是公司治理的问题。也就是说,授权资本制主要的内涵是谁有增发股本的决策权。如果把增发股本的权利授予董事会,就是授权资本制。

举例而言,授权资本制其实对公司控制权的争夺影响是特别大的。在国美案中,黄光裕因为操纵市场等证券欺诈行为被羁押入狱。黄光裕虽不能继续担任国美公司董事长,或者执行董事,或者 CEO,但他的股东身份没有被剥夺。由于国美公司在我国香港特别行政区上市,其公司章程中规定有授权董事会增发股本的权利。在他入狱之后,公司当时的董事长陈晓利用授权资本制的规定,通过董事会决定引入了一个战略投资者——贝恩集团,向其定向增发了股本,结果导致黄光裕的股本被稀释了。所以,在狱中黄光裕提议召开临时股东会,并向这次股东会提交了五项议案,其中四项议案涉及公司的人事权,还有一项议案是收回给董事会的授权,取消授权资本制。他在狱中还要提议召开临时股东会,引发了媒体的关注。结果是五项议案中有四项议案被否决了,即与人事有关的四项议案都被否决了,唯独收回授权、取消授权资本制的议案被通过了。这意味着至少贝恩集团在这件事上与黄光裕站在了同一条战线上。言外之意,贝恩集团也不希望自己的股份以后被稀释。虽然媒体从议案被否决的数量上来看,评论黄光裕大败,其实黄光裕是大胜,其中的关键就在于终止了授权资本。从此以后黄光裕不需要担心其股权被稀释。只要公司想进行增资,就必须经由股东会来决定,而黄光裕在股东会上仍然保留其控制权利。

为什么要引入授权资本制?因为董事会最了解公司什么时候需要增资,当然在这种情况下要给董事会匹配相应的义务。也就是说,董事会进行增资，无论是定向增发，还是向全体股东增发，都要有充分的理由，而且要证明增资是为了满足公司利益的最大化，而不是为了保住自己的董事地位。所以，相应的义务和规则是必须要明确的。比如，授权资本制下的价格和定向增发时的优先认购权等问题。如果这些制度不完善，授权资本制很容易被滥用。

包括授权资本制在内，还有利润分配决策权、公司资本回购决策权、剩余权等，如果这些权利都归属董事会，可以说是董事会中心主义。此外，无论将来公司法中如何规定董事会中心主义的规则，如何向董事会赋予重要的权利，董事的信义义务都是一定要完善的。如果董事的信义义务不完善，就很难说是一种完善的公司治理。

4. 公司治理模式的多样性

如同公司的多样性，每家公司的治理需要也不一样。现代公司法应当提供多种公司治理模式供投资人选用，这也体现在公司法修改草案中。由于篇幅所限，不再展开讨论。

五、走向现代化的中国公司法

以上简要地对公司法现代化的标志进行了分析，在此基础上提出公司法现代化的过程中需要回应 ESG 理念的有关内容，并且公司法应重点关注公司资本的体系化建设以及公司治理的完善。本次《公司法》修订对上述一些内容已经作出了积极的回应，希望能够坚持这个方向，进一步推动中国公司法的现代化进程。